JURISDIÇÃO CONSTITUCIONAL E A EFICÁCIA TEMPORAL DA COISA JULGADA NAS RELAÇÕES JURÍDICO-TRIBUTÁRIAS DE TRATO CONTINUADO

CLAUDIO XAVIER SEEFELDER FILHO

Prefácio

Fabrício da Soller

JURISDIÇÃO CONSTITUCIONAL E A EFICÁCIA TEMPORAL DA COISA JULGADA NAS RELAÇÕES JURÍDICO-TRIBUTÁRIAS DE TRATO CONTINUADO

1ª Reimpressão

Belo Horizonte

FORUM
CONHECIMENTO JURÍDICO

2022

2022 1ª Reimpressão

CONHECIMENTO JURÍDICO

Luís Cláudio Rodrigues Ferreira
Presidente e Editor

Coordenação editorial: Leonardo Eustáquio Siqueira Araújo
Aline Sobreira de Oliveira

Rua Paulo Ribeiro Bastos, 211 – Jardim Atlântico – CEP 31710-430
Belo Horizonte – Minas Gerais – Tel.: (31) 2121.4900
www.editoraforum.com.br – editoraforum@editoraforum.com.br

Técnica. Empenho. Zelo. Esses foram alguns dos cuidados aplicados na edição desta obra. No entanto, podem ocorrer erros de impressão, digitação ou mesmo restar alguma dúvida conceitual. Caso se constate algo assim, solicitamos a gentileza de nos comunicar através do *e-mail* editorial@editoraforum.com.br para que possamos esclarecer, no que couber. A sua contribuição é muito importante para mantermos a excelência editorial. A Editora Fórum agradece a sua contribuição.

Dados Internacionais de Catalogação na Publicação (CIP) de acordo com ISBD

S451j Seefelder Filho, Claudio Xavier

Jurisdição Constitucional e a eficácia temporal da coisa julgada nas relações jurídico-tributárias de trato continuado / Claudio Xavier Seefelder Filho. 1. Reimpressão.- Belo Horizonte : Fórum, 2022.
186p. ; 14,5cm x 21,5cm.
ISBN: 978-65-5518-321-4

1. Direito. Direito Constitucional. 2. Direito Processual Civil. 3. Direito Tributário. I. Título.

2021-4787 CDD 342
CDU 342

Elaborado por Vagner Rodolfo da Silva - CRB-8/9410

Informação bibliográfica deste livro, conforme a NBR 6023:2018 da Associação Brasileira de Normas Técnicas (ABNT):

SEEFELDER FILHO, Claudio Xavier. *Jurisdição Constitucional e a eficácia temporal da coisa julgada nas relações jurídico-tributárias de trato continuado*. 1. Reimpr. Belo Horizonte: Fórum, 2022. 186p. ISBN 978-65-5518-321-4.

Ao saudoso Mestre e amigo Min. Teori Albino Zavascki, pela inspiração.

AGRADECIMENTOS

Nesta longa etapa, foram muitos aqueles que contribuíram para a conclusão deste trabalho, sem os quais essa tarefa teria sido muito mais difícil e solitária.

Primeiro, agradeço a Deus pela vida, saúde e trabalho, dos quais todas as demais situações e oportunidades são derivadas.

À Carol Seefelder e à Maria Cecília Seefelder, por serem as rosas do meu pequeno planeta.

Ao meu pai, Claudio Xavier Seefelder, que sempre me estimulou nos estudos, na prática esportiva e sempre foi fonte inesgotável de cultura (livros, cinema e *jazz*) e humor.

À minha mãe, Neusa Maria de Oliveira Seefelder, que me ensinou, desde cedo, a importância do trabalho e da educação.

Aos meus irmãos Fábio Xavier Seefelder e Cristhiano Seefelder, pelo convívio, parceria e exemplos de sempre.

Ao Tio Nando (Dr. Fernando Luiz Flaquer), à Tia Sissu (Maria Cecília Seefelder Flaquer, *in memoriam*) e ao primo-irmão Dr. Fernando Seefelder Flaquer, pelo convívio inesquecível na infância e na juventude.

Aos queridos Dr. Fabrício da Soller, Dr. Carlos de Araujo Moreira, Dra. Alexandra Maria Carvalho Carneiro e Dr. Rogério Campos, pelo privilégio da amizade verdadeira, "contagiosa" e totalmente incurável.

À minha querida Escola "E.E.P.G. Carlota de Negreiros Rocha" e ao meu amado clube "Marília Tênis Clube" (MTC), pelas imprescindíveis contribuições na formação do meu caráter.

Ao meu orientador, Professor Doutor Guilherme Pereira Pinheiro, a quem agradeço pela orientação, confiança, amizade e suporte sempre presentes.

Aos Professores Doutores e colegas da Procuradoria-Geral da Fazenda Nacional, Dr. Paulo Mendes de Oliveira e Dr. Arnaldo Sampaio de Moraes Godoy, pelas contribuições aos estudos referentes ao presente trabalho.

Aos amigos Dra. Luana Vargas de Macedo e Dr. Carlos de Araujo Moreira, por sempre melhorarem minhas ideias.

À coragem do Parecer PGFN/CRJ nº 492/2011.

Aos colegas que fazem a diferença na advocacia pública, em especial aos da PGFN.

Aos amigos da 1ª Turma do Mestrado Profissional do IDP, pelo carinho, amizade, gentileza e bom humor, qualidades que tornaram a jornada mais suave e prazerosa.

Restaure-se a legalidade ou nos locupletemos todos.

(Barão de Itararé)

LISTA DE ABREVIATURAS E SIGLAS

AC – Ação Cautelar
ADC – Ação Declaratória de Constitucionalidade
ADIn – Ação Direta de Inconstitucionalidade
ADPF – Arguição de Descumprimento e Preceito Fundamental
ADO – Ação Direta de Inconstitucionalidade por Omissão
AgInt – Agravo Interno
AgRg – Agravo Regimental no Superior Tribunal de Justiça
AgR – Agravo Regimental no Supremo Tribunal Federal
AGU – Advocacia-Geral da União
AI – Agravo de Instrumento
AR – Ação Rescisória
ARE – Agravo em Recurso Extraordinário
AREsp – Agravo em Recurso Especial
art. – Artigo
CC – Código Civil
CF – Constituição Federal
COFINS – Contribuição para o Financiamento da Seguridade Social
CPC/73 – Código de Processo Civil Brasileiro de 1973
CRJ – Coordenação-Geral da Representação Judicial da Procuradoria-Geral da Fazenda Nacional
CSLL – Contribuição Social sobre o Lucro Líquido
Dec. – Decreto
Des. – Desembargador ou Desembargadora
DJ – Diário da Justiça
DJe – Diário da Justiça Eletrônico
DJU – Diário da Justiça da União
DOU – Diário Oficial da União
EAg – Embargos de Divergência em Agravo
EC – Emenda Constitucional

EDcl – Embargos de Declaração
EDiv – Embargos de Divergência
HC – *Habeas Corpus*
ICMS – Imposto sobre Operações relativas à Circulação de Mercadorias e sobre Prestações de Serviços de Transporte Interestadual e Intermunicipal e de Comunicação
INSS – Instituto Nacional do Seguro Social
IPI – Imposto sobre Produtos Industrializados
ISS – Imposto sobre Serviços de Qualquer Natureza
LC – Lei Complementar
LDO – Lei de Diretrizes Orçamentárias
LOMAN – Lei Orgânica da Magistratura
MF – Ministro da Fazenda
MI – Mandado de Injunção
Min. – Ministro ou Ministra
MP – Medida Provisória
MS – Mandado de Segurança
nCPC – Novo Código de Processo Civil Brasileiro de 2015
PET – Petição
PGFN – Procuradoria-Geral da Fazenda Nacional
PIS – Programa Integração Social
QO – Questão de Ordem
Rcl – Reclamação
RE – Recurso Extraordinário
REsp – Recurso Especial
RG – Repercussão Geral
RISTF – Regimento Interno do Supremo Tribunal Federal
RREE – Recursos Extraordinários
RFB – Receita Federal do Brasil
STF – Supremo Tribunal Federal
STJ – Superior Tribunal de Justiça
SV – Súmula Vinculante
TRF – Tribunal Regional Federal
TFR – extinto Tribunal Federal de Recursos

SUMÁRIO

PREFÁCIO

"A raposa sabe muitas coisas, mas o ouriço sabe uma grande coisa" diz um fragmento que o poeta grego Arquíloco legou para a posteridade e foi utilizado pelo filósofo Isaiah Berlin para diferenciar as pessoas em dois tipos: (i) os que possuiriam uma visão centrípeta, centralizada, sistematizada da vida – os ouriços; (ii) os que possuiriam uma visão centrífuga, dispersa, que compreendem a vida como algo complexo, diverso e fragmentário – as raposas.

Convivendo com o amigo e colega Claudio Seefelder há quase vinte anos sei que ele é uma raposa. O seu apreço pela literatura, música, cinema e a diversidade que as diversas formas de arte encerram, seu desprezo pelas verdades imutáveis, pelas explicações totalizadoras, seu cuidado em ouvir opiniões divergentes, sua confiança na democracia como balizadora das questões vitais, tudo isso o afasta da condição de ouriço.

O tratamento dado por ele ao tema da cessação dos efeitos da coisa julgada em face da alteração do suporte fático ou jurídico em uma relação jurídica de trato continuado requer um espírito aberto, que se recusa a se conformar a posições confortáveis e de fácil aceitação na comunidade jurídica. Requer pensar a coisa julgada e os seus efeitos de forma mais ampla, conciliando valores e princípios como a segurança jurídica, a igualdade, a isonomia tributária, a capacidade contributiva, a livre concorrência entre outros. E faz tudo isso de forma fundamentada, sem se afastar das escolhas feitas pelo legislador e de relevantes construções doutrinárias e jurisprudenciais.

Tendo sido o propulsor desse debate enquanto ocupava o cargo de Coordenador-Geral da Representação Judicial da Fazenda Nacional, mobilizou colegas procuradores da Fazenda Nacional, advogados privados, entidades, membros do Poder Judiciário e imprensa numa ampla discussão que precedeu e intensificou-se com a edição do Parecer PGFN/CRJ/Nº 492/2011. Ter escolhido esse tema como objeto da sua dissertação de mestrado permitiu-lhe retomá-lo dez anos após a edição daquele emblemático Parecer – provavelmente o parecer da Procuradoria-Geral da Fazenda Nacional mais discutido e escrutinado de todos os tempos. Esse reencontro, se é que houve separação, proporcionou-lhe aprofundar academicamente não apenas em um problema de pesquisa interessante, mas principalmente um problema público dos mais relevantes, onde princípios e valores como os citados acima necessitam ser conformados de forma harmônica e inteligente, e que, em última instância, poderá assegurar de forma mais efetiva ou não o desenvolvimento econômico e social, a depender da resposta que se encontre.

Nada mais natural que a profunda e consistente dissertação se transformasse nesta obra de fôlego, a permitir que a comunidade jurídica possa mais facilmente acessá-la, retirando-a dos escaninhos da academia. Todavia, mais importante do que divulgar a verdade encontrada pelo Autor é expô-la à crítica, ao debate, a fim de que uma nova verdade dela possa emergir, dotada novamente daquela provisoriedade de que falava Karl Popper, à qual as raposas estão habituadas.

Fabrício da Soller

Ex-Procurador-Geral da Fazenda Nacional;
hoje, Adjunto do Advogado-Geral da União.

APRESENTAÇÃO

O presente trabalho visa a dar uma resposta ao seguinte problema: continuaria o contribuinte a pagar o tributo em respeito à sua coisa julgada formada em relação jurídico-tributária de trato continuado que o declarou constitucional, ou pararia de pagá-lo em respeito a superveniente precedente do STF que o declarou inconstitucional? Raciocínio inverso se aplica em prol da Administração tributária. Nesse contexto, o presente trabalho analisa o entendimento do Superior Tribunal de Justiça e, especialmente, do Supremo Tribunal Federal, além da doutrina sobre a força e o impacto do precedente do STF na ordem jurídica e a eficácia da coisa julgada tributária nas relações jurídicas de trato continuado. Com esse objetivo, abordamos: (i) a jurisdição constitucional, o papel do Supremo Tribunal Federal, a eficácia vinculante e expansiva *ultra partes* dos precedentes da Corte Suprema no exercício da jurisdição constitucional, a supremacia e a força normativa da Constituição, a autoridade do STF e o impacto de seu precedente na ordem jurídica; (ii) a coisa julgada e as distinções entre seu conteúdo, sua eficácia e seus efeitos, a aplicação da lei ao caso concreto, as espécies de relações jurídicas, a relação jurídica tributária de trato continuado e a ação declaratória tributária com efeitos futuros, os limites temporais da coisa julgada, cláusula *rebus sic stantibus* e a ação de revisão do art. 505, II do Código de Processo Civil brasileiro; por fim, (iii) analisaremos o conflito entre o precedente do Supremo Tribunal Federal e a coisa julgada tributária, abordando os princípios constitucionais envolvidos. Dessa forma, ao final, o presente trabalho conclui que, sendo o ordenamento jurídico um conjunto de normas que devem convergir, evitando-se a incoerência e assegurando a supremacia das normas constitucionais, a superveniência de precedente com eficácia vinculante e expansiva *ultra partes* da Suprema Corte impacta a ordem jurídica fazendo cessar de forma automática os efeitos de coisa julgada tributária em sentido contrário após o trânsito em julgado no precedente definitivo da Suprema Corte, seja como órgão exclusivo do sistema concentrado, seja como órgão de cúpula do sistema difuso.

O STF, O PRIMATA E RUY BARBOSA[1]

O Supremo Tribunal Federal julgará, em 15 de dezembro,[2] dois casos que têm gerado interessantes reflexões na comunidade jurídica. Nos Res nº 955.227 e nº 949.297 discute-se a rigidez de decisões judiciais que regulam relações jurídicas tributárias. Busca-se saber se uma decisão final do STF, contrária a uma sentença transitada em julgado, obsta que esta siga produzindo seus efeitos no futuro.

Após evolução doutrinária e jurisprudencial ocorrida nos anos de 1990, as ações declaratórias, antes destinadas a solucionar questões atinentes a fatos pretéritos e relações jurídicas constituídas, passaram a disciplinar eventos futuros. Ampliou-se a força normativa das sentenças para regular relações jurídicas que possuem alto grau de probabilidade de ocorrer no futuro, como a incidência de tributos sobre determinada atividade, da mesma forma que decisões judiciais disciplinavam relações jurídicas de trato continuado, como o pagamento de alimentos e aluguéis.

No entanto, a Justiça demora certo tempo para uniformizar suas decisões em cada caso. Assim, os beneficiados por um *status* jurídico favorecido, derivado de decisões judiciais, passaram a sustentar sua perenidade, com base no princípio da segurança jurídica e na intangibilidade da coisa julgada, mesmo que legislação superveniente e os precedentes aplicáveis negassem-lhes quaisquer direitos. Passou a ser defendida a existência de uma casta de pessoas privilegiadas pelo acaso, imunes a obrigações jurídicas.

---

1 Artigo publicado no jornal Valor Econômico de 10.12.2021.

2 Os casos não foram julgados pelo Plenário STF na sessão do dia 15.12.2021.

Tal pretensão vem sendo contestada com base em duas razões: a primeira, de natureza técnico-processual, indica que a sentença só alcança fatos e questões debatidos em juízo. Se eventos posteriores surgem, sob a autoridade de leis e precedentes não examinados naquela decisão original, seria um contrassenso imaginar-se que tal sentença possua autoridade para os disciplinar, pois já não se trata da mesma questão jurídica. Assim, o regramento de eventos futuros está limitado pelo ordenamento jurídico em vigor no momento da decisão, incluídos os precedentes do Supremo Tribunal Federal. Na segunda razão, predomina a análise filosófico-constitucional da aplicação do princípio da igualdade. Sustenta-se que em um Estado democrático moderno só há direito legítimo a partir do pressuposto de que todos possuem igual dignidade e merecem idêntica consideração e respeito. Assim, é inaceitável a pretensão à perenidade dos efeitos sentenças que disciplinam eventos futuros, pois, quando contrastada com legislação ou precedentes qualificados que aplicam solução diversa para os demais casos, resulta em privilégio odioso para alguns e em discriminação arbitrária para outros. Aqueles que eventualmente tenham obtido sentença favorável teriam vantagens inextensíveis para o restante da sociedade. Pior: em alguns casos, como o recolhimento de tributos torna evidente, todos deveriam pagar, continuamente, por vantagens concedidas a certos eleitos – renovadas ano após ano.

Ousamos dizer que a questão envolve mais do que um projeto político específico. A ciência tem buscado estabelecer uma explicação secular para o que os filósofos chamam de sentimentos ou intuições morais dos seres humanos. Nossas concepções compartilhadas de justiça resultam de milhares de anos de evolução. Grupos de animais sociais que seguem padrões de comportamento cooperativos tendem a obter vantagens e prevalecer ao logo do tempo. Conferindo base empírica a tal teoria, estudo de Frans der Waal e de Sarah Brosan com macacos-capuchinhos revelou que o tratamento injusto, mediante recompensas desiguais para tarefas similares, é capaz de gerar, nos primatas, reações e protestos muito parecidos com aqueles que se espera de uma pessoa.

Mas a evolução não nos entrega instituições inclusivas prontas. Conta a história que em 1890 o então Ministro da Fazenda Ruy Barbosa determinou a destruição de documentos relativos à escravidão, com a finalidade de criar dificuldades para que os antigos proprietários de escravos reivindicassem indenização do governo republicano, com base em seu direito de propriedade e na teoria do direito adquirido.

Hoje, a escravidão nos repugna de tal modo, que parece absurdo que a abolição pudesse gerar algum tipo de prejuízo indenizável, mas o cuidado adotado revela que, então, a pretensão era juridicamente plausível. Como anotou Jorge Caldeira sobre os velhos vícios de nossa herança cultural: "O uso do Judiciário como instância maior (...) do reconhecimento de direitos adquiridos levou esse poder a funcionar em Portugal como uma espécie de órgão emissor da moeda da diferença social".

A ideia de igualdade tem se revelado um sábio guia para nossas intuições sobre a justiça, e a sociedade avança quando se nega legitimidade a distinções entre os cidadãos e as teses *ad hoc* criadas para legitimá-las. No entanto, é preciso que a maioria da sociedade periodicamente derrote o "arcaísmo como projeto", aqueles que obtêm rendas derivadas da cristalização de privilégios e se opõem ao aperfeiçoamento institucional do Brasil.

A única solução aceitável, aqui, é privilegiar o princípio da igualdade: após definida uma questão pelo Supremo Tribunal Federal, a regra derivada do precedente deve incidir da mesma forma para todos. Resguardados os efeitos dos atos passados, eventuais diferenciações provenientes de decisões judiciais isoladas, decorrentes de fatores arbitrários, como o erro ou a sorte, devem ser extintas. Evita-se, assim, a manutenção de vantagens acidentais, insustentáveis em um Estado de Direito.

Com um pouco de sorte e muita luta, poderemos dar alguns passos adiante e nos aproximarmos um pouco mais dos nossos primos – os macacos-capuchinhos.

Carlos de Araujo Moreira

Claudio Seefelder

INTRODUÇÃO

A presente obra abordará o impacto do precedente do Supremo Tribunal Federal na eficácia temporal da coisa julgada que regula relações jurídico-tributárias de trato continuado. O problema que buscaremos enfrentar é a cessação, ou não, da eficácia da coisa julgada tributária contrária à Constituição,[1] em face da força e do impacto do precedente da Suprema Corte no ordenamento jurídico e dos princípios constitucionais da segurança jurídica, igualdade de todos perante a lei, isonomia tributária, livre-iniciativa e livre concorrência, neutralidade tributária entre outros. Os marcos teóricos são compostos pelos entendimentos do Superior Tribunal de Justiça e do Supremo Tribunal Federal e pelas posições da doutrina brasileira, com especial destaque para as contribuições do Min. Teori Albino Zavascki sobre o problema objeto deste trabalho.

---

[1] Não desconhecemos a crítica de Barbosa Moreira à terminologia "coisa julgada inconstitucional": *"Soa também inexata a locução 'coisa julgada inconstitucional'. Como quer que se conceba, no plano teórico, a substância da coisa julgada material, é pacífico que ela se caracteriza essencialmente pela imutabilidade – pouco importando aqui as notórias divergências acerca daquilo que se torna imutável: o conteúdo da sentença, ou os respectivos efeitos, ou aquela e estes. Pois bem: se 'inconstitucional' significa 'incompatível com a Constituição' (e que mais poderia significar?), não parece que se descreva de modo adequado o fenômeno que se tem em vista atribuindo à coisa julgada a qualificação de 'inconstitucional'. Salvo engano, o que se concebe seja incompatível com a Constituição é a sentença (lato sensu): nela própria, e não na sua imutabilidade (ou na de seus efeitos, ou na de uma e outros), é que se poderá descobrir contrariedade a alguma norma constitucional. Se a sentença for contrária à Constituição, já o será antes mesmo de transitar em julgado, e não o será mais do que era depois desse momento. Dir-se-á que, com a coisa julgada material, a inconstitucionalidade se cristaliza, adquire estabilidade; mas continuará a ser verdade que o defeito lhe preexistia, não dependia dela para exsurgir"*. (MOREIRA, José Carlos Barbosa. Considerações sobre a chamada "relativização" da coisa julgada material. *Revista Dialética de Direito Processual*, v. 22, p. 103, 2005).

Como cenário, temos o sistema tributário nacional, de elevada carga tributária, complexa e excessiva legislação e um exagerado nível de litigiosidade envolvendo milhões de processos e trilhões de reais. Essa litigiosidade exagerada acarretou, nas demandas judiciais, uma grande quantidade de invocações dos princípios e normas de direito tributário que estão contidas na Constituição, tornando habitual, em nosso País, que a última palavra em disputas tributárias dependesse do pronunciamento do Supremo Tribunal Federal (STF), após muitos anos de discussão.

A morosidade do mecanismo judicial somada à processualística envolvida no acesso ao Supremo Tribunal Federal acabam, muitas vezes, fazendo com que os tribunais de segundo grau e o STJ – instâncias ordinárias no exercício da jurisdição constitucional –, de forma mais ágil, deem a última palavra em grande parte dos casos concretos. Nesse contexto, uma situação em particular tem chamado a atenção dos operadores do direito tanto na esfera profissional como na acadêmico-doutrinária. É a seguinte hipótese: quando um contribuinte obtém decisão judicial transitada em julgado para pagar um determinado tributo em relação jurídica de trato continuado e, anos depois, o Supremo Tribunal Federal (STF) vem a se posicionar pela inconstitucionalidade daquele tributo, teríamos o seguinte problema: continua o contribuinte a pagar o tributo em respeito à sua coisa julgada, ou para de pagá-lo em respeito à decisão do STF?

Partindo da obra referencial sobre o tema, de autoria do Min. Teori Albino Zavascki, intitulada *"Eficácia das sentenças na jurisdição constitucional"*, iremos abordar as diversas posições da doutrina e as posições do STJ e STF sobre o tema da cessação da eficácia das decisões judiciais transitadas em julgado nas relações jurídico-tributárias de trato continuado contrárias a superveniente entendimento do STF. Questão das mais relevantes no presente trabalho, envolve a discussão sobre o impacto do precedente do STF na ordem jurídica e sua aptidão de modificar o estado de direito, estabelecido na decisão judicial em sentido contrário, formado nas instâncias ordinárias do controle difuso de constitucionalidade brasileiro (juízes, Tribunais de segundo grau e Tribunais Superiores).

Para o estudo da situação jurídica acima descrita, realizei uma pesquisa minuciosa da doutrina e de julgados do STJ e STF referentes à coisa julgada e à cessação da eficácia das decisões judiciais transitadas em julgado contrárias a posterior precedente do STF. Para essa seleção, foram utilizadas palavras-chave relacionadas a "coisa julgada", "relação jurídico-tributária de trato continuado", "tributário", "efeitos temporais da coisa julgada" e "cessação da eficácia da coisa julgada inconstitucional", e, especificamente, "eficácia" e "precedente do STF".

A partir dessa análise, foram selecionadas diversas decisões, do STJ e STF, que efetivamente discutiram a coisa julgada e a eficácia das decisões judiciais transitadas em julgado contrárias a precedente do STF tanto em controle difuso como em controle concentrado. Essas decisões serão devidamente explicitadas. Muitas delas, apesar de analisadas detidamente, ou são repetições das decisões principais, ou não trouxeram novos elementos capazes de contribuir com este trabalho, e, por isso, não serão explicitamente mencionadas.

A doutrina brasileira possui diversas posições sobre a matéria; destacamos as três principais: (i) a primeira vertente defende a imprescindibilidade de um novo provimento judicial, pelos instrumentos legais disponíveis – ação rescisória, oposição à execução, *querela nullitatis* ou ação revisional, em respeito à segurança jurídica, à coisa julgada e ao direito processual vigente para que a coisa julgada contrária à Constituição deixe de ser observada; (ii) uma segunda entende que, independentemente de ação revisional ou não, apenas nos precedentes do STF em controle concentrado de constitucionalidade ocorre impacto na ordem jurídica e alteração do estado de direito capaz de fazer cessar a eficácia da coisa julgada em sentido contrário; e (iii) a terceira corrente entende que com o precedente do STF, seja como órgão exclusivo do sistema concentrado, seja como órgão de cúpula do sistema difuso, impacta a ordem jurídica, alterando o estado de direito, fazendo cessar automaticamente a eficácia das decisões transitadas em julgado em sentido contrário.

Um importante esclarecimento reside em delimitar nossa abordagem na presente pesquisa. Trataremos aqui da eficácia das decisões judiciais no tempo, isto é, sua aptidão para produzir efeitos prospectivamente. O presente estudo não trata de relativização da coisa julgada ou mitigação de sua imutabilidade. Essa distinção é fundamental para afastarmos as confusões entre a eficácia e a imutabilidade da coisa julgada, as quais acabam mais confundindo do que esclarecendo no trato desse sensível tema, já complexo por si só.

Do mesmo modo, a posição aqui analisada atinge somente os fatos geradores ocorridos após a decisão transitada em julgado do Supremo Tribunal Federal, ou seja, com efeitos *ex nunc*, não havendo de se confundir com a relativização, rescisão ou desconsideração da coisa julgada com efeitos *ex tunc*. Partindo dessa premissa, faremos a abordagem da eficácia temporal das decisões judiciais transitadas em julgado nas relações jurídico-tributárias de trato continuado após precedente transitado em julgado do STF em sentido contrário.

Da análise conjunta dos entendimentos do STJ, STF e da doutrina especializada, verificamos que importantes discussões sobre as relações jurídico-tributárias, em especial a de trato continuado, como a superação da Súmula nº 239 do STF, a qual fez surgir o provimento judicial para o futuro no âmbito dos litígios tributários. Abordamos, então, os suportes fáticos e jurídicos implícitos em toda decisão judicial e a validade da cláusula *rebus sic stantibus* para elas, a cessão automática, ou não, dos efeitos da coisa julgada contrária ao entendimento do STF, a aproximação dos modelos de controle de constitucionalidade no Brasil e a abrangência de seus efeitos expansivos e vinculantes.

Diante disso, a presente obra pretende analisar a constitucionalidade da coexistência, em nosso sistema jurídico constitucional-tributário, de uma decisão judicial transitada em julgado que, confirmando a higidez de um tributo, determina seu pagamento pelo contribuinte autor da ação, e um superveniente precedente do STF, no controle difuso ou concentrado, que, interpretando a Constituição, declara o tributo inconstitucional. A problemática se repete na equação inversa, qual seja, decisão transitada em julgado declarando a inconstitucionalidade de um tributo e a superveniência de precedente do STF, confirmando sua constitucionalidade. Em ambo os casos, teremos dois grupos de contribuintes: os que pagam e os que não pagam, em que pese a decisão final sobre o assunto exarada pelo STF. Nesse contexto, analisaremos a jurisdição constitucional, autoridade dos precedentes do STF, a força normativa e a supremacia da Constituição, a coisa julgada, e os princípios da segurança jurídica, da igualdade de todos perante a lei, da isonomia tributária, da livre iniciativa e livre concorrência, o da neutralidade tributária dentre outros correlatos.

A densidade jurídica e relevância prática[2] da análise do tema restou evidenciada após: (i) a ocorrência reiterada de conflito entre a coisa julgada do caso concreto, estabelecida pela instâncias ordinárias no exercício da jurisdição constitucional, e o posterior precedente do Supremo Tribunal Federal, seja como órgão exclusivo do sistema concentrado, seja como órgão de cúpula do sistema difuso; (ii) a edição,

---

[2] QUEIROZ, Rafael Mafei Rabelo; Marina Feferbaum (Coordenadores). *Metodologia de pesquisa em direito*. 2. ed. São Paulo: Editora Saraiva, 2019. p. 37-52.

pela Procuradoria-Geral da Fazenda Nacional, do Parecer PGFN/CRJ nº 492/2011 para tratar dos casos mencionados acima, no qual se firmou orientação à Administração Tributária Federal no sentido de que com o precedente do STF há uma alteração do suporte jurídico que sustenta as decisões em sentido contrário, fazendo cessar seus efeitos prospectivamente, sem a necessidade de ação declaratória, revisional ou rescisória; e (iii) a existência de duas repercussões gerais reconhecidas pelo STF em que se discute o limite da coisa julgada em âmbito tributário, na hipótese de o contribuinte ter em seu favor decisão judicial transitada em julgado que declare a inexistência de relação jurídico-tributária, ao fundamento de inconstitucionalidade incidental de tributo, por sua vez declarado constitucional, em momento posterior, na via do controle concentrado e abstrato de constitucionalidade exercido pelo STF. São os RE nº 949.297/CE, relator Min. Edson Fachin (Tema 881), que trata do controle concentrado, e o RE nº 955.227/BA, relator Min. Luís Roberto Barroso (Tema 885), que trata do controle difuso.

A interpretação jurídica desenvolvida no trabalho seguiu o método sistemático partindo-se do pressuposto que o ordenamento é um conjunto de normas que devam convergir, evitando-se incoerência e garantindo a coerência, segurança jurídica, isonomia, supremacia das normas constitucionais e autoridade das decisões do STF. Buscamos dar ênfase às posições do STJ e STF e aos exemplos práticos relativos ao problema objeto do presente estudo.

Em que pese o presente trabalho se limitar à análise dos impactos precedentes formados no âmbito da jurisdição constitucional exercida pelo Supremo Tribunal Federal, importante registrar nosso entendimento de que *mutatis mutandis* as conclusões aqui apresentadas podem perfeitamente ser aplicadas aos precedentes formados sob o regime de recursos repetitivos pelo Superior Tribunal de Justiça (STJ).

O primeiro capítulo deste estudo tratará da jurisdição constitucional e do precedente do Supremo Tribunal Federal, abordando os temas da jurisdição constitucional e o papel do STF, analisando os modelos de controle de constitucionalidade no Brasil, eficácia dos precedentes da Corte Suprema no exercício da jurisdição constitucional, o crescente prestígio conferido aos precedentes do STF pela legislação infraconstitucional, a força do precedente do STF no âmbito da jurisdição constitucional, o movimento em direção à sua eficácia vinculante e *erga omnes*, a supremacia e força normativa da Constituição, a autoridade do STF e o impacto do precedente do STF na ordem jurídica. O segundo capítulo tratará da coisa julgada e sua eficácia temporal fazendo uma abordagem da concepção geral da coisa julgada no direito brasileiro e as distinções entre seu conteúdo, sua eficácia e seus efeitos, analisando a aplicação da lei ao caso concreto, as espécies de relações jurídicas, em especial a relação jurídico-tributária de trato continuado, a ação declaratória tributária com efeitos futuros, estabelecendo os limites temporais da coisa julgada, a importância da cláusula *rebus sic stantibus* implícita nas decisões judiciais e prescindibilidade ou não da *ação* de revisão do art. 505, II do nCPC. O terceiro capítulo abordará o conflito entre o precedente do STF e a coisa julgada tributária, a contextualização do contencioso judicial tributário e o acesso ao Supremo Tribunal Federal, as posições da doutrina, da administração tributária federal, do Superior Tribunal de Justiça e do Supremo Tribunal Federal sobre o tema, o respeito à segurança jurídica nas relações dinâmicas e à convergência dos princípios constitucionais e algumas considerações sobre as repercussões gerais reconhecidas pelo STF sobre o tema. Dessa forma, ao final, buscamos apresentar uma resposta jurídica ancorada na convergência dos princípios constitucionais e no respeito à supremacia da Constituição nos termos fixados pelos precedentes vinculantes do STF.

1

JURISDIÇÃO CONSTITUCIONAL E O PRECEDENTE DO SUPREMO TRIBUNAL FEDERAL

Iniciaremos o presente trabalho abordando a evolução histórica da legislação infraconstitucional e constitucional a respeito da jurisdição constitucional e da força dos precedentes do Supremo Tribunal Federal, bem como a Suprema Corte as tem interpretado e aplicado, com o intuito de demonstrar a força expansiva e vinculante dos precedentes do Supremo Tribunal, inclusive no controle difuso, e se seu impacto na ordem jurídica é capaz, ou não, de alterar o estado de direito antes existente.

Para os fins almejados pelo presente trabalho, iremos analisar o impacto dos precedentes da Suprema Corte, após transitados em julgado,[3] formados no exercício de sua jurisdição constitucional, em especial nos posicionamentos da Corte Suprema exarados por meio: (a) das declarações de inconstitucionalidade ou constitucionalidade de forma definitiva e reiterada, em controle difuso de constitucionalidade, com ou sem a edição de Resolução do Senado antes de 03 de maio de 2007, data da implementação pelo STF da sistemática da repercussão geral;[4] (b) da decisões definitivas do STF tomadas em recursos

---

[3] O marco temporal do trânsito em julgado dos precedentes do STF mostra-se o mais seguro e apropriado para considerá-los definitivos, em prestígio à segurança jurídica, em consonância ao disposto no art. 535, §8º, do nCPC e dos cada vez mais frequentes pedidos de modulação de efeitos via embargos de declaração após julgamento do mérito da questão pelo Plenário do STF.

[4] A Lei nº 11.418, de 19 de dezembro de 2006, que introduziu os arts. 543-A e 543-B no CPC, entrou em vigor em 19 de fevereiro de 2007, após uma *vacatio legis* de 60 dias. Entretanto, conforme restou definido pelo STF em Questão de Ordem havida no julgamento do

extraordinários julgados sob o regime de repercussão geral (RG); e (c) das decisões definitivas, proferidas pelo STF, em ações de controle concentrado de constitucionalidade (ADIn , ADC e ADPF).[5-6]

Conforme descrito acima, a análise do tema proposto neste estudo exige uma abordagem sobre a jurisdição constitucional, o papel do Supremo Tribunal Federal como cúpula do Poder Judiciário e Corte Constitucional, uma abordagem sobre as evoluções do sistema de controle de constitucionalidade de normas no Brasil e a força dos precedentes da Suprema Corte na jurisdição constitucional. Tal análise é de crucial importância para apresentar algumas premissas acerca do impacto na ordem jurídica do precedente do STF e suas implicações na eficácia da coisa julgada formada em sentido contrário.

Agravo de Instrumento nº 664.567/RS, apenas após o advento da Emenda Regimental nº 21, publicada no Diário Oficial em 3 de maio de 2007, que alterou o Regimento Interno do STF de modo a adaptá-lo à Lei nº 11.418/2006, é que a Suprema Corte passou a, de fato, poder fazer uso dos institutos forjados pela nova legislação, passando, então, a submeter alguns dos seus julgados à sistemática prevista no art. 543-B do CPC. Vejamos a ementa do acórdão do Plenário do STF que decidiu a Questão de Ordem no Agravo de Instrumento nº 664.567/RS: "*Nos termos do art. 327, e §1º, do RISTF, com a redação dada pela Emenda Regimental 21/2007, os recursos que não apresentem preliminar formal e fundamentada de repercussão geral serão recusados. A obrigação incide, inclusive, quando eventualmente aplicável o art. 543-A, §3º, do Código de Processo Civil. Precedentes. II – No julgamento do AI 664.567-Q0/RS, Rel. Min. Sepúlveda Pertence, esta Corte assentou que não há falar 'em uma imanente repercussão geral de todo recurso extraordinário em matéria criminal, porque em jogo, de regra, a liberdade de locomoção', pois "para obviar a ameaça ou lesão à liberdade de locomoção – por remotas que sejam -, há sempre a garantia constitucional do habeas coa-pus (CF, art. 5, LXVIII)'. III – No referido julgamento, esta Corte resolveu Questão de Ordem no sentido de estabelecer como marco temporal para a exigibilidade da repercussão geral o dia 3 de maio de 2007, data da publicação da Emenda 21 do Regimento Interno do STF. IV – Necessidade de reexame dos fatos e das provas que envolvem a matéria para se chegar a entendimento diversa do acórdão recorrido. Incidência da Súmula 279 do STF. V – Inexistência de novos argumentos capazes de afastar as razões expendidas na decisão ora atacada, que deve ser mantida. VI – Agravo regimental improvido*".

[5] Embora as súmulas vinculantes não sejam objeto de nosso estudo, para os fins almejados neste trabalho destacamos que, uma vez editadas pelo STF, possuem os mesmos efeitos e impactos aos atribuídos às decisões exaradas pelo Suprema Corte no julgamento das ações do controle concentrado.

[6] Em que pese esse olhar específico em alguns instrumentos à disposição do STF para o exercício da jurisdição constitucional, entendemos que todo precedente definitivo do Plenário do STF que realize a interpretação da Constituição ou a fiscalização da aderência de normas à Constituição, seja em outras ações originárias que não as de controle concentrado (ACO, AR, Rcl, HC etc.), seja em outros recursos que não o RE (EDIV, Recurso Ordinário em Mandado de Segurança, Recurso Ordinário em HC etc.) poderão gerar as mesmas consequências jurídicas aqui estudadas.

1.1 Jurisdição constitucional e o papel do STF como cúpula do Poder Judiciário e Corte Constitucional

Partindo da lição assertiva de Teori Zavascki de que a "força normativa da Constituição a todos vincula e a todos submete",[7] pretendemos contextualizar a importância da jurisdição constitucional e o papel do STF, seja como órgão exclusivo do sistema concentrado, seja como órgão de cúpula do sistema difuso, em medida suficiente, para que possamos, em seguida, explorar com mais detalhes a evolução dos instrumentos disponíveis no controle de constitucionalidade, seus efeitos e a seus impactos na ordem jurídica.

Segundo as lições do jurista austríaco Hans Kelsen, jurisdição constitucional significava "a garantia jurisdicional da Constituição", como "um elemento do sistema de medidas técnicas que têm por fim garantir o exercício regular das funções estatais".[8]

Em estudo sobre a jurisdição constitucional, Teori Zavascki registra que qualquer desrespeito por agente, público ou privado, de quaisquer dos preceitos constitucionais enseja a possibilidade de controle pelo Poder Judiciário; ao final, conclui que a "a atuação desse Poder do Estado na interpretação e aplicação da Constituição constitui o que se denomina jurisdição constitucional".[9]

Em artigo sobre a jurisdição constitucional no Brasil, Gilmar Mendes leciona com propriedade que a aplicação da Constituição é dever de toda a sociedade.[10] Os doutrinadores de direito constitucional que exercitam ou exercitaram a jurisdição constitucional destacam o inegável papel de destaque que o STF tem na jurisdição constitucional, uma vez que a ele compete precipuamente a função de Guardião da Constituição, dando a última e definitiva palavra sobre a interpretação e

---

7 ZAVASCKI, Teori Albino. *Eficácia das sentenças na jurisdição constitucional*. 4. ed. São Paulo: Revista dos Tribunais, 2017, p. 19.

8 KELSEN, Hans. *Jurisdição constitucional*. 2. ed. São Paulo: Editora Martins Fontes, 2007. p. 123-124.

9 ZAVASCKI, Teori Albino. *Eficácia das sentenças na jurisdição constitucional*. 4. ed. São Paulo: Revista dos Tribunais, 2017, p. 20.

10 A Jurisdição constitucional no Brasil e seu significado para a liberdade e a igualdade. stf.jus.br/arquivo/cms/noticiaArtigoDiscurso/anexo/munter-port. pdf, p. 2, 2017: "*Estados constitucionais contemporâneos, é incumbência da Jurisdição constitucional ser a guardiã da Constituição, nunca em detrimento dos demais Poderes democraticamente constituídos. No cumprimento desse mister, legislador democrático e jurisdição constitucional têm papéis igualmente relevantes. A interpretação e a aplicação da Constituição é tarefa cometida a todos os Poderes, assim como a toda a sociedade. Como ensinou-nos o Professor Peter Häberle, todo aquele que vive a Constituição é também seu legítimo intérprete*".

aplicação da Constituição, nesse sentido Gilmar Mendes,[11] Luís Roberto Barroso,[12] Luiz Fux,[13] Teori Zavascki[14] e Alexandre de Moraes.[15]

A importante missão conferida ao Supremo Tribunal Federal, pela Constituição de 1891, de guardião da Constituição perseverou em nossas Constituições seguintes, estando hoje contida na Constituição Federal de 1988, em seu artigo 102, que elenca, dentre as competências do Supremo Tribunal Federal, precipuamente, a guarda da Constituição, em especial por meio do processamento e julgamento, originariamente, a ação direta de inconstitucionalidade de lei ou ato normativo federal ou estadual e a ação declaratória de constitucionalidade de lei ou ato normativo federal; da ação de inconstitucionalidade por omissão; do julgamento, mediante recurso extraordinário, das causas decididas em única ou última instância, quando a decisão recorrida: a) contrariar dispositivo desta Constituição; b) declarar a inconstitucionalidade

---

11 Para Gilmar Mendes: "(...) *a primeira Constituição Republicana, de 24 de fevereiro de 1891, introduziu uma nova concepção de Poder Judiciário. A influência da doutrina constitucional americana contribuiu para que se outorgasse ao Supremo Tribunal Federal a função de guardião da Constituição e da ordem federativa, reconhecendo-lhe a competência para aferir a constitucionalidade da aplicação do direito através de um recurso especial.*" (MENDES, Gilmar Ferreira. *Jurisdição constitucional.* 6. ed. 2ª tiragem. São Paulo: Editora Saraiva, 2014, p. 54-55).

12 Segundo Luís Roberto Barroso: "(...) *expressão jurisdição constitucional designa a interpretação e aplicação da Constituição por órgãos judiciais. No caso brasileiro, essa competência é exercida por todos os juízes e tribunais, situando-se o Supremo Tribunal Federal no topo do sistema.*" (BARROSO, Luís Roberto. *Curso de direito constitucional contemporâneo:* os conceitos fundamentais e a construção do novo modelo. 5. ed. São Paulo: Saraiva, 2015, p. 436).

13 Conforme Luiz Fux: "*Deveras, na sua função precípua, a Suprema Corte, na qualidade de guardião da Constituição Federal, tutela a ordem maior utilizando-se do processo de cognição por intermédio das ações de controle de constitucionalidade em todas as suas espécies (...), como meio de realização dos direitos e valores encartados na Constituição*". (FUX, Luiz. *Jurisdição constitucional:* democracia e direitos fundamentais. Belo Horizonte: Fórum, 2012, p. 27).

14 De acordo com Teori Zavascki: "(...) *o STF é o órgão de cúpula do Poder Judiciário e o Tribunal da Constituição, com atribuições para resolver, originariamente ou em instância recursal extraordinária, as demandas em que se alega ofensa a preceito ou a princípio constitucional. O STF ocupa, assim, a posição mais importante no sistema de tutela de constitucionalidade dos comportamentos. Suas decisões, ora julgando situações concretas, ora apreciando a legitimidade em abstrato de normas jurídicas, ostentam a força da autoridade que detém, por vontade do constituinte, a palavra definitiva em matéria de interpretação e aplicação das normas constitucionais*". (ZAVASCKI, Teori Albino. *Eficácia das sentenças na jurisdição constitucional.* 4. ed. São Paulo: Revista dos Tribunais, 2017, p. 23).

15 Alexandre de Moraes leciona: "*O Supremo pode ser acionado diretamente, através das ações que lhe cabe processar e julgar originariamente. Nestes casos, o tribunal analisar a questão em única instância (competência originária). Porém, igualmente, pode-se chegar ao STF através de recursos: ordinários e extraordinários. Nestes casos, o Tribunal analisar a questão em última instância (competência recursal). (...) A função precípua do Supremo Tribunal Federal é de Corte de Constitucionalidade, com a finalidade de realizar o controle de constitucionalidade no Direito Brasileiro (...).*" (MORAES, Alexandre de. *Direito constitucional.* 33. ed. São Paulo: Editora Atlas, 2017, p. 586).

de tratado ou lei federal; c) julgar válida lei ou ato de governo local contestado em face desta Constituição; d) julgar válida lei local contestada em face de lei federal; além da arguição de descumprimento de preceito fundamental.

Conforme os principais instrumentos acima elencados, o Brasil possui hoje um modelo misto de jurisdição constitucional, ou seja, uma combinação entre um modelo difuso, em que todas as instâncias do Poder Judiciário podem declarar a invalidade das leis ou normas em face da Constituição, cabendo nesse modelo a última palavra ao STF, bem como o modelo concentrado, em que cabe ao STF atuar também como Corte Constitucional originária na análise das leis e normas quanto à sua adequação à Constituição Federal.

Neste contexto, veremos no próximo item o sistema de controle de constitucionalidade de normas no Brasil, sua evolução histórica e os instrumentos colocados à disposição da Suprema Corte para o exercício dessa precípua missão constitucional.

1.2 Sistema de controle de constitucionalidade de normas no Brasil

A concepção de controle de constitucionalidade realizada por todos os órgãos do Poder Judiciário surgiu no caso Madison *versus* Marbury, em que a Suprema Corte dos Estados Unidos da América, em 1803, capitaneada pelo juiz Marshall, consagrou o entendimento de que é próprio da atividade jurisdicional interpretar e aplicar a lei. Nesse exercício, caso verificada contradição entre a legislação e a Constituição, o tribunal deve aplicar a Constituição, por ser superior a qualquer lei editada pelo Poder Legislativo.[16] As decisões da Suprema Corte em matéria constitucional possuíam eficácia *erga omnes,* em face da adoção da doutrina do *stare decisis,* que exige que as Cortes subordinadas à Corte de última instância que estabelece o precedente sigam aquele precedente e não mudem uma questão decidida. Esse princípio, aplicando a doutrina do *stare decisis* para estabelecer precedente vinculante, veio para a cultura dos Estados Unidos da tradição do *common law* inglês.[17]

---

[16] US Court – 137 (1803)

[17] COLE, Charles D. *Stare decisis na cultura jurídica dos Estados Unidos.* O sistema do precedente vinculante no *common law.* RT 752/12. São Paulo: Editora Revista dos Tribunais.

O controle incidental da constitucionalidade das leis e dos atos normativos, que é o poder-dever de qualquer juiz ou tribunal, inclusive de ofício, nasceu com a República, conforme previsto no Dec. nº 848/1890, que instituiu a Justiça Federal, sendo reafirmado pela Constituição de 1891, a qual outorgou ao STF a competência para julgar recursos "quando se questionar sobre a validade ou a aplicabilidade de tratados e leis federais" (art. 59, §1º, "a", da CF/1891).[18]

Como será visto mais à frente, nosso modelo incidental ainda possui particularidades como a Resolução Senatorial instituída pela Constituinte de 1934, bem como a criação de novos institutos, como a súmula vinculante e da repercussão geral, em movimento de nítida aproximação dos modelos da *civil law*[19] com o da *common law*,[20] os quais possuem forte impacto na eficácia e na força do precedente do STF, em tudo similar às decisões proferidas no controle concentrado de constitucionalidade.

Em 1920, a Constituição austríaca criou, pela primeira vez na história, um Tribunal Constitucional com competência exclusiva para o controle judicial de constitucionalidade das leis e atos normativos. Diferentemente do modelo americano, que atuava na resolução do caso concreto, o tribunal austríaco realizava a anulação da lei ou ato normativo incompatível com as normas constitucionais.[21] A decisão da Corte Constitucional possuía efeito *erga omnes,* e as normas eram presumidamente constitucionais, de forma que o vício era anulável e os efeitos produzidos eram *ex tunc.*

Inspirado tanto pelo modelo americano como pelo modelo austríaco, o Brasil adotou um sistema misto. Nele é possível tanto a análise da constitucionalidade no caso concreto por todos os integrantes do Poder Judiciário, com o STF dando a palavra final (controle incidental e difuso), como no julgamento de ações diretas exclusivamente pelo STF em matéria federal (controle abstrato e concentrado).

---

18 ZAVASCKI, Teori Albino. *Eficácia das sentenças na jurisdição constitucional.* 4. ed. São Paulo: Revista dos Tribunais, 2017, p. 26.

19 *Civil law,* de tradição romana, prioriza a lei como fonte principal e imediata do direito; neste sistema, as decisões judiciais não têm o condão de gerar eficácia vinculante para o julgamento de casos posteriores, desempenhando, deste modo, uma função secundária como fonte de direito.

20 *Common law,* sob forte influência anglo-americana, é baseada fundamentalmente em precedentes jurisprudenciais. As decisões judiciais são fontes imediatas do direito, gerando efeitos vinculantes. A norma de direito é extraída a partir de uma decisão concreta, sendo aplicada, por meio de um processo indutivo, aos casos idênticos no futuro.

21 KELSEN, Hans. *Teoria pura do direito.* São Paulo: Martins Fontes, 2009, p. 288.

O controle abstrato de constitucionalidade das normas exercido com exclusividade pelo STF (controle concentrado), no que se refere à Constituição Federal, surgiu com a EC 16/1965, que instituiu a representação de inconstitucionalidade, que corresponde à atual ação direta de inconstitucionalidade, a qual recebeu importantes aperfeiçoamentos pela Constituição de 1988 e Lei nº 9.868/1999.

Sobre a ampliação do rol de legitimados para propor a ADIn, realizada pelo art. 103 da CF/88, com propriedade, Gilmar Mendes registra que houve um fortalecimento do controle concentrado no Brasil, "como instrumento de correção do sistema geral incidente".[22]

Além da ação direta de inconstitucionalidade, outros institutos de controle concentrados foram criados para complementar o controle concentrado da ação normativa no Brasil,[23] são eles: (a) a arguição de descumprimento de preceito fundamental (ADPF), prevista no art. 102, §1º da CF/88 e disciplinada pela Lei nº 9.882/1999; e a (b) ação declaratória de constitucionalidade (ADC), decorrente da EC nº 3/1993.

A ação declaratória de constitucionalidade é ação de natureza dúplice,[24] tal qual lhe conceituou o Ministro Moreira Alves na Questão de Ordem na ADC nº 1, ao estabelecer que seu objetivo visa "à obtenção da declaração de que o ato normativo seu objeto é constitucional, é ela cabível exatamente para esse fim, embora, se julgada improcedente, essa decisão de improcedência implique a declaração de inconstitucionalidade do ato normativo em causa".

As decisões definitivas de mérito proferidas pelo STF nas ações declaratórias de constitucionalidade possuem os mesmos efeitos da ADIn, conforme disposto no art. 102, §2º da CF/88, produzirão eficácia contra todos e efeito vinculante, relativamente aos demais órgãos do

---

[22] Segundo Gilmar Mendes: *"Esse fato fortalece a impressão de que, com a introdução desse sistema de controle abstrato de normas, com ampla legitimação e, participação, a outorga do direito de propositura a diferentes órgãos da sociedade, pretendeu o constituinte reforçar o controle abstrato de normas no ordenamento jurídico brasileiro com peculiar instrumento de correção do sistema geral incidente"*. (MENDES, Gilmar Ferreira. *Jurisdição constitucional*. 6. ed. 2ª tiragem. São Paulo: Editora Saraiva, 2014, Jurisdição Constitucional, p. 113).

[23] Registramos que os institutos para a tutela da omissão legislativa – ação de inconstitucionalidade por omissão (ADO) e mandado de injunção (MI) – e a ação direta de inconstitucionalidade interventiva prevista no art. 34, VII, da Constituição Federal de 1988 estão fora do escopo do presente trabalho, que irá focar no controle constitucional da ação normativa.

[24] Uma vez julgada procedente a ação, a norma é considerada constitucional; uma vez julgada improcedente a ação, a norma é considerada inconstitucional. *Mutatis mutandis*, o mesmo ocorre com a ADIn.

Poder Judiciário e à administração pública direta e indireta, nas esferas federal, estadual e municipal.

Já a ADPF, diferentemente da ADIn e ADC, tem por objeto evitar ou reparar lesão a preceito fundamental, resultante de ato do Poder Público, quando for relevante o fundamento da controvérsia constitucional sobre lei ou ato normativo federal, estadual ou municipal, incluídos os anteriores à Constituição (art. 1º da Lei nº 9.882/1998). Sua decisão terá eficácia contra todos e efeito vinculante relativamente aos demais órgãos do Poder Público (art. 10, §3º da Lei 9.882/1998), bem como poderá ser modulada tal qual ADIn e ADC (art. 11 da Lei nº 9.882/1998).

Após essa objetiva abordagem do sistema de controle de constitucionalidade pátrio, iremos nos debruçar sobre a evolução normativa, jurisprudencial, em especial da Suprema Corte, e doutrinária sobre eficácia dos precedentes exarados, nas hipóteses acima mencionadas, dentro do modelo de jurisdição constitucional brasileiro.

1.3 A eficácia dos precedentes da Corte Suprema no exercício da jurisdição constitucional

Diante da vocação expansiva das decisões da Suprema Corte sobre a constitucionalidade das normas, trataremos agora da eficácia qualificada dos precedentes do STF exarados na jurisdição constitucional, ou seja, sua aptidão para produzir efeitos além das partes integrantes do *case* onde se formou o precedente.

Tradicionalmente, a doutrina dividia a eficácia dos precedentes formados pelo Supremo Tribunal Federal em duas categorias: (i) a eficácia *erga omnes*, segundo a qual se estabelece que qualquer pessoa ou ente que se encontre enquadrado naquela conjectura de incidência deverá observar aquele regramento; e a (ii) eficácia *inter partes*, segundo a qual a eficácia da declaração se restringe aos partícipes da relação processual.

Atualmente, existem inúmeras denominações atribuídas às decisões da Suprema Corte que ultrapassam os limites subjetivos da causa; as mais conhecidas são a eficácia geral, efeito vinculante, obrigatório, normativo, expansivo, *ultra partes*, universalizantes entre outras.

Em que pese a multiplicidade de denominações e a diversidade de conceitos que a doutrina e os tribunais dão às eficácias do precedente exarado na jurisdição constitucional, o presente trabalho não tem por objetivo identificá-los, enumerá-los ou diferenciá-los; o que importa, para fins deste estudo que ora apresentamos, reside em saber se o precedente possui ou não a aptidão de transcender seus efeitos para além dos limites subjetivos da causa, ou seja, expandindo seus efeitos *ultra partes* e impactando na ordem jurídica, seja no âmbito do Poder Judiciário, seja fora dele.

Serão analisados, neste contexto, em face da força normativa do direito interpretado e da autoridade de quem o interpreta, os precedentes transitados em julgado formados: (a) nas declarações de inconstitucionalidade ou constitucionalidade de forma definitiva e reiterada, em controle difuso de constitucionalidade, com ou sem a edição de Resolução do Senado antes de 03 de maio de 2007, data da implementação pelo STF da sistemática da repercussão geral; (b) nas decisões definitivas do STF tomadas em recursos extraordinários julgados sob o regime de repercussão geral (RG); (c) nas decisões definitivas, proferidas pelo STF, em ações de controle concentrado de constitucionalidade (ADIn , ADC e ADPF).

Estabelecida essa premissa, teremos conceitualmente duas possibilidades: de um lado, as decisões do STF com eficácia *inter partes* que apenas produzem efeito sobre as partes subjetivas que compõem o litígio, e de outro, as decisões do STF que transcendem os limites subjetivos da lide e irradiam seus efeitos para além do processo em que são julgadas, pouco importando a denominação que lhe seja dada – *erga omnes*, contra todos, eficácia geral, vinculante, obrigatório, normativo, expansivo, *ultra partes*, universalizantes, subordinantes entre outras.

Isso posto, iremos partir agora para a análise histórica da evolução constante na legislação infraconstitucional e constitucional a respeito da eficácia do precedente do STF bem como da doutrina e da Suprema Corte nessa transformação do sistema de precedentes brasileiro. Em que pese outros autores e estudos já tenham percorrido essa evolução legislativa gradual e constante de nossa legislação e da nossa Constituição,[25] entendemos importante historiar os marcos legais dessa evolução para os objetivos pretendidos neste trabalho.

---

[25] Cite-se: ZAVASCKI, Teori Albino. *Eficácia das sentenças na jurisdição constitucional.* 4. ed. São Paulo: Revista dos Tribunais, 2017, p. 70-74; BARROSO, Luís Roberto; MELLO, Patrícia Perrone Campos. Trabalhando com uma nova lógica: a ascensão dos precedentes no direito brasileiro. *Revista da AGU.* Brasília: AGU, ano 15, nº 3, 23 set. 2016; FERRAZ, Taís Schilling. *O precedente na jurisdição constitucional*: construção e eficácia do julgamento

1.3.1 O crescente prestígio conferido aos precedentes pela legislação infraconstitucional

A Lei nº 13.105/2015, que instituiu o novo Código de Processo Civil Brasileiro (nCPC), entrando em vigor em 18.03.2016, foi fundamental para o fortalecimento e consolidação de um sistema de precedentes vinculantes no sistema jurídico brasileiro, uma vez que o referido Código de Rito incorporou inúmeras alterações legislativas, que se iniciaram no século passado, as quais foram fundamentais para uma introdução paulatina e gradual de um sistema de precedentes no Brasil, em uma evidente aproximação do sistema do *civil law* ao sistema do *common law*. A seguir, realizaremos uma análise histórica dos principais marcos legais dessa transformação em nosso sistema jurídico.

Em 1963, o Supremo Tribunal Federal criou a Súmula da Jurisprudência Predominante do Supremo Tribunal Federal em seu Regimento Interno do STF (RISTF, art. 102), efetivando a força dos precedentes por ele exarados.

A Lei nº 5.869/1973, que instituiu o Código de Processo Civil de 1973, já previa instrumento de uniformização de jurisprudência e de edição de súmulas (art. 479 do CPC/73), em preocupação antiga em dar tratamento isonômico aos casos semelhantes.

A Lei Complementar nº 35/1979 (Lei Orgânica da Magistratura – LOMAN) permitiu que, nos processos de competência do extinto Tribunal Federal de Recursos (TFR), o relator negasse seguimento a recurso contrário à súmula do Tribunal ou do STF (art. 90, §2.º), demonstrando a força desses verbetes. Na mesma toada, a Lei nº 8.038/1990, em seu art. 38, autorizou o relator, no STF e no STJ, a negar seguimento a recurso contrário à súmula do respectivo tribunal.

O fortalecimento dos precedentes em nosso sistema jurídico obteve relevantes avanços em reformas do Código de Processo Civil Brasileiro de 1973 (CPC/73) ocorridas a partir de 1994.

---

da questão com repercussão geral. São Paulo: Saraiva, 2017. p. 56-60 e 87-116 (Série IDP: Linha Pesquisa Acadêmica); OLIVEIRA, Paulo Mendes de. *Coisa julgada e precedente, limites temporais e as relações jurídicas de trato continuado*. São Paulo: Editora Revista dos Tribunais, 2015. (Coleção O novo processo civil/coordenação de Sergio Cruz Arenhart, Daniel Mitidiero; diretor Guilherme Marinoni), p. 177-188; MITIDIERO, Daniel. *Precedentes da persuasão à vinculação*. 2. ed. São Paulo: Revista dos Tribunais, 2017, p. 70-74; MELLO, Patrícia Perrone Campos. Precedentes: o desenvolvimento judicial do direito no constitucionalismo contemporâneo. Rio de Janeiro: Editora Renovar, 2008, p. 79-94; dentre outros.

A Lei nº 9.756/1998 alterou a redação dada ao art. 557 e seus parágrafos do CPC/73, permitindo ao relator monocraticamente negar ou dar provimento a recursos em face de súmula ou jurisprudência dominante do respectivo tribunal, do Supremo Tribunal Federal[26] ou de Tribunal Superior. Encampando a jurisprudência do STF, trouxe a vedação de nova arguição de inconstitucionalidade quando já houver manifestação sobre a questão pelo próprio tribunal ou do STF (parágrafo único do art. 481 do CPC/73).[27] Ou seja, dispensou, a princípio, da reserva de Plenário, *full bench*, constante no art. 97 da CF/88, consagrado posteriormente na Súmula Vinculante nº 10 do STF,[28] quando já existir precedente do STF, seja no controle concentrado como também no difuso – dispensando-se a exigência de Resolução do Senado –, "conferindo eficácia impositiva e para além do caso julgado às decisões proferidas nesta sede".[29] Além da autorização para o relator decidir de plano conflito de competência quando há jurisprudência dominante do tribunal sobre a questão suscitada (parágrafo único do art. 120).

A Lei nº 10.352/2001 alterou o art. 475, §3º, do CPC/73, dispensando o reexame necessário quando a sentença estiver fundada em jurisprudência do plenário do Supremo Tribunal Federal ou em súmula desse Tribunal ou do tribunal superior competente.

A MP nº 2.180-35/2001, modificada pela Lei nº 11.232/2005, alterou o art. 741, parágrafo único, do CPC/73 inibindo a execução de

---

[26] Destaco trecho do voto do Min. Gilmar Mendes no RE nº 196.752/MG, em que aborda o art. 557 do CPC/73: "*Ressalte-se que, após o exame da constitucionalidade da norma pelo Pleno, não mais se espera qualquer modificação deste entendimento. Tanto assim que, quando se tratar de declaração de inconstitucionalidade, a partir desse momento é efetivada a pertinente comunicação ao Senado Federal. E, cuide-se de juízo de constitucionalidade ou de inconstitucionalidade, dá-se início à aplicação do disposto no artigo 557 do CPC, que, queiramos ou não, é uma forma brasileira de atribuição de efeito vinculante às decisões deste Tribunal*".

[27] Min. Gilmar Mendes, em seu voto na Rcl nº 4.335/AC, registra a jurisprudência sobre a matéria no âmbito do STF (RREE nº 190.728/SC, nº 150.755/PE e nº 150.764/PE, RE nº 191.898/RS, AI-AgR nº 168.149/RS) destacando que: "*Esse entendimento marca uma evolução no sistema de controle de constitucionalidade brasileiro, que passa a equiparar, praticamente, os efeitos das decisões proferidas nos processos de controle abstrato e concreto. A decisão do Supremo Tribunal Federal, tal como colocada, antecipa o efeito vinculante de seus julgados em matéria de controle de constitucionalidade incidental, permitindo que o órgão fracionário se desvincule do dever de observância da decisão do Pleno ou do Órgão Especial do Tribunal a que se encontra vinculado. Decide-se autonomamente com fundamento na declaração de inconstitucionalidade (ou de constitucionalidade) do Supremo Tribunal Federal proferida incidenter tantum*".

[28] Súmula Vinculante nº 10: "*Viola a cláusula de reserva de plenário (CF, artigo 97) a decisão de órgão fracionário de Tribunal que embora não declare expressamente a inconstitucionalidade de lei ou ato normativo do poder público, afasta sua incidência, no todo ou em parte*".

[29] MELLO, Patrícia Perrone Campos. *Precedentes*: o desenvolvimento judicial do direito no constitucionalismo contemporâneo. Rio de Janeiro: Editora Renovar, 2008, p. 81-82.

sentenças contrárias às decisões do STF sobre a constitucionalidade de lei ou ato normativo, mesmo em controle difuso, o que foi reafirmado em 2005, pelo art. 475-L, §1º, do CPC/73.

A edição da Lei nº 10.522/2002 e alterações posteriores que estabeleceram a vinculação da atuação administrativa e judicial dos Procuradores da Fazenda Nacional e dos Auditores da Receita Federal do Brasil (Administração Tributária Federal) aos precedentes do STJ e STF.

A Lei nº 11.276/2006 permitiu ao juiz não receber o recurso de apelação quando a sentença estiver em conformidade com súmula do Superior Tribunal de Justiça ou do Supremo Tribunal Federal (art. 518, §1º, do CPC/73).

A Lei nº 11.418/2006 introduziu nos artigos 543-A e 543-B do CPC/73[30] o requisito da repercussão geral para conhecimento de recursos extraordinários, conforme determinado pelo §3º do art. 102, da CF/1988, introduzido pela EC nº 45/2004.

A Lei nº 11.672/2008 criou o recurso especial repetitivo no art. 543-C do CPC/73, estabelecendo rito e aplicabilidade aos casos sobrestados relativos à controvérsia. Os institutos da repercussão geral e o recurso repetitivo trouxeram de vez uma dimensão objetiva e uma eficácia expansiva dos precedentes do STJ e STF.

A Lei nº 12.322/2010 aplicou a mesma lógica do art. 557 do CPC/73 ao agravo de instrumento em recurso especial e em recurso extraordinário, alterando o art. 544, §§3º e 4º do CPC, permitindo ao relator invocar jurisprudência ou súmula do STJ ou STF, para não conhecer, conhecer e negar provimento ou conhecer e dar provimento ao próprio recurso especial ou ao próprio recurso extraordinário. Mais uma vez, o legislador prestigiou os precedentes do STJ e STF sem, mais uma vez, qualquer distinção entre os precedentes do STF formados em controle concentrado ou difuso de constitucionalidade.

No âmbito do microssistema dos juizados especiais federais (Lei nº 10.259/2001) e do Sistema dos Juizados Especiais dos Estados e do Distrito Federal (Lei nº 12.153/2009) desde seu nascedouro houve

---

[30] A Lei nº 11.418, de 19 de dezembro de 2006, que introduziu os arts. 543-A e 543-B no CPC, entrou em vigor em 19 de fevereiro de 2007, após uma *vacatio legis* de 60 dias. Entretanto, apenas após o advento da Emenda Regimental nº 21, publicada no Diário Oficial em 3 de maio de 2007, que alterou o Regimento Interno do STF de modo a adaptá-lo à Lei nº 11.418/2006, é que a Suprema Corte passou a poder aplicar sistemática prevista no art. 543-B do CPC, conforme definido pelo STF na Questão de Ordem havida no Agravo de Instrumento nº 664.567/RS.

um prestígio aos precedentes dos Tribunais Superiores, em especial na sua organização com a Turma Nacional de Uniformização, forma de julgamento e sistema recursal.

No processo coletivo, as decisões são naturalmente dotadas dessa eficácia *ultra partes* que ultrapassa as partes da relação processual, das quais são exemplos na ação civil pública (art. 16 da Lei nº 7.347/1985), nas ações coletivas (art. 103 da Lei nº 8.078/1990) e no mandado de segurança coletivo (art. 22 da Lei nº 12.016/2009).

Nesse contexto de avanços, aproveitou-se a Lei nº 13.105/2015, que instituiu o novo Código de Processo Civil Brasileiro (nCPC) de todos esses avanços construídos pelas legislações que lhe antecederam nas décadas historiadas acima, consolidando, por disposição legal, um sistema de precedentes no direito brasileiro, passando da persuasão à vinculação conforme verificamos em diversos dispositivos do novo estatuto de rito civil, em especial nos art. 489, §1º, incisos V e VI, art. 926 e art. 927, III, do nCPC. Restando evidente que a objetivação das controvérsias e seu caráter expansivo hoje são realidade e estão devidamente plasmados no sistema legal pátrio.[31]

No parecer do Senador Vital do Rêgo, ainda na fase de aprovação do nCPC, restou registrado o "respeito aos precedentes jurisprudenciais do futuro Código, que reduzirá o grau de imprevisibilidade jurídica sobre os atores da sociedade civil".[32]

Em artigo sobre a ascensão dos precedentes no direito brasileiro, Luís Roberto Barroso e Patrícia Perrone Campos Mello registraram a força vinculante dos precedentes na vigência do nCPC e a oportunidade ímpar de alterar nosso sistema. Vejamos:

---

[31] Em outra oportunidade, escrevi sobre essa positivação do sistema de precedentes no direito processual brasileiro, ocasião em que registrei que *"resta evidente que o nCPC conferiu uma forte vinculação aos precedentes repetitivos do STJ e STF (art. 927, III, do nCPC), em uma evidente aproximação ao sistema anglo-saxão do commom law, uma vez que busca uma uniformidade na jurisprudência, no intuito de mantê-la estável, íntegra e coerente (art. 926 do nCPC). O nCPC fortaleceu os princípios da segurança jurídica e da igualdade na aplicação da lei aos jurisdicionados, já que, não raro, deparamo-nos com situações fáticas e jurídicas idênticas sendo decididas de forma diametralmente opostas, causando descrédito na prestação jurisdicional e odiosas desigualdades na aplicação do mesmo direito"*. (*Novo Código de Processo Civil comentado na prática da Fazenda Nacional.* Claudio Xavier Seefelder Filho, Rogerio Campos, Sandro Brandi Adão, Leonardo Rufino de Oliveira Gomes, Cristiano Dressler Dambros. 1. ed. São Paulo: Editora Revista dos Tribunais, 2017. p. 1283)

[32] Parecer nº 1.099/2014 – Plen, de autoria do Senador Vital do Rêgo, relator no Senado do PLS nº 166/2010, que instituiu o Código de Processo Civil atual. Publicado no DSF de 17.12.2014. Disponível em: https://www12.senado.leg.br. Acesso em: 03 ago. 2021.

> Três valores principais justificam a adoção de um sistema de precedentes normativos ou vinculantes: a segurança jurídica, a isonomia e a eficiência. No caso brasileiro, buscou-se com o novo sistema de precedentes vinculantes superar a incerteza e a desigualdade decorrentes de decisões conflitantes em situações idênticas, um quadro de sobrecarga e de morosidade da justiça e de insatisfação da sociedade com a prestação da tutela jurisdicional.
>
> (...) trata-se de considerações iniciais, abertas a novas reflexões. Mas é o tempo da comunidade jurídica e os tribunais debruçarem-se sobre o CPC/2015, de se arriscarem em seu terreno pouco conhecido e de buscarem operacionalizá-lo. Um tempo de riqueza ímpar, em que se tem a oportunidade rara de mudar de paradigma na operação com precedentes judiciais e de alterar profundamente o nosso sistema. Uma oportunidade que não se deve perder.[33]

O impacto do novo Código de Processo Civil sobre o sistema brasileiro de respeito aos precedentes, segundo Taís Schilling Ferraz, introduziu de forma expressa a doutrina do *stare decisis*, restando superadas as eventuais dúvidas sobre o efeito obrigatório dos precedentes do STF e do STJ,[34] além de reconhecer uma nova concepção dos precedentes judiciais, atribuindo-lhes a condição de fonte primária do direito.[35]

No âmbito específico do precedente do STF na jurisdição constitucional, o movimento em direção à sua eficácia vinculante e *erga omnes* foi ainda mais expressivo, conforme veremos no item a seguir.

---

33 BARROSO, Luís Roberto; MELLO, Patrícia Perrone Campos. Trabalhando com uma nova lógica: a ascensão dos precedentes no direito brasileiro. *Revista da AGU*. Brasília: AGU, ano 15, nº 3, 23 set. 2016.

34 Para a autora: "*O sistema brasileiro de respeito aos precedentes recebeu especial atenção na nova lei processual, com a introdução expressa da doutrina do stare decisis em solo brasileiro. Se até agora havia alguma dúvida quanto aos efeitos obrigatórios do precedente de um tribunal superior, inclusive do STF – com a entrada em vigor do CPC/2015 –, não mais se poderá questionar os feitos obrigatório dessas decisões, o mesmo valendo para as do STJ*". (FERRAZ, Taís Schilling. *O precedente na jurisdição constitucional*: construção e eficácia do julgamento da questão com repercussão geral. São Paulo: Saraiva, 2017, p. 319. Série IDP: Linha Pesquisa Acadêmica.)

35 Taís Schilling Ferraz registra que: "(...) *implantar um sistema de precedentes não é o mesmo que observar a jurisprudência dos tribunais, utilizando-a para reforço argumentativo ou exemplo. É reconhecer nos seus julgados a autoridade e legitimidade do órgão prolator, e atribuir a eles a condição de fontes primárias do direito*". (FERRAZ, Taís Schilling. *O precedente na jurisdição constitucional*: construção e eficácia do julgamento da questão com repercussão geral. São Paulo: Saraiva, 2017, p. 300. Série IDP: Linha Pesquisa Acadêmica.)

1.3.2 A força do precedente do STF no âmbito da jurisdição constitucional, o movimento em direção à sua eficácia vinculante e expansiva *ultra partes*

Nosso modelo de controle de constitucionalidade nasceu exclusivamente difuso, conforme registraram com precisão Teori Zavascki[36] e o Ministro Moreira Alves,[37] ao afirmarem que no nascedouro nosso sistema era difuso, tal qual o modelo americano, porém, diferentemente daquele sistema que possui efeito vinculante do *stare decisis*, os efeitos das nossas decisões eram limitados às partes integrantes do processo, permitindo a coexistência de decisões divergentes sobre o mesmo preceito constitucional.[38]

---

[36] Segundo Teori Zavascki: "*No Brasil, o controle de constitucionalidade das normas pelo Poder Judiciário surgiu com a implantação do sistema republicano. E surgiu como sistema de controle exclusivamente difuso, nos moldes do direito norte-americano. Todavia, não se tinha aqui, como ainda não se tem, a cultura do stare decisis, de modo que parâmetro do sistema americano foi acolhido apenas em parte, ficando em aberto o problema relacionado com a eficácia da decisão perante terceiros. Agudizou-se, assim, o grave inconveniente do controle difuso, que põe em perigo os princípios da isonomia e da segurança jurídica ao abrir a possibilidade de haver decisões divergentes, umas reconhecendo, outras rejeitando a inconstitucionalidade de um mesmo preceito normativo*". (ZAVASCKI, Teori Albino. *Eficácia das sentenças na jurisdição constitucional.* 4. ed. São Paulo: Revista dos Tribunais, 2017, p. 34).

[37] O Exmo. Ministro Moreira Alves, na Questão de Ordem na ADC nº 1, registra que desde "*a Constituição de 1891 até a Emenda Constitucional nº 16, de 1965, o sistema de controle de constitucionalidade dos atos normativos no Brasil se cingia ao controle difuso, de inspiração norte-americana, pelo qual qualquer Juiz ou Tribunal pode afastar, no caso concrete em que presta jurisdição, a aplicação de norma que viole a Constituição. Por não haver no Brasil o princípio do stare decisis – que, com acentua Nelson de Sousa Sampaio (O Supremo Tribunal Federal e a Nova Fisionomia do Judiciário, in Revista de Direito Público, nº 75, p.11), atribui força vinculante às decisões da Suprema Corte americana, pois as faz obrigatórias para os demais órgãos judiciais –, a Constituição de 1934 criou, no inciso IV do artigo 91, o mecanismo da suspensão, pelo Senado, da execução, no todo ou em parte, de ato normativo declarado inconstitucional pelo Supremo Tribunal Federal, ato político esse que, no entendimento predominante, dá eficácia erga omnes às declarações de inconstitucionalidade em concreto*".

[38] A ausência de eficácia *erga omnes* das decisões do Supremo Tribunal Federal ensejaram críticas por parte de Rui Barbosa em seus comentários à Constituição de 1891. Segundo o renomado jurista do Século XIX, "*ante a sentença nulificativa, o ato legislativo, imediatamente, perde a sua sanção moral e expira em virtude da lei anterior com que colidia. E se o julgamento foi pronunciado pelo mais alto tribunal de recurso, 'a todos os cidadãos se estende, imperativo e sem apelo, no tocante aos princípios constitucionais sobre que versa'. Nem a legislação tentará contrariá-lo, porquanto a regra stare decisis exige que todos os tribunais daí em diante o respeitem como res judicata; e enquanto a Constituição não sofrer nenhuma reforma, que lhe altere os fundamentos, nenhuma autoridade judiciária o infringe. O papel dessa autoridade é de suprema vantagem para a ordem constitucional (...). Que ruinosas e destruidoras consequências não resultariam para logo, se ficasse praticamente entendido que os vários poderes julgam e decidem cada qual independentemente a extensão da competência que a Constituição lhes atribui*". (BARBOSA, Rui. *Comentários à Constituição Federal Brasileira.* Coligidos e ordenados por Homero Pires. São Paulo: Saraiva, 1933. vol. 4, p. 268).

A questão apenas foi resolvida na Constituição de 1934, na qual se atribuiu ao Senado Federal a edição de ato para atribuir eficácia *erga omnes* às decisões da Suprema Corte que declaravam a inconstitucionalidade de lei ou ato normativo.[39]

A resolução do Senado foi fundamental para atribuir eficácia *erga omnes* à decisão de inconstitucionalidade do STF no controle difuso, atribuindo força expansiva *ultra partes* à decisão, mitigando os riscos levantados por Rui Barbosa, de aplicações divergentes da norma e tratamento desigual entre litigantes que se encontravam na mesma situação de incidência da norma.[40]

Na evolução constante do controle de constitucionalidade Brasileiro, em especial com a chegada do controle concentrado, veremos relevantes modificações legislativas e constitucionais em nosso modelo de jurisdição constitucional, as quais provocarão mudanças importantes, em especial quanto aos efeitos de suas interpretações da Constituição, os quais irão, de forma crescente, impactar além das partes litigantes presentes na formação do precedente.

Através da Emenda Constitucional nº 16/1965 introduziu-se no Brasil o controle abstrato de normas perante o Supremo Tribunal Federal, por meio do qual seria realizado o controle direito e objetivo da Constituição através de ação própria cuja decisão a todos vincularia, conforme didaticamente relatado pelo Min. Moreira Alves, em seu voto na QO na ADC nº 1.[41]

---

[39] Conforme Gilmar Mendes: "*Como as decisões do Supremo Tribunal Federal que declaravam a inconstitucionalidade de uma lei, não tinham eficácia erga omnes, outorgou-se ao Senado Federal o poder de suspender a aplicação da lei (CF de 1934, art. 90, IV). A suspensão de execução, ainda hoje adotada (Constituição de 1988, art. 52, X), foi considerada, então, a forma mais adequada para conferir eficácia erga omnes às declarações de inconstitucionalidade*". (MENDES, Gilmar Ferreira. *Jurisdição constitucional.* 6. ed. 2. tiragem. São Paulo: Editora Saraiva, 2014, Jurisdição Constitucional, p. 58).

[40] Com propriedade, lecionava Paulo Brossard que ao suspender a execução da norma questionada o "*faz valer para todos o que era circunscrito às partes litigantes, confere efeito geral ao que era particular, em uma palavra, generaliza os efeitos de uma decisão singular.*" Acrescenta que "*entre o sistema americano do julgamento in casu e o sistema europeu do julgamento in thesi, o constituinte de 1934, sem abandonar o sistema de inspiração norte-americana, tradicional entre nós, deu um passo no sentido de aproveitar algo da então recente experiência europeia; fê-lo conferindo ao Senado, órgão político, então denominado de 'coordenação entre poderes', a faculdade de, em face de e com base em julgamento definitivo do STF, que vincula apenas os litigantes, estender os seus efeitos, obviamente no que tange à inconstitucionalidade da norma, a quantos não foram parte no litígio, mediante a suspensão da lei ou decreto*". (BROSSARD, Paulo. O Senado e as leis inconstitucionais. *Revista de Informação Legislativa.* vol. 13. nº 50. p. 61. Brasília: Senado Federal, abr. 1976).

[41] Trecho do voto do Min. Moreira Alves na QO ADC nº 1: "(...) *visando a reduzir a sobrecarga imposta ao Supremo Tribunal Federal, instituiu, ao lado do controle difuso, e, portanto, incidental,*

Importante constatação reside no fato de que apenas após mais de 10 (dez) anos de sua introdução restou pacificado, no seio do STF, que as decisões nesse modelo de controle possuíam efeito *erga omnes* e vinculante, sendo dispensada a edição de resolução senatorial.[42-43] Tal fato denota a dificuldade histórica com que a Suprema Corte brasileira lida com os impactos de suas próprias decisões, temática que se apresenta atual, conforme iremos analisar mais à frente, quando percorreremos a evolução de seus precedentes sobre a matéria.

Antes da Constituição de 1988, havia uma forte valorização do controle difuso no Brasil, o qual, segundo Gilmar Mendes, foi alterado, de maneira radical, conferindo ênfase ao modelo concentrado, uma vez que as questões constitucionais passam a ser veiculadas,

---

de controle de constitucionalidade dos atos normativos, o controle de constitucionalidade, que se inspirou na representação interventiva já existente como meio de aferição, para fins de intervenção federal, da observância, ou não, pelos Estados-membros dos princípios constitucionais federais sensíveis. Com isso, a apar do controle difuso e incidental, típico da prestação jurisdicional, se introduziu, no sistema jurídico pátrio, um controle concentrado, direto e em abstrato, próprio das Cortes Constitucionais do tipo europeu continental. Assim, enquanto o controle difuso continuou a exercer-se, incidentalmente, no caso, concreto, e consequentemente, em processo inter partes, restringindo-se a eficácia da declaração de inconstitucionalidade aos participes da relação processual, já que a extensão dela a todos depende do ato político do Senado à vista da comunicação que lhe é feita pelo Supremo tribunal Federal, esse controle concentrado se diretamente pelo Supremo Tribunal Federal por meio de processo de natureza objetiva por visar, não a defesa de direitos subjetivos, mas à tutela da Constituição, processo esse desencadeado por representação de inconstitucionalidade proposta exclusivamente pelo Procurador-Geral da República, que dela não poderia desistir embora lhe fosse possível, afinal, dar parecer contrário à inconstitucionalidade argüida, tendo a decisão final desta corte – quer pela procedência (e, portanto, pela inconstitucionalidade), quer pela improcedência (e, consequentemente, pela constitucionalidade) – eficácia erga omnes (inclusive para o próprio Supremo Tribunal Federal), independentemente de atuação do Senado".

[42] Sobre o tema, o Ministro Gilmar Mendes faz importante registro histórico, em obra doutrinária, de que somente "*nos anos 1974/75 começou o Supremo Tribunal Federal a definir sua doutrina de eficácia erga omnes da declaração de inconstitucionalidade proferida no processo de controle abstrato de normas. (...) Em 18 de junho de 1977, o Presidente do Supremo Tribunal Federal, Thompson Flores, determinou que as comunicações ao Senado Federal, para fins do art. 42, VII, da Constituição de 1967/69, se restringissem às declarações de inconstitucionalidade proferidas incidenter tantum. Reconheceu-se, portanto, que a decisão proferida no processo objetivo de controle abstrato de normas tinha eficácia erga omnes, independentemente da intervenção do Senado Federal*" (MENDES, Gilmar Ferreira. *Jurisdição constitucional.* 6. ed. 2. tiragem. São Paulo: Editora Saraiva, 2014, p. 474/475)

[43] Corroborando que apenas em 1977 a Suprema Corte entendeu que a decisão em controle concentrado de constitucionalidade possuía efeitos *erga omnes* independentemente da edição de resolução do Senado, registrou em trabalho doutrinário, o Ministro Luís Roberto Barroso, que "*ainda no regime constitucional anterior, o STF, no julgamento do Processo Administrativo nº 4.477/72, estabeleceu o entendimento de que a comunicação ao Senado somente é cabível na hipótese de declaração incidental de inconstitucionalidade, isto é, na apreciação do caso concreto. No controle concentrado, a simples decisão, por maioria absoluta, já importa na perda de eficácia da lei ou ato normativo. V. STF, DJU, 16 maio 1977, p. 3123.*" (BARROSO, Luís Roberto. *O controle de constitucionalidade no direito brasileiro.* São Paulo: Saraiva, 2004, p. 91, nota de rodapé)

fundamentalmente, mediante ação direta de inconstitucionalidade perante o Supremo Tribunal Federal.[44]

Na vigência da Constituição de 1988[45] foi mantida a ação direta de inconstitucionalidade (ADIn) com uma salutar ampliação dos legitimados, bem como novos institutos de controle da ação normativa foram criados, com especial destaque para a arguição de descumprimento de preceito fundamental (ADPF), prevista no art. 102, §1º da CF/88, e ação declaratória de constitucionalidade (ADC) instituída pela EC nº 03/1993. No controle concentrado, as decisões possuem, em regra, efeitos[46] retroativos, *erga omnes* e vinculantes, conforme art. 10, §3º e 13 da Lei nº 9.882/1999 e artigos 26 e 28, parágrafo único,[47] da Lei nº 9.868/1999, respectivamente.

A EC nº 45/2004 introduziu as súmulas vinculantes que constam do art. 103-A da CF/1988 e possuem efeitos vinculantes imediatos tanto no Poder Judiciário como em todas as esferas da administração pública. Sua inobservância legitima o ingresso de reclamação perante o Supremo Tribunal Federal (art. 103, §3º da CF/88). Encontra-se regulamentada pela Lei nº 11.417/06. O Regimento Interno do Supremo Tribunal Federal (RISTF) disciplina o processo de edição, revisão e cancelamento de súmulas vinculantes.[48]

Em que pese todo o histórico de evoluções legislativas e jurisprudenciais sobre a força do precedente do STF, ante o evidente movimento de objetivação, interessante questão reside na necessidade, ou não, de resolução senatorial para atribuir-lhe eficácia vinculante e *erga omnes* ao precedente do STF em controle difuso.[49]

---

[44] MENDES, Gilmar Ferreira. *Jurisdição constitucional*. 6. ed. 2ª tiragem. São Paulo: Editora Saraiva, 2014, Jurisdição Constitucional, p. 115.

[45] Registre-se que no âmbito dos litígios infraconstitucionais o cabimento de recurso especial pela divergência jurisprudencial entre Tribunais de Justiça, entre Tribunais Regionais Federais e entre eles e a jurisprudência do STJ (art. 105, III, "c" da CF/88) denotam a relevância que o constituinte originário deu à isonomia na aplicação da legislação pelo Poder Judiciário, atribuindo ao STJ essa missão constitucional de uniformizar o direito infraconstitucional.

[46] Um outro efeito, denominado repristinatório, pode ocorrer nos casos de declaração de inconstitucionalidade de norma, uma vez que com a declaração de inconstitucionalidade a norma é excluída do ordenamento jurídico tornando aplicável a legislação anterior que por ela havia sido revogada.

[47] A declaração de constitucionalidade ou de inconstitucionalidade, inclusive a interpretação conforme a Constituição, e a declaração parcial de inconstitucionalidade sem redução de texto possuem eficácia *erga omnes* e efeito *erga omnes*.

[48] Conforme consulta ao site do STF, desde a sua criação até agosto de 2021 apenas 58 súmulas vinculantes foram editadas pelo STF.

[49] Em voto do Min. Gilmar Mendes na Rcl nº 4.335/AC: "(...) *a suspensão de execução pelo Senado não tem qualquer aplicação naqueles casos nos quais o Tribunal limita-se a rejeitar a*

Importantíssimo passo em direção à objetivação dos precedentes do STF e da eficácia expansiva de seus precedentes se deu com a exigência de demonstração da repercussão geral das questões constitucionais, conforme introduzido também pela EC nº 45/2004 no art. 102, §3º da CF, tendo sido incluída no Código de Processo Civil de 1973 pela Lei nº 11.418/2006, que introduziu os artigos 543-A e 543-B do CPC/73.[50] No novo Código de Processo Civil de 2015, a repercussão geral encontra-se regulada pelos artigos 1.029 a 1.041 do nCPC.[51]

---

arguição de inconstitucionalidade. Nessas hipóteses, a decisão vale per se." Em nosso modelo, em que as leis nascem com a presunção de constitucionalidade, a última e definitiva palavra da Suprema Corte, confirmando sua constitucionalidade, torna aquela presunção relativa inicial, agora, absoluta, chancelando com mais força, ainda, toda sua legitimidade, aplicação e efeitos.

[50] Em face dessas importantes alterações que fortaleceram os precedentes do Superior Tribunal de Justiça e do Supremo Tribunal Federal, a Procuradoria-Geral da Fazenda Nacional editou o Parecer PGFN/CRJ nº 492/2010 e a Portaria PGFN 294/2010, através dos quais a administração tributária federal aderiu ao sistema de precedentes judiciais e dispensa seus integrantes da apresentação de contestação e interposição de recursos nas situações em que regula, sobre o qual, em outra oportunidade, comentei: "*Neste contexto, com o advento dos art. 543-B e 543-C do CPC, a CRJ/PGFN vislumbrou uma oportunidade de estender sua forma de atuação perante o STJ e STF às demais instâncias do Poder Judiciário, advindo daí o primoroso trabalho da Dra. Luana Vargas Macedo, que resultou na confecção do Parecer PGFN/CRJ nº 492/2010. Deveríamos continuar interpondo recursos (regra), mas, existindo recurso julgado sob a sistemática dos recursos repetitivos ou havendo jurisprudência pacífica do STJ ou STJ, estaria o Procurador da Fazenda Nacional dispensado de contestar e/ou recorrer, na forma estabelecida pela Portaria PGFN 294/2010. No referido Parecer PGFN 492/2010, foram elencados os benefícios obtidos com esta nova postura adotada pela PGFN em juízo, in verbis: (...) 42. Assim, sob a primeira perspectiva acima referida, mais restrita, voltada para a própria instituição, os benefícios decorrentes da adoção, pela PGFN, da postura de não mais recorrer contra decisões, desfavoráveis à Fazenda Nacional, proferidas em consonância com precedente judicial formado sob a nova sistemática prevista, são, basicamente, os seguintes: (I) otimização na utilização dos recursos da instituição – trata-se, possivelmente, do benefício mais evidente. Ao deixar de insistir na defesa de teses jurídicas já definitivamente resolvidas pelo STF/ STJ, em sentido desfavorável à Fazenda Nacional, a PGFN evita o desperdício dos seus recursos, sobretudo os humanos (p. ex. o tempo de trabalho de Procuradores e servidores) e os materiais (p. ex. estrutura das unidades da PGFN e sistemas de informação utilizados na elaboração de peças processuais), em demandas que possuem pouca, ou nenhuma, potencialidade de lhe trazer resultados positivos, 'liberando' esses recursos para que os mesmos possam ser utilizados em demandas que possuam real viabilidade de êxito. Noutras palavras: os esforços (recursos humanos/intelectuais e materiais) da PGFN serão inteiramente concentrados naquelas teses jurídicas, de interesse da Fazenda Nacional, cuja definição ainda se encontra pendente no Judiciário, bem como nas teses jurídicas nascentes. (II) aumento da credibilidade da instituição junto ao Poder Judiciário, imediatamente, e junto à sociedade, mediatamente – ao deixar de apresentar recursos sobre teses já resolvidas pelo STF/ STJ, em sentido desfavorável à Fazenda Nacional, a PGFN passará a concentrar sua defesa em torno de teses mais críveis, o que, certamente, terá reflexos positivos em relação ao conceito, ou à imagem, que o Poder Judiciário, imediatamente, e a própria sociedade (no caso, os contribuintes), mediatamente, possuem em relação à instituição. O Poder Judiciário, num primeiro momento, e os próprios contribuintes, num segundo momento, saberão que as teses jurídicas que ainda estiverem sendo defendidas judicialmente pela PGFN são viáveis e críveis, e que essa defesa se dá de forma estratégica, consciente e direcionada, o que, certamente, elevará o "respeito" de ambos em relação à*

atuação da instituição. (III) estímulo ao pensamento crítico dos Procuradores que integram os quadros da PGFN – ao deixar de apresentar recursos sobre teses já resolvidas pelo STF/STJ, passando-se a concentrar os esforços – antes esparsos, desperdiçados em processos inúteis – em demandas que tratem de teses jurídicas ainda em real disputa no Poder Judiciário, a PGFN estimulará os seus Procuradores a atuarem com ainda mais raciocínio crítico e compreensão acerca da matéria recorrida. Abandona-se, assim, a atuação mecanizada e repetitiva e passa-se para uma atuação que demandará a utilização de toda a capacidade intelectual dos Procuradores da Fazenda. Com isso, certamente, o grau de "engajamento" ou de "adesão" dos quadros da PGFN em relação às causas judiciais de interesse da Fazenda Nacional será ainda maior. (IV) minoração da condenação em honorários advocatícios – ao deixar de insistir na interposição de recursos sobre questões jurídicas já definidas pelo STF/STJ, a PGFN estará dando ensejo à minoração do quantum das condenações em honorários advocatícios, sofridas pela Fazenda Nacional, nas demandas judiciais que tratem dessas questões. (...) Importante destacar que os efeitos das medidas adotadas pela PGFN transcendem os interesses da instituição e contribuem com a diminuição da litigiosidade e duração razoável do processo judicial, objetivos almejados pelo Poder Judiciário, além do respeito ao cidadão brasileiro, senão vejamos novamente trecho do moderno Parecer PGFN 492/2010, in verbis: (...) 44. De outra ponta, sob a segunda perspectiva acima mencionada, mais ampla e mais complexa, voltada, imediatamente, para o novo instituto do julgamento por amostragem de recursos extremos repetitivos e, mediatamente, para a sociedade como um todo, tem-se que os benefícios decorrentes da adoção, pela PGFN, da postura de não mais recorrer contra decisões que tratem de questão já definitivamente resolvida pelo STF/STJ, em sede de julgamento realizado nos termos dos arts. 543-B e 543-C do CPC, são, basicamente, os seguintes: (I) maior efetividade do novo instituto – ao optar por deixar de recorrer nessas situações, a PGFN contribui para a consecução das finalidades subjacentes à nova sistemática de julgamento prevista nos arts. 543-B e 543-C do CPC, as quais, como visto, consistem em conferir mais racionalidade e celeridade à entrega da prestação jurisdicional e promover unidade na interpretação do direito, mediante o incremento da força dos precedentes judiciais. E, na medida em que a Administração Pública (aí se incluindo, por óbvio, a PGFN) ostenta a condição de uma das maiores litigantes do país, reconhecidamente responsável por uma parcela significativa do número de demandas repetitivas que abarrotam o Poder Judiciário, percebe-se que essa atitude cooperativa, de sua parte, assume papel realmente decisivo na consecução dessas finalidades e, conseqüentemente, na obtenção da efetividade do novel instituto; sem essa atitude cooperativa, parece questionável, inclusive, se será viável, na prática, que o novo instituto realmente atinja as suas finalidades. (II) alinhamento aos novos rumos tomados pela ordem jurídica brasileira – além disso, ao adotar tal postura cooperativa em relação à obtenção das finalidades do novo instituto previsto nos arts. 543-B e 543-C do CPC, a PGFN estará se alinhando, a um só tempo, à nova feição assumida pelo processo civil brasileiro (influenciada, como visto anteriormente, por uma nítida tendência de 'verticalização' das decisões do STF e do STJ ou de 'commonlawlização' da ordem jurídica pátria) e aos escopos declaradamente pretendidos pelo 'II Pacto Republicano', dentre os quais se inclui 'o aprimoramento da prestação jurisdicional, mormente pela efetividade do princípio constitucional da razoável duração do processo e pela prevenção de conflitos'. Na verdade, a PGFN, como órgão de Estado, integrado ao Poder Executivo, estará se juntando a outros órgãos vinculados aos demais Poderes, como, por exemplo, ao Conselho Nacional de Justiça, em prol da concretização dos ideais que marcam os novos rumos tomados pela ordem jurídica brasileira. (III) desoneração da sociedade em relação aos custos envolvidos quando o Estado está em juízo – ao deixar de recorrer em matérias já definitivamente resolvidas pelo STF/STJ, a PGFN se afasta, gradualmente, da condição de um dos maiores litigantes do país e, assim fazendo, atinge, de forma reflexa, a própria sociedade, que deixará de arcar com os altos gastos que necessariamente são despendidos quando o Estado vai a juízo. (IV) respeito ao cidadão brasileiro – ao adotar a postura ora sugerida, a PGFN dará ensejo a que o jurisdicionado alcance com maior celeridade a prestação jurisdicional solicitada ao Poder Judiciário, contribuindo, assim, para que seja reduzido o tempo do processo. (...) Com as demonstradas transformações na representação judicial da PGFN, resta evidente que esta tem contribuído para a construção de uma nova concepção de Fazenda Pública em juízo, caracterizada por uma atuação judicial combativa, técnica e coordenada nacionalmente em defesa da causa pública, mas também atenta e zelosa no respeito aos direitos dos contribuintes já consagrados pelo STJ e/ ou STF, na medida em que não mais contesta e recorre dos temas definidos na forma dos arts. 543-B e 543-C do CPC. Nada mais moderno e digno de se esperar

Os artigos que a regulamentaram, tanto no CPC/73 (§1º do art. 543-A) como no nCPC (§1º do art. 1.035), exigiram para efeitos de caracterização da repercussão geral a existência ou não de questões relevantes do ponto de vista econômico, político, social ou jurídico que ultrapassem os interesses subjetivos do processo, em face do exponencial número de recursos extraordinários que aportavam a Suprema Corte, como bem destacou a Min. Ellen Gracie na QO na Ação Cautelar nº 2.177/PE.[52]

---

de uma advocacia pública feita por servidores públicos em prol dos interesses verdadeiramente de Estado, nisso incluído o respeito ao direito do cidadão-administrado-contribuinte". SEEFELDER FILHO, Claudio Xavier. *PGFN*: uma nova concepção da Fazenda Pública em juízo. Seminário Demanda Repetitivas na Justiça Federal (2013: Brasília, DF) Seminário demandas repetitivas na Justiça Federal: possíveis soluções e processuais e gerenciais, 28 de fevereiro e 1º de março de 2013. Brasília: Conselho da Justiça Federal, Centro de Estudos Judiciários, 2013. 121 p. (Série cadernos do CEJ; 29). Evento realizado pelo Centro de Estudos Judiciários (CEJ). 1. Direito processual. 2. Demanda judicial. I. Título: possíveis soluções processuais e gerenciais. II. Conselho da Justiça Federal (Brasil). Centro de Estudos Judiciários.

[51] O Min. Teori Zavascki, na Presidência da 1ª Seção do STJ, abriu a sessão de julgamento do dia 24.03.2010 com congratulações e elogios à edição da Portaria PGFN nº 294/2010, onde destacou a responsabilidade do julgador na formação dos recursos repetitivos e a necessária autoridade substancial (não apenas formal) de seu conteúdo para a construção de um novo modelo de jurisdição. O acima referido Parecer PGFN/CRJ nº 492/2010 ensejou importantes alterações no art. 19 da Lei 10.522/2002, que trata do sistema de dispensas de contestar e recorrer nos processos judiciais com representação judicial da União pela PGFN (art. 12 e 13 da Lei Complementar nº 73/93), bem como sofreu importantes avanços através da aprovação do Parecer PGFN/CRJ nº 789/2016 e da Portaria PGFN 502/2016. Como Procurador-Geral Adjunto de Consultoria e Contenciosos Tributário, registrei no despacho de aprovação do Parecer PGFN/CRJ nº 789/2016 que: "*Em 2010 a Procuradoria-Geral da Fazenda Nacional (PGFN), através do Parecer 492/2010, inaugurou uma Nova Concepção de Fazenda Pública em Juízo, a qual, agora, recebe nova roupagem e importantes avanços oriundos da experiencia vivida no citado modelo e da nova sistemática introduzida pelo Código de Processo Civil Brasileiro de 2015. Neste Parecer a PGFN continua inovando em sua postura em juízo, sempre com segurança e juridicidade, no intuito de não banalizar sua atuação judicial, contribuindo com a diminuição da litigiosidade da União, o aumento da credibilidade de suas resistências opostas em Juízo e o fortalecimento de sua atuação nos casos viáveis e com maior relevância econômica e jurídica*". Vide comentários do Ministro Castro Meira em Novo Código de Processo Civil comentado na prática da Fazenda Nacional. SEEFELDER FILHO, Claudio Xavier; CAMPOS, Rogério; ADÃO, Sandro Brandi; GOMES, Leonardo Rufino de Oliveira; DAMBROS, Cristiano Dressler. 1. ed. São Paulo: Editora Revista dos Tribunais, 2017. p. 1261-2.

[52] A exigência derivou do excessivo e crescente número de recursos extraordinários que chegavam ao STF a cada ano, conforme debatido na Questão de Ordem na Ação Cautelar nº 2.177/PE, em que a relatora, Ministra Ellen Gracie, registrou ser "(...) *de suma importância rememorar qual foi o principal objetivo da introdução dessa nova sistemática no ordenamento jurídico-processual brasileiro. Em face de um preocupante crescimento do já desumano volume de recurso extraordinários interpostos, a Emenda Constitucional 45/2004 trouxe ao ordenamento jurídico brasileiro um novo requisito para a admissibilidade desses instrumentos recursais. Para que esta Corte não fosse mais obrigada a se manifestar centenas de vezes sobre uma mesma matéria – expediente que, em última análise, causou, por anos a fio, prejuízos irreparáveis aos próprios*

Mais do que estancar o volume crescente de recursos extraordinários que aportavam ao STF, entretanto, o requisito exigiu a relevância das "questões constitucionais discutidas" e que a mesma "ultrapasse o interesse subjetivo da causa".[53] A força da expressão "ultrapasse o interesse subjetivo da causa" deixa evidente a intenção do legislador de atribuir um caráter objetivo e vinculante aos recursos extraordinários submetidos à sistemática da repercussão geral, como bem destacado pelo Min. Celso de Mello na QO na Ação Cautelar nº 2.177/PE[54] e pelo Min. Gilmar Mendes na QO no Agravo de Instrumento nº 760.358/SE[55] e, mais recentemente, pela Min. Cármen Lúcia no RE-EDcl nº 574.706/PR.[56]

---

jurisdicionados – a repercussão geral possibilitou, após a inclusão do feito no Plenário Virtual, tanto o sobrestamento dos demais processos que versem sobre aquele tema, como a aplicação, pelos tribunais a quo da decisão emanada do Supremo Tribunal Federal aos demais recursos". (Pleno, Min. Ellen Gracie, DJe de 20.02.2009)

[53] Taís Schilling Ferraz destaca que "*O forte processo de objetivação e abstração, que atualmente permeia o controle de difuso de constitucionalidade no Brasil, e que foi especialmente impulsionado pela criação do regime de repercussão geral no plano dos recursos extraordinários, conduz à ideia de um julgamento em tese dentro do julgamento de um caso individual, o que em alguma medida se assemelha ao modelo alemão (...) Também os efeitos hoje transcendentes e obrigatórios do precedente formado recolhem elementos do modelo tedesco*". (FERRAZ, Taís Schilling. *O precedente na jurisdição constitucional*: construção e eficácia do julgamento da questão com repercussão geral. São Paulo: Saraiva, 2017. p. 121. Série IDP: Linha Pesquisa Acadêmica.)

[54] Esse ultrapassar o interesse subjetivo da causa denota, em sua literalidade, a evidente objetivação dos precedentes exarados em repercussão geral, situação que não escapou do Ministro Celso de Mello, que "*a solução preconizada pela eminente Ministra-Relatora ajusta-se, de um lado, ao instituto da repercussão geral e, de outro lado, mostra-se compatível com a dimensão objetiva que se vem progressivamente reconhecendo ao recurso extraordinário, não obstante se discutam, neste, questões e controvérsias de índole individual. O instituto da repercussão geral representa, nesse novo contexto, um importante instrumento de objetivação dos julgamentos que o Supremo profere em sede recursal extraordinária*". (Questão de Ordem na Ação Cautelar 2.177/PE. Pleno, Min. Ellen Gracie, DJe de 20.02.2009).

[55] Na Questão de Ordem no Agravo de Instrumento nº 760.358/SE, o STF, capitaneado pelo Min. Gilmar Mendes reafirma essa objetivação e força expansiva dos precedentes formados em repercussão geral, destacando que "(...) *toda a reforma processual foi concebida de forma a permitir que a Suprema Corte se debruce uma única vez sobre cada questão constitucional. (...) Temos que assumir definitivamente a função de Corte Constitucional e abandonar a função de Corte de Revisão. Temos que confiar na racionalidade do sistema e na aplicação de nossas decisões pelas Cortes de origem. (...) A decisão, que foi do legislador e não nossa, de não mais submeter ao STF, individualmente, os recursos múltiplos, precisa estar cercada de mecanismos que a tornem efetiva, especialmente nestas primeiras decisões sobre procedimento (...). É plenamente consentânea, portanto, com o novo modelo, a possibilidade de se aplicar o decidido quanto a uma questão constitucional a todos os múltiplos casos em que a mesma questão se apresente como determinante do destino da demanda, ainda que revestida de circunstâncias acidentais diversas.*"

[56] Trecho do voto-condutor da Min. Carmén Lúcia no RE-EDcl nº 574.706/PR, *in verbis*: "*A atual incidência da sistemática de repercussão geral, com efeitos erga omnes e vinculante aos órgãos da Administração Pública e ao Poder Judiciário, recomenda o balizamento dos efeitos do que decidido neste processo, para preservar a segurança jurídica dos órgãos fazendários, ressalvados os casos ajuizados até a data da sessão de julgamento, em 15.3.2017*".

Mais um importante avanço adveio de precedentes do STF em controle difuso que começaram a aplicar a modulação de efeitos de seus julgados, conforme permissão contida no art. 27 da Lei nº 9.868/98.[57] Tal dispositivo legal era, a princípio, um instrumento à disposição apenas do controle concentrado (ADIn, ADC e ADPF), entretanto, passou a ser utilizado no controle difuso em inúmeros casos,[58] fazendo

---

[57] Art. 27. Ao declarar a inconstitucionalidade de lei ou ato normativo, e tendo em vista razões de segurança jurídica ou de excepcional interesse social, poderá o Supremo Tribunal Federal, por maioria de dois terços de seus membros, restringir os efeitos daquela declaração ou decidir que ela só tenha eficácia a partir de seu trânsito em julgado ou de outro momento que venha a ser fixado. *Vide* art. 11 da Lei nº 9.882/1998 sobre a ADPF.

[58] Em 24.03.2004, ao julgar o RE nº 197.917/SP, denominado "Caso Mira Estrela", o Supremo Tribunal Federal, por maioria, acompanhando o Min. Maurício Corrêa, relator, conheceu e deu parcial provimento ao recurso para declarar a inconstitucionalidade do parágrafo único do art. 6º da Lei nº 226/90, do Município de Mira Estrela, por considerar que o art. 29 da CF/88 estabelece um critério de proporcionalidade aritmética para o cálculo do número de vereadores, não tendo os municípios autonomia para fixar esse número discricionariamente, sendo que, no caso concreto, o Município em questão deveria ter 9 vereadores, sob pena de incompatibilidade com a proporção determinada constitucionalmente. O Tribunal determinou, ainda, que após o trânsito em julgado a Câmara de Vereadores adote as medidas cabíveis para adequar sua composição aos parâmetros ora fixados, respeitados, entretanto, os mandatos dos atuais vereadores. No presente caso, a modulação dos efeitos se deu pela determinação de respeito aos atuais mandatos em face do princípio da segurança jurídica, em face da situação excepcional em que a declaração de nulidade, com seus normais efeitos *ex tunc*, resultaria grave ameaça a todo o sistema legislativo vigente. Diante disso foi dada prevalência ao interesse público para assegurar, em caráter de exceção, efeitos para o futuro da declaração incidental de inconstitucionalidade.

No julgamento do HC nº 82.959/SP, em 23.02.2006, de relatoria do Min. Marco Aurélio, o STF declarou incidentalmente a inconstitucionalidade do §1º do art. 2º da Lei nº 8.072/1990, que tratava do regime de progressão prisional em crimes hediondos, e modulou os efeitos da decisão, para que ela não gerasse consequências jurídicas em relação a penas já extintas nesta data. Mais uma vez o STF estabeleceu condicionantes ao seu entendimento em controle difuso para aplicação em casos similares, ou seja, transcendendo os limites subjetivos do caso concreto. Registro que o precedente acima citado ensejou a edição da Súmula Vinculante nº 26 e o ajuizamento da Rcl 4.335/AC, no qual se formou relevante precedente sobre o tema, conforme veremos com mais detalhes à frente.

No julgamento do RE nº 560.626/RS, em 12.06.2008, ocorreu a primeira modulação de uma questão tributária federal; tratava-se do prazo decenal de decadência e prescrição das contribuições previdenciárias. O STF entendeu que apenas lei complementar poderia disciplinar a matéria que estava nos artigos 45 e 46 da Lei nº 8.212/1991. Tal julgamento ensejou a edição da Súmula Vinculante nº 8. Todavia, em face da legislação estar em vigor a mais de 17 (dezessete anos), houve a modulação dos efeitos da decisão, a qual beneficiou apenas aqueles contribuintes que haviam questionado o tema nas esferas administrativa ou judicial.

Mais recentemente, em 13.05.2021, no julgamento do RE-EDcl nº 574.706/PR, o Plenário do Supremo Tribunal Federal (STF) decidiu que a exclusão do Imposto sobre Circulação de Mercadorias e Serviços (ICMS) da base de cálculo do PIS/Cofins seria válida somente a partir de 15.3.2017, data em que foi fixada a tese de repercussão geral (Tema 69). A modulação dos efeitos foi definida no julgamento dos embargos de declaração opostos

os efeitos da decisão do caso concreto repercutirem em outros casos análogos, tornando-se mais um exemplo de objetivação dos precedentes do STF.[59]

Nesse contexto, a aplicação da modulação no controle difuso se tornou prática habitual e corriqueira da Suprema Corte brasileira, como bem registrou o Min. Gilmar Mendes na PET nº 2.859/SP, que "por uma dessas ironias da prática jurídica, o art. 27 da Lei 9.868/99, destinado à aplicação no âmbito do controle abstrato de normas, vem tendo aplicação mais intensa no contexto do modelo incidental de controle de constitucionalidade".

Outro importante avanço foi obtido no julgamento conjunto das ADIn nº 3.345/DF e nº 3.365/DF (apensa), no qual o STF aplicou a teoria dos "motivos determinantes" e "efeitos vinculantes transcendentes" da decisão em controle difuso do RE nº 197.917/SP – "Caso Mira Estrela".[60] Ainda tratando sobre a vinculação dos motivos determinantes na Rcl nº 4.335/AC,[61] na qual o Plenário do STF fixou o efeito *ultra partes* da declaração de inconstitucionalidade em controle difuso,[62] o Min. Gilmar

pela União, no qual a relatora do caso, Min. Cármen Lúcia, acolheu parcialmente o pedido da União, em face da modificação na orientação jurisprudencial em desfavor da Fazenda Pública, ao destacar que os efeitos vinculantes da sistemática de repercussão geral requerem balizamento de critérios para preservar a segurança jurídica. Dessa forma, votou pela aplicação da tese a partir da data da sua formulação, ressalvados os casos ajuizados até o julgamento do mérito do RE. Destacamos que sobre o tema já existia uma Súmula do extinto TFR (258), duas Súmulas do STJ (68 e 94), além do STF por décadas não conhecer da matéria por considerá-la infraconstitucional (RREE nº 391.371/BA e nº 399.979/RN) e possuir precedentes admitindo a incidência de tributo sobre tributo (RREE nº 212.209/RS e nº 582.461/SP-RG).

[59] Segundo Zavascki: "*A modulação de efeitos das sentenças declaratórias de inconstitucionalidade é orientação que se observa como tendencia no direito comparado, representando, por isso mesmo, mais um significativo ponto de aproximação dos sistemas de controle de constitucionalidade*". (ZAVASCKI, Teori Albino. *Eficácia das sentenças na jurisdição constitucional*. 4. ed. São Paulo: Revista dos Tribunais, 2017, p. 71).

[60] Conforme registrado pelo Min. Gilmar Mendes, que em face disso "(...) *se fez essa opção, que tem consequências no nosso sistema integral de controle de constitucionalidade, porque rompe com a tal fórmula do Senado, de maneira muito clara. Aqui, já o uso da ação civil pública significa que não precisa comunicar ao Senado, num caso como este, e atribui um tipo de efeito vinculante que transcende um caso concreto e abrange os fundamentos determinantes. Em suma, é um caso de todo singular*".

[61] Rcl nº 4.335/AC, ementa: "*Reclamação. 2. Progressão de regime. Crimes hediondos. 3. Decisão reclamada aplicou o art. 2º, §2º, da Lei nº 8.072/90, declarado inconstitucional pelo Plenário do STF no HC 82.959/SP, Rel. Min. Marco Aurélio, DJ 1.9.2006. 4. Superveniência da Súmula Vinculante nº 26. 5. Efeito ultra partes da declaração de inconstitucionalidade em controle difuso. Caráter expansivo da decisão. 6. Reclamação julgada procedente.*"

[62] Taís Schilling Ferraz registra, em artigo sobre a Rcl nº 4.335/AC, que: "*Cada vez mais as decisões do STF em controle difuso de constitucionalidade vêm adquirindo eficácia erga omnes, por meio de modificações legais e até mesmo na Constituição. O mesmo vem ocorrendo no âmbito da*

Mendes[63] destacou a prática já estabelecida no STF de aplicação de precedentes formados no controle de constitucionalidade do direito municipal em casos análogos envolvendo outros municípios, o que demonstra a eficácia transcendente presente no controle difuso de constitucionalidade, tornando prescindível a edição da Resolução do Senado para esses fins.

Sobre o movimento em direção à força subordinante dos precedentes do STF, o Min. Teori Zavascki, em seu voto na ADIn nº 2.418/DF, reafirma a autoridade e vocação expansiva dos precedentes da Corte Suprema, guardiã da Constituição, destacando a "doutrina clássica de que a eficácia *erga omnes* das decisões que reconhecem

---

competência do STJ. As reformas processuais, inclusive a que está em curso no Congresso Nacional, registram a intenção de implantação, no Brasil, de um sistema de precedentes vinculantes. Valores como segurança jurídica, previsibilidade e estabilidade estão na base das exposições de motivos." (FERRAZ, Taís Schilling. Efeitos das decisões do STF em controle difuso de constitucionalidade: Comentários ao julgamento da Reclamação nº 4.335/AC. *Revista da AJURIS*, v. 41, nº 135, 2014).

63 Trecho do voto do Min. Gilmar Mendes na Rcl nº 4.335/AC: "*Observe-se, ainda, que, nas hipóteses de declaração de inconstitucionalidade de leis municipais, o STF tem adotado uma postura significativamente ousada, conferindo efeito vinculante não só à parte dispositiva da decisão de inconstitucionalidade, mas também aos próprios fundamentos determinantes. É que são numericamente expressivos os casos em que o Supremo Tribunal tem estendido, com base no art. 557, caput e §1º-A, do CPC, a decisão do plenário que declara a inconstitucionalidade de norma municipal a outras situações idênticas, oriundas de municípios diversos. Em suma, tem-se considerado dispensável, no caso de modelos legais idênticos, a submissão da questão ao plenário. Nesse sentido, Maurício Corrêa, ao julgar o RE 228.844/SP, no qual se discutia a ilegitimidade do IPTU progressivo cobrado pelo município de São José do Rio Preto, no estado de São Paulo, valeu-se de fundamento fixado pelo Plenário deste Tribunal, em precedente oriundo do estado de Minas Gerais, no sentido da inconstitucionalidade de lei do município de Belo Horizonte, que instituiu alíquota progressiva do IPTU. Também Nelson Jobim, no exame da mesma matéria (progressividade do IPTU), em recurso extraordinário interposto contra lei do município de São Bernardo do Campo, aplicou tese fixada em julgamentos que apreciaram a inconstitucionalidade de lei do município de São Paulo. Ellen Gracie utilizou-se de precedente oriundo do município de Niterói, estado do Rio de Janeiro, para dar provimento a recurso extraordinário no qual se discutia a ilegitimidade de taxa de iluminação pública instituída pelo município de Cabo Verde, no estado de Minas Gerais. Carlos Velloso aplicou jurisprudência de recurso proveniente do estado de São Paulo para fundamentar sua decisão no AI 423.252, onde se discutia a inconstitucionalidade de taxa de coleta e limpeza pública do município do Rio de Janeiro, convertendo-o em recurso extraordinário (art. 544, §§3º e 4º, do CPC) e dando-lhe provimento. Sepúlveda Pertence lançou mão de precedentes originários do estado de São Paulo para dar provimento ao RE 345.048, no qual se arguia a inconstitucionalidade de taxa de limpeza pública do município de Belo Horizonte. Celso de Mello, ao apreciar matéria relativa à progressividade do IPTU do município de Belo Horizonte, conheceu e deu provimento a recurso extraordinário tendo em conta diversos precedentes oriundos do estado de São Paulo. Tal procedimento evidência, ainda que de forma tímida, o efeito vinculante dos fundamentos determinantes da decisão exarada pelo STF no controle de constitucionalidade do direito municipal. Evidentemente, semelhante orientação somente pode vicejar caso se admita que a decisão tomada pelo Plenário seja dotada de eficácia transcendente, sendo, por isso, dispensável a manifestação do Senado Federal*".

a inconstitucionalidade, ainda que incidentalmente, deveria ser considerada 'efeito natural da sentença'".[64]

Conforme demonstrado pela própria interpretação acima analisada do STF, nosso sistema de precedentes do STF aponta para uma irreversível objetivação, com uma equivalência dos efeitos vinculantes e *erga omnes* tanto para o controle concentrado como para o controle difuso, sendo dispensada, no caso de declaração de inconstitucionalidade, a edição de resolução do Senado Federal para fins de atribuir efeitos expansivos à decisão do STF.[65]

A respeito da suposta diferenciação quanto aos efeitos de uma decisão no controle difuso e uma no controle concentrado, pronunciadas pelos integrantes de um único e idêntico Plenário, encontramos no

---

[64] Trecho do voto do Min. Teori Zavascki na ADIn nº 2.418/DF: "(...) *qualquer dos casos, e independentemente da existência ou não de resolução do Senado suspendendo a execução da norma declarada inconstitucional, tem igual autoridade a manifestação do Supremo em seu juízo de constitucionalidade, sendo de anotar que, de qualquer sorte, não seria cabível resolução do Senado na declaração de inconstitucionalidade parcial sem redução de texto e na que decorre da interpretação conforme a Constituição. A distinção restritiva, entre precedentes em controle incidental e em controle concentrado, não é compatível com a evidente intenção do legislador, já referida, de valorizar a autoridade dos precedentes emanados do órgão judiciário guardião da Constituição, que não pode ser hierarquizada simplesmente em função do procedimento em que a decisão foi tomada. Sob esse enfoque, há idêntica força de autoridade nas decisões do STF tanto em ação direta quanto nas proferidas em via recursal, estas também com natural vocação expansiva, conforme reconheceu o STF no julgamento da Reclamação 4.335, Min. Gilmar Mendes, Dje 22.10.14, a evidenciar que está ganhando autoridade a recomendação da doutrina clássica de que a eficácia erga omnes das decisões que reconhecem a inconstitucionalidade, ainda que incidentalmente, deveria ser considerada 'efeito natural da sentença' (BITTENCOURT, Lúcio, op. cit., p. 143; CASTRO NUNES, José. Teoria e prática do Poder Judiciário. Rio de Janeiro: Forense, 1943. p. 592). É exatamente isso que ocorre, aliás, nas hipóteses previstas no parágrafo único do art. 949 do CPC/15, reproduzindo o parágrafo único do art. 481 do CPC/73, que submete os demais Tribunais à eficácia vinculante das decisões do plenário do STF em controle de constitucionalidade, indiferentemente de terem sido tomadas em controle concentrado ou difuso*".

[65] Ricardo Lodi Ribeiro registra os dois regimes de controle de constitucionalidade que: "*A aproximação dos dois regimes é encontrada ainda na tendencia à abstrativação ou objetivação do controle difuso, que deriva da mutação constitucional do sistema constitucional sobre o controle difuso de constitucionalidade, da integração das decisões dos órgãos de cúpula do Poder Judiciário no bloco da legalidade, como substrato da juridicidade, e da necessidade de uniformização de tratamento aos litigantes, em respeito à isonomia, à neutralidade e à livre concorrência (...) Diante desse novo panorama constitucional e legal, em que resta evidente a aproximação dos modelos concentrado e difuso na apreciação da constitucionalidade da lei tributaria pelo STF, é obsoleta a previsão do art. 52, X da CF, de que a resolução do Senado retirará a lei declarada inconstitucional no controle difuso do ordenamento jurídico. É uma reminiscência histórica do tempo em que a separação de Poderes tinha feição bem mais estática, reproduzida no texto atual em um cenário em que as duas modalidades de controle de constitucionalidade adotadas em nosso País se apresentavam como alternativas, não exibindo o sincretismo atual. Hoje a previsão constitucional, após mutação constitucional sofrida, deve ser interpretada como uma forma de comunicação do Senado Federal à sociedade da decisão do STF*". (RIBEIRO, Ricardo Lodi. Coisa julgada tributária e o Código de Processo Civil/2015. *In*: MACHADO, Hugo de Brito (Org.). *O processo tributário e o Código de Processo Civil 2015*. São Paulo, Malheiros, 2017, p. 599-600).

STF ao menos em 03 (três) julgados declarando a prejudicialidade das ações no controle concentrado em face do julgamento do recurso extraordinário sobre a mesma matéria; são eles: (i) o julgamento do RE nº 377.457/PR e o do RE nº 381.964/MG foram realizados antes da ADIn-AgR nº 4.071/DF,[66] rel. Min. Menezes de Direito, no qual se discutia a constitucionalidade do art. 56 da Lei nº 9.430/96;[67] (ii) no julgamento do RE nº 561.836/RN, com repercussão geral, que provocou a prejudicialidade da ADPF nº 174/RN, rel. Min. Fux; e, (iii) RE nº 574.706/PR em face da ADC nº 18 de relatoria do Min. Celso de Mello. Os entendimentos firmados pelo STF nos casos acima referidos reforçam o entendimento de que as decisões em controle difuso não diferem das decisões no controle concentrado. Caso contrário, a ADIn deveria ter sido conhecida e julgada a fim de conferir eficácia *erga omnes* e efeito vinculante ao precedente, tal qual ocorreu no passado na apreciação da constitucionalidade da contribuição social sobre o lucro líquido

---

[66] Na ADIn-AgR nº 4.071/DF, o Supremo Tribunal Federal definiu que deve ser indeferida a petição inicial de Ação Direta de Inconstitucionalidade, em face da sua manifesta improcedência, quando se limitar a atacar norma de constitucionalidade anteriormente já afirmada em sede de Recurso Extraordinário: *"Agravo regimental. Ação direta de inconstitucionalidade manifestamente improcedente. Indeferimento da petição inicial pelo Relator. Art. 4º da Lei nº 9.868/99. 1. É manifestamente improcedente a ação direta de inconstitucionalidade que verse sobre norma (art. 56 da Lei nº 9.430/96) cuja constitucionalidade foi expressamente declarada pelo Plenário do Supremo Tribunal Federal, mesmo que em recurso extraordinário. 2. Aplicação do art. 4º da Lei nº 9.868/99, segundo o qual 'a petição inicial inepta, não fundamentada e a manifestamente improcedente serão liminarmente indeferidas pelo relator'. 3. A alteração da jurisprudência pressupõe a ocorrência de significativas modificações de ordem jurídica, social ou econômica, ou, quando muito, a superveniência de argumentos nitidamente mais relevantes do que aqueles antes prevalecentes, o que não se verifica no caso. 4. O amicus curiae somente pode demandar a sua intervenção até a data em que o Relator liberar o processo para pauta. 5. Agravo regimental a que se nega provimento"*. (ADI-AgR nº 4071, Relator(a): Min. MENEZES DIREITO, Tribunal Pleno, julgado em 22/04/2009, DJe-195 DIVULG 15-10-2009 PUBLIC 16-10-2009 EMENT VOL-02378-01 PP-00085 RTJ VOL-00210-01 PP-00207)

[67] Manifestação do Min. Gilmar Mendes nos debates do julgamento conjunto das ADIn nº 3.406/RJ e nº 3.470/RJ, no qual menciona a situação ocorrida na ADIn-AgR nº 4.071/DF. Vejamos: *"O SENHOR MINISTRO GILMAR MENDES – Na verdade, o artigo 557 do Código de Processo Civil antigo já vinha sendo aplicado nessa perspectiva da decisão dos precedentes. E é uma forma de desatar uma controvérsia que, do contrário, pode produzir, de fato, aquilo que o Ministro Fachin chamou de um semicírculo permanente. Vamos assumir isto – embora os discursos, às vezes, variem na concretização: normalmente, declarada a inconstitucionalidade – aqui, na verdade, tivemos um certo imbróglio, porque se misturaram os procedimentos – de uma lei no controle difuso, aqui, nunca mais trazemos o debate para o Plenário. Em tese, se estivéssemos esperando o artigo 52, X, teríamos que fazê-lo. Tem até um precedente do Ministro Menezes Direito em que ele julgou prejudicada uma ADI porque a matéria já tinha sido julgada em repercussão geral"*. A matéria havia sido julgada nos RREE nº 377.457/PR e nº 381.964/MG, que foram julgados pelo Plenário em 17.09.2008, tendo o Tribunal, nos termos do voto do Relator, Ministro Gilmar Mendes (Presidente), acolhido questão de ordem suscitada por Sua Excelência para permitir a aplicação do artigo 543-B do Código de Processo Civil, vencido o Senhor Ministro Marco Aurélio.

(CSLL), instituída pela Lei nº 7.689/88, após a Constituição de 1988, quando o Plenário do Supremo Tribunal Federal apreciou a matéria, considerando-a constitucional tanto no controle difuso no RE nº 138.284/CE, transitado em julgado em 29.09.1992, como no controle concentrado na ADIn nº 15/DF, transitada em julgado em 17.09.2007. Tal constatação demonstra a evolução do entendimento no seio do próprio STF quanto à equiparação da força de seus precedentes, sejam os proferidos no controle difuso ou no controle concentrado de constitucionalidade.

Em uma análise pragmática, a única diferença entre os modelos de controle difuso e o de controle concentrado reside na forma, referente ao seu rito – ação originária ou recurso extraordinário, não das competências definidas constitucionalmente.[68] Isso podemos extrair das reiteradas decisões, citadas acima, da Suprema Corte, uma vez que, considerando que o trabalho do Supremo Tribunal Federal, como tribunal de precedentes, é similar ao exercício de sua missão de Guardião da Constituição, seja em controle concentrado, seja em controle difuso de constitucionalidade, todos os casos têm seus julgamentos realizados pelo mesmo órgão, com a mesma composição e os mesmos integrantes, tendo que respeitar o artigo 97 da Constituição Federal e admitindo-se a presença do *amicus curiae*. Consoante assentou, com propriedade, o Min. Gilmar Mendes em seus votos na Rcl nº 4.335/AC[69] e na ADIn nº 3.345/DF.[70]

---

[68] Sobre o tema Dirley da Cunha Júnior é certeiro ao afirmar que "(...) *se no passado se justificava a distinção, hodiernamente ela é intolerável, diante da posição de Guardião da Constituição da qual se reveste a Corte. Ora, no contexto atual, é absolutamente sem sentido, chegando a soar como teratológica a explicação de que, no controle difuso, o Supremo decide inter partes, enquanto que no controle concentrado decide erga omnes. Tudo isso só porque o STF, na primeira hipótese, declara a inconstitucionalidade resolvendo uma questão incidental, e, na segunda, declara a mesma inconstitucionalidade solucionando a própria questão principal. Onde está a lógica disso, já que – seja decidindo incidenter tantum ou principaliter tantum – o órgão prolator da decisão é o mesmo?*" (CUNHA JÚNIOR, Dirley. *O princípio do 'stare decisis' e a decisão do Supremo Tribunal Federal no controle difuso de constitucionalidade*. Leituras complementares de direito constitucional: controle de constitucionalidade e hermenêutica constitucional. Salvador: Juspodivm, 2008, p. 283-284).

[69] Consoante assentou com propriedade o Ministro Gilmar Mendes em seus votos na Rcl nº 4.335/AC, (...) *a natureza idêntica do controle de constitucionalidade, quanto às suas finalidades e aos procedimentos comuns dominantes para os modelos difuso e concentrado, não parece mais legitimar a distinção quanto aos efeitos das decisões proferidas no controle direto e no controle incidental*".

[70] Complementando seu raciocínio em manifestação na ADIn nº 3.345/DF, na qual afirmou que "(...) é difícil admitir que a decisão proferida na ADIn ou ADC ou ADPF possa ser dotada de eficácia geral e a decisão proferida no âmbito do controle incidental – está muito mais morosa porque em geral tomada após tramitação da questão por todas as instâncias – continue a ter eficácia restrita entre as partes."

O jurista Teori Albino Zavascki registrou tanto em trabalho acadêmico,[71] como em posicionamentos como Ministro do STJ[72] e,

---

[71] Teori Zavascki destaca que, "*considerando o atual quadro normativo, fruto de uma constante e progressiva escalada constitucional e infraconstitucional em direção à 'dessubjetivação' ou à objetivação das decisões do STF, inclusive no controle incidental de constitucionalidade, é inquestionável a constatação de que, embora persista, na Constituição (art. 52, X da CF/1988), a competência do Senado Federal para suspender a execução de lei declarada inconstitucional, o seu papel foi paulatinamente perdendo a importância e o sentido que tinha originariamente, sendo, hoje, inexpressivas, ressalvado seu efeito de publicidade, as consequências práticas que dela podem ocorrer. Isso vem sendo reconhecido pelo próprio STF, conforme se pode verificar de importante precedente em que tal questão foi examinada, no qual se firmou a eficácia naturalmente expansiva das decisões da Corte, inclusive em controle incidental de constitucionalidade de preceitos normativos*". Nas páginas 183-184, complementa sua análise: "*Em qualquer dos casos, e independentemente da existência ou não de resolução do Senado suspendendo a execução da norma declarada inconstitucional, tem igual autoridade a manifestação do Supremo em juízo de constitucionalidade, sendo de notar que, de qualquer sorte, não seria cabível resolução do Senado na declaração de inconstitucionalidade parcial sem redução de texto e na que decorre da interpretação conforme a Constituição. A distinção restritiva, entre precedentes em controle incidental e em controle concentrado, não é compatível com a evidente intenção do legislador, já referida, de valorizar a autoridade dos precedentes emanados do órgão judiciário guardião da Constituição, que não pode ser hierarquizada simplesmente em função do procedimento em que a decisão foi tomada. Sob esse enfoque, há idêntica força de autoridade nas decisões do STF tanto em ação direta quanto nas proferidas em via recursal, estas também com natural vocação expansiva, conforme já reconheceu o STF, a evidenciar que est ganhando autoridade a recomendação da doutrina clássica de que a eficácia erga omnes das decisões que reconhecem a inconstitucionalidade, ainda que incidentalmente, deveria ser considerada 'efeito natural da sentença'. É exatamente isso que ocorre, aliás nas hipóteses previstas no parágrafo único do art. 949 do CPC, reproduzindo parágrafo único do art. 481 do CPC/1973, que submete os demais Tribunais à eficácia vinculante das decisões do Plenário do STF em controle de constitucionalidade, indiferentemente de terem sido tomadas em controle concentrado ou difuso*". (ZAVASCKI, Teori Albino. *Eficácia das sentenças na jurisdição constitucional.* 4. ed. São Paulo: Revista dos Tribunais, 2017, p. 53 e 183-184).

[72] Trecho do voto do Min. Teori no REsp nº 828.106/SP: "(...), *há idêntica força de autoridade nas decisões do STF em ação direta quanto nas proferidas em via recursal. Merece aplausos essa aproximação, cada vez mais evidente, do sistema de controle difuso de constitucionalidade ao do concentrado, que se generaliza também em outros países (SOTELO, José Luiz Vasquez. "A jurisprudência vinculante na 'common law' e 'civil law', in Temas Atuais de Direito Processual Ibero-Americano, Rio de Janeiro, Forense, 1998, p. 374; SEGADO, Francisco Fernandez. La obsolescência de la bipolaridad 'modelo americano-modelo europeo kelseniano' como critério nalitico del control de constitucionalidad y la búsqueda de una nueva tipología explicativa", apud Parlamento y Constitución, Universida de Castilla-La Mancha, Anuário (separata), nº 6, p. 1-53). No atual estágio de nossa legislação, de que são exemplos esclarecedores os dispositivos acima transcritos, é inevitável que se passe a atribuir simples efeito de publicidade às resoluções do Senado previstas no art. 52, X, da Constituição. É o que defende, em doutrina, o Ministro Gilmar Ferreira Mendes, para quem 'não parece haver dúvida de que todas as construções que se vêm fazendo em torno do efeito transcendente das decisões tomadas pelo Supremo Tribunal Federal e pelo Congresso Nacional, com o apoio, em muitos casos, da jurisprudência da Corte, estão a indicar a necessidade de revisão da orientação dominante antes do advento da Constituição de 1988' (MENDES, Gilmar Ferreira. 'O papel do Senado Federal no controle de constitucionalidade: um caso clássico de mutação constitucional', Revista de Informação Legislativa, nº 162, p. 165)*".

posteriormente, como Ministro da Suprema Corte[73] que a edição de resolução senatorial perdeu sua importância, ressalvada a função de publicidade, em face das evoluções normativas que atribuíram objetividade e força expansiva aos da Suprema Corte, equiparando a força dos precedentes do STF formados seja no modelo concentrado ou difuso, conferindo racionalidade e efetividade ao sistema. Apoiado em larga doutrina,[74] o Min. Gilmar Mendes, em coerência com sua produção acadêmica,[75] registrou em seu voto-condutor na Rcl nº 4.335/AC[76] e em

[73] No importante precedente mencionado nas notas acima pelo autor e Ministro do Superior Tribunal de Justiça, contou com judicioso voto-vista do Min. Teori Zavascki no Supremo Tribunal Federal, no qual, sem aderir à tese da mutação constitucional, atribuiu razão ao entendimento do Min. Gilmar Mendes quanto ao entendimento de que as decisões do STF em controle difuso de inconstitucionalidade têm natural aptidão expansiva, concluindo que é "*inegável, por conseguinte, que, atualmente, a força expansiva das decisões do Supremo Tribunal Federal, mesmo quando tomadas em casos concretos, não decorre apenas e tão somente de resolução do Senado, nas hipóteses de que trata o art. 52, X da Constituição. É fenômeno que está se universalizando, por força de todo um conjunto normativo constitucional e infraconstitucional, direcionado a conferir racionalidade e efetividade às decisões dos tribunais superiores e, como não poderia deixar de ser, especialmente os da Corte Suprema*". (Rcl nº 4.335/AC)

[74] Sobre o tema, vale conferir, ainda, a lição de Eduardo Appio: "*O tempo do controle difuso era o passado, e o inverso sucedia com o controle concentrado, voltado quase que exclusivamente para as situações futuras. (...) Este cenário mudou radicalmente desde fevereiro de 2008, quando então o Supremo Tribunal Federal passou a considerar que as decisões proferidas em sede de controle difuso (concreto), que até então atingiam apenas as partes (inter partes), também poderiam – a exemplo do controle concentrado – atingir terceiros. Passaram-se, então, quase quarenta anos, desde a adoção do sistema concentrado no Brasil, para que o Supremo Tribunal Federal pudesse dar os primeiros passos de aproximação entre os dois modelos. (...) Este foi o prenúncio histórico de que os dois modelos iniciariam um movimento de lenta (mas constante) aproximação, o qual culminou com o recente modelo implantado no STF, no qual se advoga a eficácia erga omnes e com efeitos retroativos, mesmo no controle difuso*". (APPIO, Eduardo. *Controle difuso de constitucionalidade*. Curitiba: Ed. Juruá. 2008, p. 17, 22-23).

[75] MENDES, Gilmar Ferreira. O papel do Senado no controle federal de constitucionalidade – Um caso clássico de mutação constitucional. *Revista de Informação Legislativa*. Vol. 162/149-168, 2004, Senado Federal.

[76] Trecho do voto do Min. Gilmar Mendes na Rcl nº 4.335/AC: "É possível, sem qualquer exagero, falar-se aqui de uma autêntica mutação constitucional em razão da completa reformulação do sistema jurídico e, por conseguinte, da nova compreensão que se conferiu à regra do art. 52, X, da Constituição de 1988. Valendo-nos dos subsídios da doutrina constitucional a propósito da mutação constitucional, poder-se-ia cogitar aqui de uma autêntica reforma da Constituição sem expressa modificação do texto. Em verdade, a aplicação que o STF vem conferindo ao disposto no art. 52, X, da Constituição Federal indica que o referido instituto mereceu uma significativa reinterpretação a partir da Constituição de 1988. É possível que a configuração emprestada ao controle abstrato pela nova Constituição, com ênfase no modelo abstrato, tenha sido decisiva para a mudança verificada, uma vez que as decisões com eficácia erga omnes passaram a se generalizar. (...) *De fato, é difícil admitir que a decisão proferida em ação direta de inconstitucionalidade ou ação declaratória de constitucionalidade e na arguição de descumprimento de preceito fundamental possa ser dotada de eficácia geral e a decisão proferida no âmbito do controle incidental – está muito mais morosa porque em geral tomada após tramitação da questão por todas as instâncias – continue a ter eficácia restrita entre as partes. Explica-se, assim, o desenvolvimento da nova orientação a propósito*

votos-vogais nas ADIn nº 3.406/RJ e nº 3.470/RJ[77] que a força normativa e os efeitos do precedente do STF no controle difuso são transcendentes, *erga omnes* e vinculantes, não ficando condicionada à edição de resolução do Senado, a qual passou a ter apenas função publicizante.

---

da decisão do Senado Federal no processo de controle de constitucionalidade, no contexto normativo da Constituição de 1988. A prática dos últimos anos, especialmente após o advento da Constituição de 1988, parece dar razão, pelo menos agora, a Lúcio Bittencourt, para quem a finalidade da decisão do Senado era, desde sempre, 'apenas tornar pública a decisão do tribunal, levando-a ao conhecimento de todos os cidadãos'. Sem adentrar o debate sobre a correção desse entendimento no passado, não parece haver dúvida de que todas as construções que se vêm fazendo em torno do efeito transcendente das decisões pelo STF e pelo Congresso Nacional, com o apoio, em muitos casos, da jurisprudência da Corte, estão a indicar a necessidade de revisão da orientação dominante antes do advento da Constituição de 1988. Assim, parece legítimo entender que, hodiernamente, a fórmula relativa à suspensão de execução da lei pelo Senado Federal há de ter simples efeito de publicidade. Desta forma, se o STF, em sede de controle incidental, chegar à conclusão, de modo definitivo, de que a lei é inconstitucional, essa decisão terá efeitos gerais, fazendo-se a comunicação ao Senado Federal para que este publique a decisão no Diário do Congresso. Tal como assente, não é (mais) a decisão do Senado que confere eficácia geral ao julgamento do Supremo. A própria decisão da Corte contém essa força normativa. Parece evidente ser essa a orientação implícita nas diversas decisões judiciais e legislativas acima referidas. Assim, o Senado não terá a faculdade de publicar ou não a decisão, uma vez que não se cuida de uma decisão substantiva, mas de simples dever de publicação, tal como reconhecido a outros órgãos políticos em alguns sistemas constitucionais (...). (...) Portanto, a não publicação, pelo Senado Federal, de resolução que, nos termos do art. 52, X, da Constituição, suspenderia a execução da lei declarada inconstitucional pelo STF, não terá o condão de impedir que a decisão do Supremo assuma a sua real eficácia jurídica. (...) Ressalte-se ainda o fato de a adoção da súmula vinculante ter reforçado a ideia de superação do referido art. 52, X, da Constituição Federal na medida em que permite aferir a inconstitucionalidade de determinada orientação pelo próprio Tribunal, sem qualquer interferência do Senado Federal. Por último, observe-se que a adoção da técnica da declaração de inconstitucionalidade com limitação de efeitos parece sinalizar que o Tribunal entende estar desvinculado de qualquer ato do Senado Federal, cabendo tão somente a ele – Tribunal – definir os efeitos da decisão".

[77] Trecho do voto do Min. Gilmar Mendes nas ADIn nº 3.406/RJ e nº 3.470/RJ: *"Mas, em verdade, há muito, já não estamos prestando atenção ao art. 52, X, de fato. E vou pegar um exemplo, que é de prova aritmética, o que é muito difícil no Direito, que é a modulação de efeitos, Presidente, em sede de controle incidental. Fazemos com naturalidade hoje e temos muitos pedidos, aqui, de modulação de efeitos em sede de controle incidental, para casos outros, obviamente. Estamos regulando não para o caso concreto, que muitas vezes tem eficácia ex tunc, mas para outros casos. E assim fizemos no caso dos vereadores, do número de vereadores; fizemos no caso da Previdência, 10 ou 5 anos do prazo de prescrição para cobrança.*
A SENHORA MINISTRA CÁRMEN LÚCIA (PRESIDENTE) – Da Fundação Chico Mendes.
O SENHOR MINISTRO GILMAR MENDES – A Fundação Chico Mendes. Isso. Mas digo, temos feito em casos de matéria tributária, vários, não é? Portanto, quando fazemos essa regulação, claramente estamos assumindo que a nossa decisão não depende do Senado e estamos fazendo com eficácia geral. Portanto, parece-me que essa questão está resolvida e que é justo que o Tribunal se pronuncie nesse sentido, para resolver, inclusive, um impasse que, do contrário, nos leva a essa situação semicircular de que falou o Ministro Fachin. Isso me parece extremamente importante. Já discutimos isso várias vezes. Um dos autores críticos desse tema, no passado, foi ninguém mais, ninguém menos, do que Lúcio Bittencourt, que chamava a atenção para a necessidade de que se comunicasse ao Senado para publicização da decisão, tal como falou agora o Ministro Dias Toffoli. Mas não foi a posição que inicialmente assumiu o Supremo. Mas o que que aconteceu? Sob a Constituição de 88, notoriamente, tivemos a expansão do controle de constitucionalidade – especialmente do controle direto de constitucionalidade –, do efeito vinculante e da eficácia erga

Ainda no julgamento conjunto das ADIn nº 3.406/RJ e nº 3.470/RJ, o Min. Celso de Mello considerou, nos debates em Plenário, estar diante de verdadeira mutação constitucional que expande os poderes do STF em tema de jurisdição constitucional.[78] Para ele, o que se propõe é uma interpretação que confira ao Senado Federal a possibilidade de simplesmente, mediante publicação, divulgar a decisão do STF. Mas a eficácia vinculante resulta da decisão da Corte. Daí se estaria a reconhecer a inconstitucionalidade da própria matéria que foi objeto desse processo de controle abstrato, prevalecendo o entendimento de que a utilização do amianto, tipo crisotila e outro, ofende postulados constitucionais e, por isso, não pode ser objeto de normas autorizativas. A Min. Cármen Lúcia, na mesma linha, afirmou que a Corte está caminhando para uma inovação da jurisprudência no sentido de não ser mais declarado inconstitucional cada ato normativo, mas a própria matéria que nele contém.[79] O Min. Edson Fachin concluiu que a declaração de inconstitucionalidade, ainda que incidental, opera uma preclusão consumativa da matéria. Isso evita que se caia numa dimensão semicircular progressiva e sem fim.[80] O Min. Luiz Fux, em seu voto, declara que não haveria mais diferença entre controle difuso e concentrado, destacando o novo Código de Processo Civil, e que a

---

omnes, que vem com a ADC. É curioso – e não deixa de ser curioso – que não se tenha percebido, na prática, que a situação toda mudou, porque o controle que, a rigor, é o mais demorado, em tese, o mais meditado, aqui ele continuava a ser aquele que tinha eficácia menor, ao final, embora, na prática, com o advento da repercussão geral, isso também perdeu o sentido, porque, de fato, se estendeu o efeito. Com o novo Código de Processo Civil – já discutimos isso com o Ministro Fux –, essa questão se estendeu e projetou efeitos de maneira muito clara. Na prática, portanto, isso passa a ocorrer. Então, parece-me que essa questão está resolvida. E, claro, também o efeito vinculante já vem acompanhado. Tanto é que temos aqui – e já discutimos isso no semestre passado – uma certa contradição. Por quê? Porque hoje misturamos situações da repercussão geral com o controle concentrado. E há coisas que estão na repercussão geral, inclusive as questões de ordem que encaminhamos, por exemplo: suspensão de processo, provimento ou não provimento automático e tudo mais, de recursos, e não aplicamos isso no controle abstrato, que já é dotado de efeito vinculante e eficácia erga omnes. Também, dissemos, precisamos fazer esse acoplamento, não é? Assim, parece-me que também é correta aquela expressão que Vossa Excelência usou, Presidente, de que, nesses casos, declaramos a inconstitucionalidade não apenas da norma, mas da matéria. A SENHORA MINISTRA CÁRMEN LÚCIA (PRESIDENTE) – Não do ato formal, mas da norma mesmo. Ou seja, da matéria que nela se contém. O SENHOR MINISTRO GILMAR MENDES – E de normas idênticas, que também são afetadas com a repercussão. De modo que, nesse sentido, acompanho o voto da eminente relatora, mas entendendo que estamos fixando essa orientação".

[78] ADIn nº 3.406 e ADIn nº 3.470, rel. Min. Rosa Weber, j. 29.11.2017, *Informativo* STF nº 886. Registramos que as manifestações orais proferidas do Min. Celso de Mello quando dos debates sobre a matéria no Plenário do STF foram canceladas quando da publicação do acórdão.

[79] ADIn nº 3.406 e ADIn nº 3.470, rel. min. Rosa Weber, j. 29.11.2017, *Informativo* STF nº 886.

[80] ADIn nº 3.406 e ADIn nº 3.470, rel. min. Rosa Weber, j. 29.11.2017, *Informativo* STF nº 886.

resolução do Senado seria mera chancela formal, no sentido de dar maior eficácia às decisões da Suprema Corte.[81] Nos debates, o Min. Dias Toffoli[82] aderiu às posições do Min. Gilmar Mendes e do Min. Luiz Fux.[83]

---

[81] Trecho do voto do Min. Luiz Fux nas ADIn nº 3.406/RJ e nº 3.470/RJ: "*Não há mais diferença entre controle incidental e controle principal. O Código, inclusive, agora, por exemplo, na fase de execução, quando se quer alegar que a sentença é objeto do cumprimento, ou da execução antiga, que se baseou em lei inconstitucional, diz que a lei pode ter sido considerada inconstitucional em controle concentrado ou em controle incidental. Qualquer um dos controles é suficiente para que a parte possa se escusar de cumprir uma sentença inconstitucional. (...) É constitucional porque ela dizia que proibia. Pois é, então, se há essa questão prejudicial decidida, eu acho que o momento é propício para que o Supremo confira maior eficácia às suas decisões em controle concentrado e em controle difuso. O artigo 52, X, sempre foi interpretado com uma chancela meramente formal. Será que é possível o Senado Federal, depois da declaração de inconstitucionalidade pelo Supremo, mudar a nossa decisão? Eu acho que não. (...) De sorte que eu, adotando essa equivalência do controle difuso e do controle concentrado, entendendo que o artigo 52, X, apenas permite uma chancela formal do Senado – o Senado não pode alterar a essência da declaração de inconstitucionalidade do Supremo -, eu, então, acompanho integralmente o voto da Ministra Rosa Weber, agora, baseado nos fundamentos que o Plenário, por maioria, – e me submeto à colegialidade –, decidiu pela inconstitucionalidade da Lei Federal*".

[82] Posicionamento do Min. Dias Toffoli nos debates das ADIn nº 3.406/RJ e nº 3.470/RJ: "*Com a devida vênia do Ministro Marco Aurélio, que sei que pensa o contrário, em razão do art. 52, X, e também do Ministro Alexandre de Moraes, que compartilha dessa preocupação do Ministro Marco Aurélio, eu subscrevo o que foi inicialmente levantado pelo Ministro Gilmar Mendes, tendo, agora há pouco, o Ministro Luiz Edson Fachin discorrido de uma maneira bastante clara, a respeito da dimensão da decisão que nós estamos tomando aqui, qual seja, a aplicação do controle difuso, dando esse efeito erga omnes e praticamente vinculante também às deliberações deste Plenário. Nem poderia ser diferente: se o que se decide no controle abstrato tem uma consequência; no controle concreto teria outra? Por quê? O sentido do art. 52, X, da Constituição é para uma época em que o Diário Oficial levava 3 meses para chegar nos rincões do Brasil, uma época em que as decisões do Supremo ou do Judiciário não eram publicadas em diários oficiais. Hoje, a TV Justiça transmite ao vivo e em cores para todo país o que nós estamos deliberando aqui. Não tem sentido ter que se aguardar uma deliberação futura para dar eficácia à decisão; ficamos nós, aqui, depois, a bater carimbo em relação a inúmeros processos que aqui chegam. Toda a evolução da jurisdição constitucional recente do Brasil foi exatamente no sentido de superarmos essa necessidade. Por isso, eu subscrevo as manifestações também, porque isso não estava anteriormente em meu voto, mas aqui faço questão de deixar, até para fins de se evita entendimentos diferentes ou interpretações a respeito do voto, subscrevo que a decisão tomada na ação direta da qual eu fiquei como relator para o acórdão, de relatoria originária do Ministro Marco Aurélio, a ADI 3.937, tem eficácia geral plena para todo o território nacional, e não apenas em relação ao âmbito do Estado de São Paulo, a legislação que ali se julgava, que era uma lei do Estado de São Paulo. E também subscrevo a ideia da preclusão em relação à decisão da matéria, que foi inicialmente aventada pelo Ministro Gilmar e, agora, também, acompanhado pelo Ministro Luiz Edson Fachin, pelo Ministro Luiz Fux e a Ministra Rosa. Assim, acompanho a Relatora no dispositivo e farei a juntada de voto*".

[83] Registramos a posição do Min. Alexandre de Moraes nos debates: "*A questão de uma nova interpretação do artigo 52, X, não foi colocada nem como questão de ordem. Por que digo isso? Até hoje, o Supremo Tribunal Federal entende que, no controle difuso, o Senado Federal não está obrigado a estender os efeitos inter partes para erga omnes das declarações incidentais do Supremo. Isso são debates históricos e pode até vir – é sempre uma proposta do Ministro Gilmar -, mas até hoje o entendimento do Supremo Tribunal Federal em relação ao artigo 52, X, é que ao Supremo cabe declarar para o caso concreto e ao Senado cabe, se entender necessário, suspender, dando efeitos gerais. Aliás, a grande diferença do controle concentrado é que a suspensão dá efeito sempre ex nunc, não retroativos. Poderíamos até evoluir nesse sentido, mas eu quero dizer que eu não votei em relação a isso porque não era isso que estava em questão. Só para deixar claro*".

Diante de toda a evolução do quadro normativo brasileiro, de crescente prestígio aos precedentes no âmbito do controle de constitucionalidade exercido pela Corte Constitucional, o qual foi acompanhado pela evolução constante e robusta do entendimento da Suprema Corte, que, aproximando os dois modelos de controle de constitucionalidade, entendemos que resta consagrada na jurisdição constitucional brasileira a objetivação, vinculação e efeitos expansivos *ultra partes* dos precedentes do STF, sejam eles formados no controle concentrado ou no controle difuso de constitucionalidade antes e depois da criação da sistemática da repercussão geral.[84]

1.4 A supremacia e a força normativa da Constituição, a autoridade do STF e o impacto de seu precedente na ordem jurídica

Após um panorama histórico da evolução dos precedentes do Supremo Tribunal Federal e a sua natural vocação expansiva *ultra partes*, inclusive no controle difuso, iremos agora tratar do impacto do precedente do STF na ordem jurídica – e sua aptidão, ou não, de alterar o estado de direito até então vigente.

Após o processo de edição de uma lei pelo Poder Legislativo, inicia-se um longo período de legítima movimentação interpretativa da norma, na qual as partes, advogados, fiscais da lei e magistrados em diversas instâncias a interpretam e a aplicam das mais variadas formas. E em se tratando de questão que envolva o cotejo da Constituição Federal, essa movimentação interpretativa cessará com a apreciação do tema pela autoridade com missão constitucional de dar a palavra final sobre matéria constitucional. Uma vez realizada a interpretação da questão constitucional pelo guardião da Constituição, o ciclo de interpretação da norma está encerrado, e cabe a todos o respeito à força normativa da Constituição tal qual interpretado pelo STF.

O processo de criação da norma jurídica concreta para Hans Kelsen, em sua teoria da interpretação jurídica, compreende não apenas

[84] Em especial, para fins do presente trabalho, os precedentes do STF transitados em julgado em: (a) declarações de inconstitucionalidade ou constitucionalidade de forma definitiva e reiterada, em controle difuso de constitucionalidade, com ou sem a edição de Resolução do Senado antes de 03 de maio de 2007, data da implementação pelo STF da sistemática da repercussão geral; (b) decisões definitivas do STF tomadas em recursos extraordinários julgados sob o regime de repercussão geral (RG); (c) e decisões definitivas, proferidas pelo STF, em ações de controle concentrado de constitucionalidade (ADIn, ADC e ADPF).

a aplicação do direito, mas também a produção do direito, partindo da Constituição até a individualização nos casos concretos, estabelecendo que a norma abstrata ainda é incompleta, e no processo de formação do Direito a decisão judicial é *iter* relevante na concretização do direito com natureza constitutiva da norma jurídica individual, destacando que:

> Somente a falta de compreensão da função normativa da decisão judicial, o preconceito de que direito apenas consta de normas gerais, a ignorância da norma jurídica individual, obscureceu o fato de que a decisão judicial é tão só a continuação do processo de criação jurídica e conduziu ao erro ver nela apenas função declarativa.[85]

Sobre a interpretação dos preceitos contidos na Constituição e a força normativa neles contida, Teori Zavascki ensina que:

> A força normativa da Constituição a todos vincula e a todos submete. Juram cumprir e fazer cumprir a Constituição as autoridades do Poder Judiciário, do Poder Executivo e do Poder Legislativo, mas o dever de seguir fielmente os seus preceitos é também das pessoas e entidades privadas.[86]

Sobre a força normativa da Constituição, com autoridade Konrad Hesse nos ensina que "Essa força impõe-se de forma tanto mais efetiva quanto mais ampla for a convicção sobre a inviolabilidade da Constituição, quanto mais forte mostrar-se essa convicção entre os principais responsáveis pela vida constitucional". Conclui que "a intensidade da força normativa da Constituição apresenta-se, em primeiro plano, como uma questão de vontade normativa, de vontade de Constituição (Wille zur Verfassung)".[87]

Profícua análise sobre a força normativa da Constituição e o papel institucional do STF no desempenho de sua missão de guardião da norma constitucional e da intangibilidade da Constituição realizou Teori Zavascki, a qual, em face da juridicidade nela contida, pedimos licença para colacioná-la em maior extensão. Vejamos:

---

[85] KELSEN, Hans. *Teoria pura do direito*. Trad. João Baptista Machado. 8. ed. São Paulo: WMF Martins Fontes, 2009, p. 260 a 272.

[86] ZAVASCKI, Teori Albino. *Eficácia das sentenças na jurisdição constitucional*. 4. ed. São Paulo: Revista dos Tribunais, 2017, p. 19.

[87] HESSE, Konrad. *A força normativa da Constituição*. Sergio Antonio Fabris, Editor, 1991, p. 24.

Ocorre que a lei constitucional não é uma lei qualquer. Ela é a lei fundamental do sistema, na qual todas as demais assentam suas bases de validade e de legitimidade, seja formal, seja material. Na Constituição está moldada a estrutura do Estado, seus organismos mais importantes, a distribuição e a limitação dos poderes dos seus agentes, estão estabelecidos os direitos e as garantias fundamentais dos cidadãos. Enfim, a Constituição é a lei suprema, a mais importante, a que está colocada no ápice do sistema normativo. Guardar a Constituição, observá-la fielmente, constitui, destarte, condição essencial de preservação do Estado de Direito no que ele tem de mais significativo, de mais vital, de mais fundamental. Em contrapartida, violar a Constituição, mais que violar uma lei, é atentar contra a base de todo o sistema. Não é por outra razão que, além dos mecanismos ordinários para tutelar a observância dos preceitos normativos comuns, as normas constitucionais têm seu cumprimento fiscalizado e garantido também por instrumentos especiais e próprios.

(...)

Mais ainda: a "guarda da Constituição", além de constituir dever jurado de todos os juízes, foi atribuída como missão primeira, mais relevante, a ser desempenhada "precipuamente", ao órgão máximo do Poder Judiciário, o Supremo Tribunal Federal (CF, art. 102). A ele atribui-se, no exercício da fiscalização abstrata da constitucionalidade do ordenamento, o poder de declarar, com eficácia erga omnes e efeito vinculante, a inconstitucionalidade de preceitos normativos, retirando-os do ordenamento jurídico, ou a sua constitucionalidade, afirmando a imperiosidade da sua observância. Também no âmbito do controle difuso, os precedentes do STF têm eficácia transcendental no sistema, como, por exemplo, a de desencadear a suspensão da execução pelo Senado, das leis declaradas inconstitucionais (CF, art. 52, X) e a de vincular, indiretamente, as decisões dos demais tribunais, cujos órgãos fracionários "não submeterão ao plenário, ou órgão especial, a arguição de inconstitucionalidade, quando já houver pronunciamento (...) do Supremo Tribunal Federal sobre a questão" (CPC, art. 481, parágrafo único).

(...)

As razões fundantes do tratamento diferenciado, segundo é possível colher da jurisprudência do STF, são, essencialmente, a da "supremacia jurídica" da Constituição, cuja interpretação "não pode ficar sujeita à perplexidade", e a especial gravidade com que se reveste o descumprimento das normas constitucionais, mormente o "vício" da inconstitucionalidade das leis. O exame desta orientação em face das súmulas revela duas preocupações fundamentais da Corte Suprema: a primeira, a de preservar em qualquer circunstância, a supremacia da Constituição e a sua aplicação uniforme a todos os destinatários; a segunda, a de preservar a sua autoridade de guardião da Constituição, de órgão

> com legitimidade constitucional para dar a palavra definitiva em temas relacionados com a interpretação e a aplicação da Carta Magna. Supremacia da Constituição e autoridade do STF são, na verdade, valores associados e que têm sentido transcendental quando associados. Há, entre eles, relação de meio e fim. E é justamente essa associação o referencial básico de que se lança mão para solucionar os diversos problemas (...)
>
> O princípio da supremacia da Constituição e a autoridade do pronunciamento do Supremo Tribunal Federal constituem, conforme se viu, os pilares de sustentação para construir um sistema apto a dar respostas coerentes à variedade de situações (...)
>
> O STF é o guardião da Constituição. Ele é o órgão autorizado pela própria Constituição a dar a palavra final em temas constitucionais. A Constituição, destarte, é o que o STF diz que ela é. Eventuais controvérsias interpretativas perante outros tribunais perdem, institucionalmente, toda e qualquer relevância frente ao pronunciamento da Corte Suprema. Contrariar o precedente tem o mesmo significado, o mesmo alcance, pragmaticamente considerado, que os de violar a Constituição. A existência de pronunciamento do Supremo sobre matéria constitucional acarreta, no âmbito interno dos demais tribunais, a dispensabilidade da instalação do incidente de declaração de inconstitucionalidade (CPC, art. 481, parágrafo único), de modo que os órgãos fracionários ficam, desde logo, submetidos em suas decisões, à orientação traçada pelo STF. É nessa perspectiva, pois, que se deve aquilatar o peso institucional dos pronunciamentos do Supremo Tribunal Federal, mesmo em controle difuso.[88]

Na ADIn nº 3.345/DF,[89] rel. Min. Celso de Mello, o Plenário do STF confirma sua missão constitucional contida no art. 102, *caput* da

[88] ZAVASCKI, Teori Albino. Ação rescisória em matéria constitucional. *In:* NERY JÚNIOR, Nelson e WAMBIER, Teresa Arruda Alvim (coords). *Aspectos Polêmicos e atuais dos recursos cíveis e de outras formas de impugnação às decisões judiciais,* v. 4, p. 1041-1066, 2001.

[89] EMENTA: "(...) *A FORÇA NORMATIVA DA CONSTITUIÇÃO DA REPÚBLICA E O MONOPÓLIO DA ÚLTIMA PALAVRA, PELO SUPREMO TRIBUNAL FEDERAL, EM MATÉRIA DE INTERPRETAÇÃO CONSTITUCIONAL. – O exercício da jurisdição constitucional – que tem por objetivo preservar a supremacia da Constituição – põe em evidência a dimensão essencialmente política em que se projeta a atividade institucional do Supremo Tribunal Federal, pois, no processo de indagação constitucional, assenta-se a magna prerrogativa de decidir, em última análise, sobre a própria substância do poder. No poder de interpretar a Lei Fundamental, reside a prerrogativa extraordinária de (re)formulá-la, eis que a interpretação judicial acha-se compreendida entre os processos informais de mutação constitucional, a significar, portanto, que 'A Constituição está em elaboração permanente nos Tribunais incumbidos de aplicá-la'. Doutrina. Precedentes. A interpretação constitucional derivada das decisões proferidas pelo Supremo Tribunal Federal – a quem se atribuiu a função eminente de 'guarda da Constituição' (CF, art. 102, 'caput') – assume papel de essencial importância na organização institucional do Estado brasileiro,*

CF/88, ao firmar que a Constituição confere às decisões proferidas pelo Supremo Tribunal Federal, seu guardião, "a singular prerrogativa de dispor do monopólio da última palavra em tema de exegese das normas inscritas no texto da Lei Fundamental".

No julgamento do RE-AgR nº 196.752/CE,[90] em 05.11.2015, DJe de 12.11.2015, o Min. Gilmar Mendes consignava a obrigatoriedade dos demais tribunais observarem a interpretação do texto constitucional realizada pelo STF, "último intérprete do texto constitucional, sob pena de enfraquecimento da força normativa da Constituição".[91-92]

Com o julgamento pelo Supremo Tribunal Federal acontece a interpretação definitiva do dispositivo constitucional ou infraconstitucional questionado em face à Constituição, feita por quem é o

---

a justificar o reconhecimento de que o modelo político-jurídico vigente em nosso País confere, à Suprema Corte, a singular prerrogativa de dispor do monopólio da última palavra em tema de exegese das normas inscritas no texto da Lei Fundamental".

90 No mesmo sentido RE-AgR nº 203.498/DF, em 2003, o Min. Gilmar Mendes já registrava no entendimento do STF a obrigatoriedade dos demais tribunais observarem a interpretação do texto constitucional realizada pelo STF, registrando: "*Ora, se ao Supremo Tribunal Federal compete, precipuamente, a guarda da Constituição Federal, é certo que a interpretação do texto constitucional por ele fixada deve ser acompanhada pelos demais tribunais, em decorrência do efeito definitivo outorgado à sua decisão. Não se pode diminuir a eficácia das decisões do Supremo Tribunal Federal com a manutenção de decisões divergentes. Contrariamente, a manutenção de soluções divergentes, em instâncias inferiores, sobre o mesmo tema, provocaria, além da desconsideração do próprio conteúdo da decisão dessa Corte, última intérprete do texto constitucional, a fragilização da força normativa da Constituição*". (RE-AgR nº 203.498, Relator(a): GILMAR MENDES, Segunda Turma, julgado em 08/04/2003, DJ 22-08-2003)

91 Trecho do voto do Min. Gilmar Mendes no RE-AgR nº 196.752/CE: "*É que a fixação de tese pelo Plenário desta Corte no julgamento de recurso extraordinário, no sentido da constitucionalidade, ou não, de determinada norma legal, antecipa o efeito jurídico de seus julgados em sede de controle de constitucionalidade incidental. Até ousaria dizer que, se a decisão de inconstitucionalidade ainda depende da intervenção do Senado, para ter eficácia erga omnes, a declaração de constitucionalidade proferida em sede de controle incidental pelo Plenário vale per se, independentemente de qualquer providência adicional. Ora, se ao Supremo Tribunal Federal compete, precipuamente, a guarda da Constituição Federal, é certo que a interpretação do texto constitucional por ele fixada deve ser acompanhada pelos demais tribunais, em decorrência do efeito definitivo outorgado à sua decisão. Não se pode diminuir a eficácia das decisões do Supremo Tribunal Federal com a manutenção de decisões divergentes. De resto, a manutenção de soluções divergentes para o mesmo tema, em instâncias inferiores, provocaria, além da desconsideração do próprio conteúdo da decisão desta Corte, última intérprete do texto constitucional, o enfraquecimento da força normativa da Constituição. (...) Dessa forma, a manifestação do Pleno deste Tribunal será a definitiva a respeito da questão*".

92 Nessa linha, Marinoni ao tratar dos precedentes no controle difuso; vejamos: "*Tratando-se de interpretação da Constituição, a eficácia da decisão deve transcender ao caso particular, de modo que seus fundamentos determinantes sejam observados por todos os tribunais e juízos nos casos futuros. A não observância das decisões do Supremo Tribunal Federal debilita a força normativa da Constituição. A força da Constituição está ligada à estabilidade das decisões do Supremo Tribunal Federal*". (MARINONI, Luiz Guilherme. *Precedentes obrigatórios*. 3. ed., rev., atual. e ampl. São Paulo: Revista dos Tribunais, 2013, p. 459).

guardião da Constituição, seja no controle difuso ou no concentrado, resta fixada a interpretação definitiva de uma norma constitucional pelo único órgão colegiado a fazê-lo de forma peremptória.

Sobre a força normativa da Constituição, destaca Konrad Hesse que:

> Um ótimo desenvolvimento da força normativa da constituição depende não apenas de seu conteúdo, mas também de sua práxis. De todos os partícipes da vida constitucional, denominada vontade da Constituição (*Wille zur Verfassung*). Ela é fundamental. Todos os interesses momentâneos – ainda quando realizados – não logram compensar o incalculável ganho resultante do comprovado respeito a Constituição, sobretudo naquelas situações em que a sua observância revela-se incômoda. Como anotado por Walter Burckhardt, aquilo que é identificado como vontade da Constituição "deve ser honestamente preservado, mesmo que, para isso, tenhamos que renunciar a alguns benefícios, ou até a algumas vantagens justas. Quem se mostra disposto a sacrificar um interesse em favor da preservação de um princípio constitucional, fortalece o respeito à Constituição e garante um bem da vida indispensável à essência do Estado, mormente ao Estado democrático". Aquele, que, ao contrário, não se dispõe a esse sacrifício "malbarata, pouco a pouco, um capital que significa muito mais do que todas as vantagens angariadas, e que, desperdiçado, não mais será recuperado".[93]

O respeito aos precedentes da Suprema Corte é o respeito à própria Constituição, elemento indispensável para a concretização de um Direito único, isonômico e coerente.[94] Negar o impacto dos precedentes do STF, no exercício de sua jurisdição constitucional, no ordenamento jurídico é negar o caráter construtivo dos precedentes.[95] Há um marco definitivo e, com autoridade do guardião da interpretação da Constituição, ocorre uma vedação das demais opções hermenêuticas que, antes do precedente, eram juridicamente admitidas, ou seja, um

---

93 HESSE, Konrad. *A força normativa da Constituição*. Tradução de Gilmar Ferreira Mendes. Porto Alegre: Sergio Antônio Fabris Editor, 1991, p. 21-22.

94 De acordo com Pontes: "*Uma interpretação segura e uniforme das dicções constitucionais é pressuposto para a garantia de autoridade da Constituição. As decisões individuais sobre temas constitucionais não podem prevalecer sobre o efetivo significado da Constituição na visão do órgão encarregado institucionalmente de cumprir em última instância tal mister*". (PONTES, Helenilson Cunha. *Coisa julgada tributária e inconstitucionalidade*. São Paulo: Dialética, 2005, p. 159).

95 CRUZ E TUCCI, José Rogério. *Precedente judicial como fonte do direito*. São Paulo: Ed. RT, 2004, p. 18.

"fechamento semântico".[96] Cessa o período de legítima movimentação interpretativa.[97]

Em artigo que aborda os efeitos da decisão definitiva da Suprema Corte em matéria constitucional, Ives Gandra da Silva Martins destaca que o Supremo Tribunal Federal, como guardião da Constituição, torna-se a principal instituição a garantir a Constituição, "a preservá-la, a dar-lhe eficácia plena, a permitir que os cidadãos tenham a certeza a segurança do direito". Essa segurança assegurada pela Constituição, segundo ele, "só adquire 'certeza' absoluta quando o Poder Judiciário oferta a decisão definitiva, a interpretação última, aquela que permite seja a interpretação seguidas pelos cidadãos com confiança". Concluindo que a segurança jurídica "só se completa com a 'certeza' da interpretação pelo Poder que a determina, e o Supremo Tribunal Federal, como guardião da Constituição, é aquele que oferta a interpretação última, definitiva, que orienta, sinaliza, mostra a todos os cidadãos o caminho correto a seguir".[98]

Relevante anotar que tanto as decisões do STF que declaram a inconstitucionalidade de lei como as que declaram a constitucionalidade de lei impactam na ordem jurídica. A declaração de inconstitucionalidade de lei por ensejar, salvo modulação, eficácia *ex tunc*, retira a lei inconstitucional do ordenamento jurídico, por nulidade, desde a sua origem, possuindo impacto evidente no ordenamento jurídico,[99] mas a declaração de constitucionalidade de lei, de outro modo, também impacta a ordem jurídica, conforme bem destacou o Min. Gilmar Mendes, na Rcl nº 4.335/AC: "(...) a suspensão de execução pelo Senado não tem qualquer aplicação naqueles casos nos quais o Tribunal limita-se a rejeitar a arguição de inconstitucionalidade. Nessas hipóteses, a decisão vale *per se*". De fato, em nosso modelo, em que as leis nascem com a presunção de constitucionalidade, a *última* e definitiva palavra

---

96 PANDOLFO, Rafael. *Jurisdição constitucional tributária*. Reflexos nos processos administrativos e judicial. São Paulo: Noeses, 2012, p. 275.

97 OLIVEIRA, Paulo Mendes de. *Coisa julgada e precedente, limites temporais e as relações jurídicas de trato continuado*. São Paulo: Editora Revista dos Tribunais, 2015. (Coleção o novo processo civil/coordenação de Sergio – Cruz Arenhart, Daniel Mitidiero; diretor Guilherme Marinoni), p. 173.

98 MARTINS, Ives Gandra da Silva. Efeitos prospectivos de decisões definitivas da Suprema Corte em matéria constitucional. *In*: MACHADO, Hugo de Brito (Coord). *Coisa julgada, constitucionalidade e legalidade em matéria tributária*. São Paulo: Dialética, 2006. p. 216-219.

99 MENDES, Gilmar Ferreira. *Jurisdição constitucional*. 6. ed. 2ª tiragem. São Paulo: Editora Saraiva, 2014, p. 363: *"A lei declarada inconstitucional sem ressalva é considerada, independentemente de qualquer outro ato, nula ipso jure e ex tunc"*.

da Suprema Corte, confirmando sua constitucionalidade, torna aquela presunção inicialmente relativa, agora, absoluta, chancelando com mais força seus efeitos gerais próprios, além de restabelecer com mais força sua legitimidade, aplicação e efeitos de lei vigente,[100] "a qual fora abalada por torrencial jurisprudência contrária a ela".[101] O STF, ao dar a palavra final confirmando a constitucionalidade de lei, promove substantivo relevante impacto no ordenamento jurídico, a presunção relativa de constitucionalidade torna-se absoluta, e a lei recebe um selo de "confirmada pelo STF", situação que impacta a ordem jurídica e promove profundas e abrangentes consequências jurídicas em sua aderência e aplicação, em face da força normativa da Constituição e dos efeitos vinculantes, expansivos e *erga omnes* dos precedentes firmados pelo Plenário do STF.

Inegável que o Supremo Tribunal Federal, ao dar a palavra final sobre matéria constitucional, seja em controle difuso ou concentrado, declarando a inconstitucionalidade ou a constitucionalidade de lei, promove substantivo impacto na ordem jurídica, com profundas e abrangentes consequências jurídicas, em face da força normativa da Constituição e dos efeitos vinculantes, expansivos e *erga omnes* dos precedentes firmados pelo Plenário do STF.[102] Esse impacto na ordem

---

[100] Marinoni defende que a declaração de constitucionalidade constitui circunstância nova apta a fazer cessar *ex nunc* a eficácia temporal da coisa julgada, uma vez que eliminada a dúvida sobre a interpretação do ordenamento jurídico, produzindo certeza jurídica e vinculando os órgãos do Judiciário e da Administração Pública. (MARINONI, Luiz Guilherme. *Coisa julgada inconstitucional*: a retroatividade da decisão de (in)constitucionalidade do STF sobre a coisa julgada; a questão da relativização da coisa julgada. 2. Ed. São Paulo: Revista dos Tribunais, 2010, 156-157). No mesmo sentido, Hugo de Brito Machado: "*Quando a decisão final do Supremo Tribunal Federal declara a constitucionalidade da lei, mesmo em controle difuso, não se faz necessária manifestação do Senado porque os efeitos gerais são próprios da lei*". (MACHADO, Hugo de Brito. Coisa julgada e controle de constitucionalidade e de legalidade em matéria tributária. *In*: MACHADO, Hugo de Brito (Coord). *Coisa julgada, constitucionalidade e legalidade em matéria tributária*. Coedição Dialética e ICET, São Paulo e Fortaleza, 2006, p. 161).

[101] RIBEIRO, Ricardo Lodi. Coisa julgada tributária e o Código de Processo Civil/2015. *In*: MACHADO, Hugo de Brito (Org.). *O processo tributário e o Código de Processo Civil 2015*. São Paulo, Malheiros, 2017, p. 601.

[102] Nesse sentido, Mitidiero: "*A função de nomofilaquia interpretativa exercida pela Corte Suprema também justifica a vinculação do precedente. Sendo o propósito desse modelo a eliminação da equivocidade do Direito diante de determinado contexto fático-normativo mediante a fixação de sua adequada interpretação, é natural que a norma daí oriunda desempenhe um papel de guia para sua intepretação futura, atuando de forma proativa para a obtenção da unidade do Direito. A Corte Suprema é uma corte de interpretação, cuja missão é formar precedentes. Negar eficácia para além das partes do processo e eficácia vinculante à sua intepretação, portanto, é negar a sua própria razão de existência, tolhendo a Corte Suprema da sua razão de ser dentro do ordenamento jurídico. A produção de precedente vinculante com eficácia além das partes constitui o resultado*

jurídica com o estabelecimento de um novo marco jurídico formado pela autoridade do precedente do STF separa o "antes" e o "depois" da norma, como se a ela se aderisse um selo de chancela positivo ou negativo conferido pelo próprio Supremo Tribunal Federal, vedando interpretações em sentido contrário. A inserção do precedente do STF como elemento inovador na ordem jurídica e referencial para litigantes, legisladores, juízes e Tribunais já vem sendo, há muito tempo, considerada tanto pela legislação, como pelo próprio STF, conforme veremos a seguir.

No âmbito do Supremo Tribunal Federal, em posicionamentos sobre a aplicação da Súmula 343/STF no RE nº 590.809/RS, Tema 136 da Repercussão Geral, bem como no RE nº 596.663/RJ, Tema 494 da Repercussão Geral e no RE nº 730.462/SP, Tema 733 da Repercussão Geral, vem sendo confirmado o impacto de seu precedente na ordem jurídica, conforme demonstraremos com mais vagar e densidade no terceiro capítulo deste trabalho.

No âmbito legislativo, tal elemento diferenciador promovido pelo precedente do STF na ordem jurídica não passou despercebido pelo legislador, quando estabeleceu tanto no CPC/73 (art. 741, parágrafo único e art. 475-L, §1º) como no nCPC (art. 525, §1º, III, §§12 e 14, e art. 535, §5º) dispositivos inibindo a execução de sentenças contrárias às decisões do STF sobre a constitucionalidade de lei ou ato normativo, mesmo em controle difuso. Os referidos dispositivos legais foram apreciados pelo STF no julgamento da ADI nº 2.418/DF e do RE nº 611.503/SP, Tema 360 da Repercussão Geral, ocasião em que o Plenário do STF consignou que o mecanismo de eficácia rescisória de sentenças revestidas de vício de inconstitucionalidade qualificado restará caracterizado em algumas hipóteses, em todas elas, obrigatoriamente

---

indissociável dos pressupostos e da função interpretativa inerente à Corte Suprema. A vinculação ao precedente – o que exige atenção à justificação judicial e, portanto, ao contexto fático-jurídico que lhe serve de matéria-prima – é inerente ao modelo de Corte Suprema. Daí que sem força vinculante horizontal e vertical, o que implica dever de observância do precedente pelos próprios membros da Corte Suprema e por todos os órgãos jurisdicionais, a Corte Suprema não tem como outorgar unicidade ao Direito mediante seus precedentes. Dessa forma, o precedente judicial nesse modelo constitui fonte primária do Direito, cuja a eficácia vinculante não decorre nem do costume judicial e da doutrina, nem da bondade e da congruência social das razoes invocadas, mas da força institucionalizante da interpretação judicial, isto é, da força institucional da jurisdição como função básica do Estado. Vale dizer: o precedente constitui uma 'authority reason', uma 'must-source', atuando, portanto, como uma verdadeira 'exclusionary reason' na formação da decisão judicial". (MITIDIERO, Daniel. *Cortes superiores e cortes supremas*: do controle à interpretação da jurisprudência ao precedente. 3. ed. rev. atual. e ampl. São Paulo: Revista dos Tribunais, 2017a., p. 85-86).

o reconhecimento dessa constitucionalidade ou a inconstitucionalidade tenha decorrido de julgamento do STF realizado em data anterior ao trânsito em julgado da sentença exequenda. Mais uma vez, o STF estabeleceu seu precedente sem diferenciar os controles difuso – com ou sem resolução do Sendo – e concentrado como marco temporal divisor para a aplicação da eficácia rescisória dos títulos judiciais contrários à sua interpretação da Constituição, tal qual já ocorria no texto dos parágrafos únicos do art. 481 do CPC/73 e do art. 949 do nCPC, conforme já abordamos neste trabalho.

Seguindo neste caminho, outra importante inovação legislativa foi introduzida pelo art. 535, §8º do nCPC, a qual já nasceu controversa[103] ao estabelecer um novo termo *a quo* para o ingresso de ação rescisória em face de decisões transitadas em julgado contrárias a precedente do STF, em controle difuso ou concentrado, na hipótese de o precedente do STF ocorrer, como de fato ocorre na maioria esmagadora dos casos, após o trânsito em julgado da decisão objeto da ação rescisória. Tal lógica deriva do raciocínio de que as interpretações conferidas à Constituição pelas instâncias ordinárias da jurisdição constitucional no controle difuso (juízes, Tribunais de Segundo grau e Tribunais Superiores) possuem uma presunção relativa e dependente, uma vez que reconhecer uma declaração de inconstitucionalidade ou constitucionalidade de lei proferida por Tribunais que não o Supremo Tribunal Federal, com trânsito em julgado, como produtora de eficácia permanente, produziria o fenômeno de se atribuir aos juízes e Tribunais de instância inferior competência conferida exclusivamente ao Supremo Tribunal Federal de dar a última palavra em matéria constitucional.[104] O deslocamento do *dies a quo* do prazo da ação rescisória do caso concreto para o precedente do STF reforça o papel do STF e a importância de seus precedentes em nosso ordenamento jurídico ao estabelecer, como marco temporal para a propositura da ação rescisória, o trânsito em julgado do precedente da Suprema Corte, em evidente movimento de fortalecimento do precedente definitivo do STF, o qual configura efetiva alteração do suporte normativo então vigente, apto a ensejar a rescisão retroativa da coisa julgada, prestigiando os precedentes do STF, a isonomia e a unicidade do Direito, e impedindo o escoamento do prazo de ações

---

[103] *Vide* artigo de Jorge Octávio Lavocat Galvão: https://www.conjur.com.br/2016-ago-27/regulamentacao-acao-rescisoria-cpc15-fere-constituicao – ConJur – Regulamentação da ação rescisória no CPC/15 fere a Constituição

[104] Nesse sentido, REsp nº 233.662/GO.

rescisórias antes da apreciação definitiva do tema pela Suprema Corte[105] (art. 102, *caput*, da CF/88).

Nesse contexto, diante de todas as evidências doutrinárias, jurisprudenciais e normativas, o precedente do STF promove substantivo impacto na ordem jurídica, a qual ganha um elemento novo com sua introdução no ordenamento jurídico: a força normativa vinculante e expansiva *ultra partes* da interpretação da norma constitucional analisada pelo Supremo Tribunal com profundidade e definitividade.

Concluída a demonstração da força e o impacto na ordem jurídica do precedente da Suprema Corte no exercício da jurisdição constitucional, dando seguimento ao presente trabalho iremos adentrar, agora, na abordagem da coisa julgada. Dessa forma, a seguir será efetuada uma análise da coisa julgada, da relação jurídica tributária de trato continuado e a ação declaratória tributária com efeitos futuros, dos limites temporais da coisa julgada e da cláusula *rebus sic stantibus*, bem como das hipóteses de exigência da ação revisional.

---

[105] Tal avanço legislativo não retira a importância do presente estudo em face das inúmeras situações já concretizadas de decisões transitadas em julgado contrárias ao entendimento do STF na vigência do CPC/73, bem como a hipóteses de ocorrência de não ajuizamentos de ações rescisórias mesmo após o precedente do STF, conforme bem salientado pelo Min. Teori Zavascki em seu voto no RE nº 730.462/SP, *in verbis*: "*Interessante notar que o novo Código de Processo Civil (Lei 13.105, de 16.3.2015), com vigência a partir de um ano de sua publicação, traz disposição explícita afirmando que, em hipóteses como a aqui focada, 'caberá ação rescisória, cujo prazo será contado do trânsito em julgado da decisão proferida pelo Supremo Tribunal Federal' (art. 525, §12 e art. 535, §8º). No regime atual, não há, para essa rescisória, termo inicial especial, o qual, portanto, se dá com o trânsito em julgado da decisão a ser rescindida (CPC, art. 495). 6. Pode ocorrer – e, no caso, isso ocorreu – que, quando do advento da decisão do STF na ação de controle concentrado, declarando a inconstitucionalidade, já tenham transcorrido mais de dois anos desde o trânsito em julgado da sentença em contrário, proferida em demanda concreta. (Fenômeno semelhante poderá vir a ocorrer no regime do novo CPC, se a parte interessada não propuser a ação rescisória no prazo próprio). Em tal ocorrendo, o esgotamento do prazo decadencial inviabiliza a própria ação rescisória, ficando a sentença, consequentemente, insuscetível de ser rescindida, mesmo que contrária à decisão do STF em controle concentrado*". Ricardo Lodi Ribeiro elogia o novo dispositivo afirmando: "*Em certa medida, a inovação prestigia o princípio da isonomia, uma vez que proporciona o mesmo tratamento entre aqueles que tinham decisões favoráveis dos tribunais e os litigantes que tenham tido contra si decisões desfavoráveis transitadas em julgado, a partir da possibilidade conferida a este segundo grupo de rescindi-las com fundamento na modificação do quadro jurisprudencial, o que era inviável quando o biênio para a propositura da ação rescisória esgotava-se antes da decisão uniformizadora do STF*". (RIBEIRO, Ricardo Lodi. Coisa julgada tributária e o Código de Processo Civil/2015. *In*: MACHADO, Hugo de Brito (Org.). O processo tributário e o Código de Processo Civil 2015. São Paulo, Malheiros, 2017, p. 609-610)

2

A COISA JULGADA E SUA EFICÁCIA TEMPORAL

Após demonstrarmos, no capítulo anterior, a força vinculante e expansiva *ultra partes* dos precedentes do STF, com destaque para a objetivação dos precedentes do STF no controle difuso, visando à sua plena aplicabilidade aos casos análogos, iremos agora tratar do instituto da coisa julgada: analisaremos o instituto da coisa julgada no direito brasileiro, a formação da coisa julgada, a relação jurídica tributária de trato continuado e a ação declaratória tributária com efeitos futuros, os limites temporais da coisa julgada e a cláusula *rebus sic stantibus,* bem como as hipóteses de exigência da ação revisional do art. 505, II do nCPC.

2.1 Concepção geral da coisa julgada no direito brasileiro e as distinções entre seu conteúdo, sua eficácia e seus efeitos

Na Constituição Federal brasileira é garantido o acesso ao Poder Judiciário através de um sistema de jurisdição única e definitiva (art. 5º, XXXV).[106] Nesse sistema é assegurado aos cidadãos que ninguém será processado nem sentenciado senão pela autoridade competente

[106] *Art. 5º – Todos são iguais perante a lei, sem distinção de qualquer natureza, garantindo-se aos brasileiros e aos estrangeiros residentes no País a inviolabilidade do direito à vida, à liberdade, à igualdade, à segurança e à propriedade, nos termos seguintes:*
XXXV – a lei não excluirá da apreciação do Poder Judiciário lesão ou ameaça a direito;

(art. 5º, LIII),[107] aos litigantes, o devido processo legal (art. 5º, LIV),[108] o contraditório e ampla defesa, com os meios e recursos a ela inerentes (art. 5º, LV)[109] e uma decisão proferida por autoridade competente. A decisão definitiva de mérito não mais sujeita a recursos, em cognição exauriente (vertical),[110] torna-se imutável e indiscutível; a esse secular instituto jurídico, a legislação pátria denomina de coisa julgada material.

A Constituição Federal, dando concretude ao princípio da segurança jurídica, estabeleceu como garantia fundamental em seu art. 5º, inciso XXXVI da CF/88[111] que "a lei não prejudicará o direito adquirido, o ato jurídico perfeito e a coisa julgada". O constituinte originário vedou que o direito superveniente possa prejudicar os efeitos pretéritos da coisa julgada obtida pelos litigantes em processo judicial. De outro lado, do texto da Constituição constam também as figuras da revisão criminal e da ação rescisória, ações que visam rescindir a coisa julgada, nas hipóteses fixadas pelo legislador ordinário (art. 120, I, "j", art. 105, I, "e", e art. 108, I, "b" da CF/88). Os instrumentos de rescisão da coisa julgada estabelecidos pelo constituinte originário afastam a ideia de intangibilidade e imutabilidade absoluta da coisa julgada.

Nesse sentido, o Supremo Tribunal Federal no julgamento da RE nº 363.889/DF[112] e ADIn nº 2.418/DF[113] consagrou o entendimento de que

---

107 *LIII – ninguém será processado nem sentenciado senão pela autoridade competente;*

108 *LIV – ninguém será privado da liberdade ou de seus bens sem o devido processo legal;*

109 *LV – aos litigantes, em processo judicial ou administrativo, e aos acusados em geral são assegurados o contraditório e ampla defesa, com os meios e recursos a ela inerentes;*

110 WATANABE, Kazuo. *Da cognição no processo civil*. São Paulo: Perfil, 2005, p. 127-132.

111 *XXXVI – a lei não prejudicará o direito adquirido, o ato jurídico perfeito e a coisa julgada;*

112 A posição do Supremo Tribunal Federal está assentada no sentido de que deve ser relativizada a coisa julgada estabelecida em ações de investigação de paternidade em que não foi possível determinar-se a existência de vínculo genético, em decorrência de impossibilidade de realização de exame de DNA. Tema 392 da Repercussão Geral com a seguinte redação: "*Superação da coisa julgada para possibilitar nova ação de investigação de paternidade em face da viabilidade de realização de exame de DNA*".

113 Vejamos trecho relevante do voto-condutor do acordão da lavra do Exmo. Min. Teori Zavascki: "*9. Registre-se, desde logo, que, segundo a jurisprudência assentada no STF (por todos, ilustrativamente, o acórdão de lavra do Min. Celso de Mello no RE 681.953, DJe de 09.11.12, com farta indicação de precedentes no mesmo sentido), o instituto da coisa julgada, embora de matriz constitucional, tem sua conformação delineada pelo legislador ordinário, ao qual se confere a faculdade de estabelecer seus limites objetivos e subjetivos, podendo, portanto, indicar as situações em que tal instituto cede passo a postulados, princípios ou bens de mesma hierarquia, porque também juridicamente protegidos pela Constituição. É o que ocorre, v.g., nas hipóteses de ação rescisória previstas no art. 485 do CPC/73 (e no art. 966 do CPC/15), em que a coisa julgada fica submetida a outros valores constitucionais considerados circunstancialmente preponderantes, como o da imparcialidade do juiz (incisos I e II), o da boa-fé e da seriedade das partes quando buscam a tutela jurisdicional (inciso III), o da própria coisa julgada (inciso IV) e, mesmo, o da justiça da*

a coisa julgada não é um instituto de caráter absoluto, estando sujeita a uma conformação infraconstitucional que harmonize a garantia da coisa julgada com os primados da Constituição.[114]

Superada a discussão da coisa julgada como instituto de caráter absoluto, cumpre estabelecer seu conteúdo básico conforme importante lição trazida por Jordi Nieva-Fenoll:

> O princípio básico de que parte o conceito de coisa julgada é o seguinte: os juízos só devem realizar-se uma única vez. Deste princípio se deriva que a coisa julgada consiste em uma proibição de reiteração de juízos. Esse foi o postulado da época de HAMMURABI, esse era o postulado no período romano, e esse é e seguirá sendo o postulado de que a coisa julgada partirá em todo caso.[115]

O Código de Processo Civil de 1973 (CPC/73) conceituava a coisa julgada material, em seu art. 467, como a "eficácia" que torna imutável e indiscutível a sentença, não mais sujeita a recurso ordinário ou extraordinário. Já o nCPC de 2015, em seu art. 502, conceituou a coisa julgada material como sendo "a autoridade que torna imutável e indiscutível a decisão de mérito não mais sujeita a recurso".

Conforme registra Teori Zavascki, "a doutrina brasileira, de um modo geral, considera mais correta a definição de Liebman, segundo a qual a coisa julgada não é uma eficácia, mas sim, uma qualidade da

---

sentença quando comprometida por ofensa à literalidade de lei ou por manifesta contrariedade aos fatos ou à prova (incisos V a IX). É evidente que, como sempre ocorre nessa atividade normativa infraconstitucional de dar concreção a normas constitucionais e, se for o caso, de estabelecer fórmulas para harmonizar eventuais situações de colisão de valores ou princípios de superior hierarquia, a legitimidade da solução oferecida pelo legislador ordinário supõe observância de critérios de razoabilidade e de proporcionalidade, a fim de não comprometer mais do que o estritamente necessário qualquer dos valores ou princípios constitucionais colidentes". No referido julgado, houve a relativização da coisa julgada nas sentenças inconstitucionais, uma vez que foi agregado ao sistema um mecanismo com eficácia rescisória de sentenças revestidas de uma inconstitucionalidade qualificada, desde que decisão do STF seja anterior ao trânsito em julgado da sentença exequenda. No mesmo sentido RE nº 611.503/SP, Tema 360 da Repercussão Geral.

[114] Em seu voto no REsp nº 822.683/PR, o Min. Teori registrou que: *"Conforme assinalou Liebman, discorrendo sobre as restrições a serem impostas à coisa julgada, 'a razão principal que sufraga a orientação restritiva é que a coisa julgada é, afinal, uma limitação à procura da decisão justa da controvérsia, e deve, por isso, se bem que socialmente necessária, ficar contida em sua esfera legítima e não expandir-se fora dela' [LIEBMAN, Enrico Tullio. Limites objetivos da coisa julgada, op. cit., p. 573]"*.

[115] NIEVA-FENOLL, Jordi. *Coisa julgada*. Trad. Antônio do Passo Cabral. São Paulo: Editora Revista dos Tribunais, 2016. Coleção Liebman. Coordenadores Teresa Arruda Alvim Wambier, Eduardo Talamini. p. 134-135.

sentença".[116] Nessa linha, Liebman definiu, com precisão, a autoridade da coisa julgada como sendo:

> (...) a imutabilidade do comando emergente de uma sentença. Não se identifica ela simplesmente com a definitividade e intangibilidade do ato que pronuncia o comando; é, pelo contrário, uma qualidade, mais intensa e mais profunda, que se reveste o ato também em seu conteúdo e torna assim imutáveis, além do ato em sua existência formal, os efeitos, quaisquer que sejam, do próprio ato.[117]

Sobre a imutabilidade da eficácia da coisa julgada, o Professor José Carlos Barbosa Moreira (1970), agora divergindo da posição de Liebman, que defendia a incidência da autoridade da coisa julgada sobre os efeitos da decisão, lecionou com propriedade quanto à eficácia da decisão, *in verbis*:

> (...) à eficácia da decisão – vale repetir ainda uma vez – nada tem que ver, conceptualmente, nem com coisa julgada, nem com autoridade da coisa julgada; o único traço comum reside em que também a primeira, em regra, se subordina, temporalmente, ao trânsito em julgado. Que, depois, a coisa julgada manifeste, por sua vez, uma eficácia própria, é fato indiscutível; mas confundir essa eficácia com a da sentença representaria, já agora, o mais grave talvez de todos os equívocos que permanentemente ameaçam pôr em xeque a clareza das ideias na matéria.[118]

Para Pontes de Miranda, a coisa julgada "produz efeitos entre as partes e nos limites em que se decidiu", bem como alertava a importância de "nunca se confundir a existência, validade e eficácia".[119]

Nesse sentido de não confundir o conteúdo da coisa julgada com sua eficácia e efeitos,[120] entendemos que o constituinte originário

---

[116] ZAVASCKI, Teori Albino. *Eficácia das sentenças na jurisdição constitucional*. 4. ed. São Paulo: Revista dos Tribunais, 2017, p. 151, nota de rodapé.

[117] LIEBMAN, Enrico Tullio. *Eficácia e autoridade da sentença e outros escritos sobre coisa julgada*. Rio de Janeiro: Forense, 2007. p. 51.

[118] MOREIRA, José Carlos Barbosa. Ainda e sempre a coisa julgada. *Revista dos Tribunais*, v. 59, nº 146, p. 9-15, 1970.

[119] PONTES DE MIRANDA, Francisco Cavalcanti. *Comentários ao Código de Processo Civil*. Rio de Janeiro: Forense, 2002. t. V: art. 444 a 475, p. 104 a 108.

[120] Com precisão, Lucon diferencia o conteúdo da sentença de seus efeitos: "*Toda sentença tem um conteúdo distinto, que a torna particular e a distingue de todas as sentenças e de todos os demais atos jurídicos. Sem conteúdo, comprometida está a própria existência do ato. O conteúdo de uma sentença não se confunde com seus efeitos, que são as alterações por ela provocadas sobre as relações*

também fez essa distinção de forma implícita no art. 5º, XXXVI, da Constituição Federal, uma vez que vedou a ação legislativa tendente a atingir a imutabilidade dos atos pretéritos já acobertados pela coisa julgada, ou seja, o princípio da irretroatividade da lei nova. Melhor explicando, imaginemos uma ação judicial em que o contribuinte obtenha provimento judicial definitivo para não pagar determinado tributo, por estar isento com base na Lei X. Sobrevindo nova lei, a Lei Y, que exclui a hipótese de isenção em que se enquadrou o contribuinte na demanda judicial, surge uma nova relação jurídica que permite a exigência do tributo antes isento, a partir da vigência da nova lei. Esse exemplo evidencia que a imutabilidade da coisa julgada e sua eficácia no tempo são coisas bem distintas e que o constituinte originário visou proteger exclusivamente a primeira. Raciocínio contrário ensejaria a vedação eterna de edição de novas normas gerais e abstratas capazes de atingir, a partir de sua edição, casos concretos em que a coisa julgada fez lei entre as partes. Nesse sentido, são precisas as lições de Humberto Theodoro Júnior; vejamos:

> Nas relações jurídicas continuativas, a sentença se aproxima ainda mais da lei, pois passa a regular fatos futuros. As partes não podem mais discutir o comando sentencial para desvincular da condenação imposta. Porém, não estão imunes à alteração do regime legal. A tutela constitucional da *res iudicata* não impede que o legislador resolva editar norma nova, ante os anseios das mudanças sociais constantes. A lei não pode retroagir para excluir os efeitos produzidos pela coisa julgada. Mas os fatos novos, ocorridos entre as mesmas partes após a edição da nova lei, estarão submetidos ao comando legal.[121]

---

jurídicas existentes no mundo exterior, fora do processo. 'Aquilo que integra o ato não resulta dele; aquilo que dele resulta não o integra'. Por outro lado, os efeitos não são, como se percebe, um atributo das sentenças, mas são as modificações provocadas no mundo dos fatos. Em princípio, esses efeitos se produzem imediatamente e independem do trânsito em julgado, fato jurídico consistente de não estar mais a sentença sujeita a recurso. A eficácia é a aptidão, 'virtude ou poder de (uma causa) produzir determinado efeito' – por isso, constitui a qualidade do ato gerador de efeitos. Já o efeito representa algo atual, demonstrando in concreto o comando emergente do ato jurisdicional". (LUCON, Paulo Henrique dos Santos. Coisa julgada, conteúdo e efeitos da sentença, sentença inconstitucional e embargos à execução contra a Fazenda Pública. *Revista de Processo*, nº 141. p. 20-52. São Paulo, nov. 2006, p. 27).

[121] THEODORO JÚNIOR, Humberto. Coisa julgada e segurança jurídica: alguns temas atuais de relevante importância no âmbito das obrigações tributárias. *Revista Jurídica*, Porto Alegre, nº 389, mar. 2010, p. 11-51.

Nessa linha, trilha a posição do STF, *vide* RE-EDiv nº 83.225/SP e RE nº 90.518/PR, ambos de relatoria do Min. Xavier de Albuquerque, nos quais restou confirmado o entendimento de que "A coisa julgada não impede quem lei nova passe a reger diferentemente os fatos ocorridos a partir de sua vigência".

Realizados os devidos esclarecimentos conceituais, destacamos que o presente trabalho irá cuidar da eficácia das decisões judiciais transitadas em julgado no tempo, isto é, "a sua aptidão para produzir efeitos".[122] O presente estudo não trata da rescisão, flexibilização[123] ou relativização da coisa julgada, muito menos da supressão da eficácia executiva da coisa julgada ou quaisquer outros meios atípicos de mitigação de sua imutabilidade, a qual somente pode ser atacada pelos instrumentos estabelecidos na legislação, como *querela nullitatis*, ação rescisória (art. 966 nCPC) e inexigibilidade de título executivo incompatíveis com a Constituição (art. 525, §1º, III e §§12 e 14 e art. 535, III, §5º do nCPC). Essa distinção é fundamental para afastarmos as confusões entre eficácia e a imutabilidade da coisa julgada, as quais, em que pese a salutar mudança de redação no nCPC, ainda acabam mais confundindo do que esclarecendo no trato desse sensível tema, já complexo por si só. Conforme procuraremos demonstrar, a questão aqui analisada toca exclusivamente na eficácia da coisa julgada após precedente do Supremo Tribunal Federal, ou seja, efeitos *ex nunc*, não havendo de se confundir com sua rescisão, relativização ou desconsideração da coisa julgada com efeitos *ex tunc*. Como registra com propriedade Barbosa Moreira: "A quem observa. Com atenção, a realidade da vida jurídica, não pode deixar de impor-se esta verdade muito simples: se alguma coisa, em tudo isso, escapa ao selo da imutabilidade, são justamente os efeitos da sentença".[124] Partindo dessa premissa, faremos a abordagem da eficácia temporal das decisões judiciais transitadas em julgado nas relações jurídico-tributárias de trato continuado após decisão do STF em sentido contrário.

---

[122] ZAVASCKI, Teori Albino. *Eficácia das sentenças na jurisdição constitucional*. 4. ed. São Paulo: Revista dos Tribunais, 2017, p. 27.

[123] Sobre essa temática, *vide* a obra coletiva coordenada por Carlos Valder do Nascimento e o Min. José Augusto Delgado, denominada "Coisa Julgada Inconstitucional".

[124] MOREIRA, José Carlos Barbosa. Ainda e sempre a coisa julgada. *Revista dos Tribunais*, v. 59, nº 146, p. 12, 1970.

2.2 Aplicação da lei ao caso concreto

Em que pese a classificação tradicional de Adolf Wach,[125] Pontes de Miranda, partindo da preponderância da eficácia do provimento judicial, classificou as ações e as sentenças em cinco categorias: declaratória, condenatória, constitutiva, mandamental e executiva, *lato sensu*.[126]

O atual nCPC, sobre o processo de conhecimento, preconiza em seu art. 19 que "o interesse do autor pode limitar-se à declaração da existência, da inexistência e do modo de ser de uma relação jurídica" ou "da autenticidade ou falsidade de um documento", praticamente mantendo a essência contida no art. 4º do CPC/73.[127]

Para os fins almejados neste trabalho, focaremos nossas atenções no processo de conhecimento onde reside uma das mais relevantes atribuições da atividade jurisdicional: a aplicação da lei ao caso concreto, em especial quando realizada no exercício da jurisdição constitucional, seja pelo Supremo Tribunal Federal, seja pelos demais instâncias do Poder Judiciário no exercício do controle de constitucionalidade das leis.

O processo de conhecimento consiste em uma "declaração de certeza" quanto à existência, ou não, de uma relação jurídica, e que o juiz realiza esse trabalho sobre o "fenômeno jurídico da incidência", aplicando a lei (norma) ao caso concreto (fatos) e regulando as consequências daí advindas (relações jurídicas), conforme registra Teori Zavascki[128] com lições de Carnelutti e Pontes de Miranda.

---

[125] Declaratórias, constitutivas e condenatórias. (LIEBMAN, Enrico Tullio. *Eficácia e autoridade da sentença e outros escritos sobre coisa julgada*. Rio de Janeiro: Forense, 2007. p. 13-14).

[126] Conforme classificação de Pontes de Miranda, teríamos: *"(1) A ação declarativa tem como conteúdo obter a declaração da existência da relação jurídica, ou a inexistência dela, ou de ser falso ou verdadeiro algum documento (Código de Processo Civil, art. 4º e parágrafo único); (2) A ação de condenação tem como conteúdo obter decisão condenatória.(...); (3) As ações constitutivas tem como conteúdo a obtenção de sentença constitutivas, correspondente ao elemento constitutivo que prepondera; (4) o conteúdo da ação mandamental é obter mandado do juiz (...); (5) as ações executivas, lato senso, nem sempre têm como conteúdo a obtenção de declaração ou de condenação. As ações do art. 585 do Código de Processo Civil são ações executivas que tem por fito a execução antecipada (adiantamento dos efeitos da cognição) e a condenação final."* (MIRANDA, Pontes de. *Tratado da ação rescisória*: das sentenças e de outras decisões. Pontes de Miranda; atualizado por Nelson Nery Júnior, Georges Abboud. São Paulo: Editora Revista dos Tribunais, 2016, p 102-104).

[127] *Art. 4º. O interesse do autor pode limitar-se à declaração:*
I – da existência ou da inexistência de relação jurídica;
II – da autenticidade ou falsidade de documento. Parágrafo único. É admissível a ação declaratória, ainda que tenha ocorrido a violação do direito.

[128] Leciona Zavascki: *"Discorrendo sobre o processo de conhecimento, afirmou Carnelutti que ele consiste, na verificação de dados de fato e de direito relevantes para um juízo de certeza a respeito*

Tal definição é das mais importantes para o presente trabalho, pois partimos da premissa que uma decisão no processo de conhecimento tem como base um "silogismo original da sentença", como bem denominado por Teori Zavascki,[129] entre os fatos e a norma, com as consequências jurídicas daí advindas. Uma vez transitada em julgado a decisão que declarou essa certeza sobre a relação jurídica, baseada nos fatos e na norma aplicada, faz surgir a coisa julgada, ou seja, torna-se a lei entre as partes e imutável, conforme art. 503 do nCPC.

Ajuizada a demanda, fixado o mérito do processo, deduzida a relação jurídica em juízo resta delimitada a atuação do Poder Judiciário. Sobre o objeto litigioso do processo incidirá a norma jurídica concreta contida na decisão judicial. A causa de pedir e o pedido definirão a força de lei nos limites das questões decididas. Os efeitos dessa coisa julgada não atingem relações jurídicas diversas da analisada na demanda.[130]

Nesse contexto, o presente trabalho tem por intenção contribuir com a solução do conflito entre decisões transitadas em julgado que analisaram fatos e normas no âmbito da jurisdição constitucional, ou seja, na intepretação da própria Constituição ou na aderência de uma norma à Constituição.

Nesse contexto, analisaremos os limites objetivos da coisa julgada, em seu aspecto temporal, em face do conflito entre coisas julgadas na apreciação de tema constitucional, em especial nas hipóteses de superveniência de precedente do STF em sentido oposto, sobretudo pela força adquirida pelo precedente exarado pelo STF seja no controle difuso, seja no concentrado.

---

de determinada relação jurídica, 'isto é, dos preceitos e dos fatos dos quais depende a existência ou inexistência, e 'segundo os resultados desta verificação, o juiz declara que a situação existe ou que não existe'. Toda sentença, consequentemente, tem um conteúdo declaratório, uma 'declaração de certeza', consistente 'na declaração imperativa de que ocorreu um fato ao qual a norma vincula um efeito jurídico'. Trabalhar sobre normas, os fatos e as relações jurídicas correspondentes é trabalhar sobre o fenômeno jurídico da incidência, e daí a acertada conclusão de Pontes de Miranda: 'nas ações de cognição (...) há enunciados sobre a incidência (toda a aplicação da lei é enunciado sobre incidência)'." (ZAVASCKI, Teori Albino. *Eficácia das sentenças na jurisdição constitucional.* 4. ed. São Paulo: Revista dos Tribunais, 2017, p. 97).

[129] ZAVASCKI, Teori Albino. *Eficácia das sentenças na jurisdição constitucional.* 4. ed. São Paulo: Revista dos Tribunais, 2017, p. 105.

[130] Registramos que não abordaremos neste trabalho a eficácia preclusiva da coisa julgada ou preclusão implícita contida no art. 508 do nCPC e art. 474 do CPC/73, uma vez que a hipótese em estudo trata do impacto do precedente superveniente do STF sobre a coisa julgada já formada em sentido contrário, logo, tendo a coisa julgada sido formada anteriormente ao precedente do STF, a parte não pôde "opor" o precedente do STF, uma vez que o debate jurídico que se encerrou com o trânsito em julgado antes do surgimento do precedente do STF. O precedente superveniente do STF se encontra fora dos "limites da lide e das questões decididas".

Além disso, outro fator que se mostrou decisivo para o surgimento do problema abordado nesse estudo é a relação jurídica de trato continuado e o efeito prospectivo das ações declaratórias tributárias, os quais trataremos a seguir.

Nesse cenário, iremos analisar, a seguir, as espécies de relações jurídicas sobre as quais se forma a coisa julgada, com especial destaque para as relações jurídicas que projetam seus efeitos para o futuro.

2.3 Espécies de relações jurídicas, a relação jurídica tributária de trato continuado e a ação declaratória tributária com efeitos futuros

Em sua obra, Teori Zavascki classifica as relações jurídicas em instantâneas, permanentes e sucessivas. A relação jurídica instantânea seria aquela "decorrente de fato gerador que se esgota imediatamente, num momento determinado, sem continuidade no tempo, ou que, embora resulte de fato temporalmente desdobrado, só atrai a incidência da norma quando estiver inteiramente formado". A permanente ou duradoura é classificada como a "que nasce de um suporte de incidência consistente em fato ou situação que se prolonga no tempo". Já a sucessiva é "nascida de fatos geradores instantâneos que, todavia, se repetem no tempo de maneira uniforme e continuada. Os exemplos mais comuns vêm do campo tributário".[131]

As relações jurídicas instantâneas, pelo conteúdo de seu conceito, não serão objeto do presente estudo, uma vez que não projetam efeitos para o futuro, visto que se exauriram no tempo, razão pela qual a única

[131] Segundo Teori Zavascki: "*Considerada a sua relação com as circunstâncias temporais do fato gerador, podem-se classificar as relações jurídicas em três espécies: as instantâneas, as permanentes e as sucessivas. Instantânea é a relação jurídica decorrente de fato gerador que se esgota imediatamente, num momento determinado, sem continuidade no tempo, ou que, embora resulte de fato temporalmente desdobrado, só atrai a incidência da norma quando estiver inteiramente formado. (...) Define-se como permanente (ou duradoura) a relação jurídica que nasce de um suporte de incidência consistente em fato ou situação que se prolonga no tempo. (...) Finalmente, há uma terceira espécie de relação jurídica, a sucessiva, nascida de fatos geradores instantâneos que, todavia, se repetem no tempo de maneira uniforme e continuada. Os exemplos mais comuns vêm do campo tributário: a obrigação do comerciante de pagar imposto sobre a circulação de mercadorias, ou do empresário de recolher a contribuição para a seguridade social sobre a folha de salários ou sobre o seu faturamento. Na verdade, as relações sucessivas compõem-se de uma série de relações instantâneas homogêneas, que, pela sua reiteração e homogeneidade, podem receber tratamento jurídico conjunto ou tutela jurisdicional coletiva*". (ZAVASCKI. Teori Albino. *Eficácia das sentenças na jurisdição constitucional*. 1. ed. São Paulo: Revista dos Tribunais, 2001, p. 81-101). *Vide* voto-vista do Ministro Teori Zavascki no REsp nº 599.764/GO, 1ª Turma, STJ.

hipótese de atingir a coisa julgada formada nesse tipo de relação é por meio da ação rescisória.

As relações jurídicas permanentes ensejam uma incidência contínua e ininterrupta da norma; exemplo dessas relações seria o benefício de auxílio-doença, segundo Zavascki. Uma vez configurada a incapacidade prolongada do segurado de exercer suas atividades laborativas normais, acarreta a incidência contínua e ininterrupta da norma, gerando a obrigação contínua de pagar a prestação. Como as relações jurídicas permanentes projetam seus efeitos para o futuro, a elas também se aplicarão as premissas deste trabalho, embora não sejam seu objeto.

As relações jurídicas sucessivas, ou de trato continuado,[132-133] serão o objeto central do presente trabalho de pesquisa, uma vez que a coisa julgada formada no litígio tributário sobre essas relações também projeta sua eficácia (efeitos) para o futuro, autorizadas por construção jurisprudencial no âmbito tributário.

De fato, no campo tributário as ações declaratórias envolvendo as relações jurídicas tributárias de trato continuado ou sucessivo à coisa julgada formada não se limitam aos fatos narrados na inicial ou ocorridos durante a demanda, mas projetam seus efeitos para o futuro, conforme construção jurisprudencial do STJ que redefiniu o entendimento contido na Súmula nº 239/STF,[134] conforme veremos a seguir.

---

[132] Para Eduardo Talamini as relações propriamente continuadas são "*relações cuja hipóteses de incidência concerne a fatos ou situações que perduram no tempo, de modo que suas posições jurídicas internas (direitos, deveres, ônus...), podem ser modificadas ou redimensionadas no curso da relação, conforme variem o panorama fático ou jurídico*". (TALAMINI, Eduardo, *Coisa Julgada e sua revisão*. São Paulo: Ed. RT, 2005. P. 91).

[133] Hugo de Brito Machado ensina, com propriedade, que "*a relação jurídica continuativa é peculiar aos tributos relativos a ocorrências que se repetem, formando uma atividade mais ou menos duradoura. É o que ocorre no ICMS, no IPI, no ISS, no Imposto de renda e Contribuição Social sobre o Lucro Líquido das empresas. Há, em todos esses tributos, relação tributária continuativa por que os fatos geradores dos mesmos se repetem indefinidamente, embora existam períodos de determinação dos valores desses tributos, dos valores a serem pagos pelo contribuinte*". (Coisa julgada e controle de constitucionalidade e de legalidade em matéria tributária. *In*: MACHADO, Hugo de Brito (Coord). *Coisa Julgada, constitucionalidade e legalidade em matéria tributária*. Coedição Dialética e ICET, São Paulo e Fortaleza, 2006, p. 164).

[134] Zavascki registra que: "*Quanto as relações jurídicas sucessivas, a regra é a de que as sentenças só têm força vinculante sobre as relações já efetivamente concretizadas, não atingindo as que poderão decorrer de fatos futuros, ainda que semelhantes. Isso se deve a própria natureza da função jurisdicional, que, conforme se viu, tem por matéria de trato os fenômenos de incidência das normas em suporte fáticos presentes ou passados. O campo tributário é fértil nesta discussão, (...)*". (ZAVASCKI, Teori Albino. *Eficácia das sentenças na jurisdição constitucional*. 4. ed. São Paulo: Revista dos Tribunais, 2017, p. 102).

Tal particularidade de as decisões judiciais projetarem efeitos para o futuro foge da clássica atuação do Poder Judiciário, haja vista que o Poder Judiciário, em regra, analisa os fatos históricos ocorridos no passado e relatados no pedido, sendo, portanto, exceção às decisões judiciais que projetam efeitos sobre fatos que irão ocorrer no futuro.

Sobre esse interessante aspecto da atuação judicial, Teori Zavascki traz uma importante lição de Carnelutti. Vejamos:

> No que se refere aos limites objetivos e temporais, a regra geral é a de que, por qualificar norma concreta, fazendo juízo sobre fatos já ocorridos, a sentença opera sobre o passado, e não sobre o futuro. É o que demonstrou Carnelutti, em passagem didática sobre o confronto que, no particular, se estabelece entre norma abstrata e norma concreta: "No que diz respeito à lei, já observei que ela, em princípio, regula somente os fatos que ocorreram depois de ela adquirir eficácia (...). Este é precisamente o princípio de sua irretroatividade, que disciplina o fenômeno da sucessão de (várias) leis no tempo. Quando, porém, (por exceção), disciplina efeitos de fatos já consumados, a lei se diz retroativa. Com a sentença ocorre normalmente o contrário, dado o seu caráter de comando concreto. O juiz ao decidir a lide, define, em regra, os efeitos de fatos já acontecidos, não de fatos ainda por acontecer. Ao princípio da irretroatividade da lei corresponde o da retroatividade da sentença. Porém. Como a irretroatividade para a lei, também o da retroatividade para a sentença, é um princípio que sofre exceções: isto ocorre quando o juiz disciplina os efeitos ainda por acontecer de fatos já passados; nestes casos, não seria exato falar em irretroatividade, que é a noção negativa apta a excluir a eficácia do comando a respeito de fatos passados, convindo ao invés enfatizar que a sentença vale também a respeito de fatos futuros.[135]

Durante muito tempo vigorou nas demandas tributárias o conteúdo da Súmula nº 239 do STF, a qual era plenamente aplicável às relações tributárias instantâneas e aos questionamentos em embargos à execução fiscal e ação anulatória de lançamento tributário que limitam seus pedidos aos fatos geradores ocorridos em determinado espaço de tempo ou exercício, sem questionar a relação jurídico-tributária em si, porém, impedia que o Poder Judiciário, em suas decisões em relações tributárias de trato continuado, disciplinasse o futuro, papel precípuo do legislador. Vejamos sua dicção: "Decisão que declara indevida a

---

[135] ZAVASCKI. Teori Albino. *Eficácia das sentenças na jurisdição constitucional.* 1. ed. São Paulo: Revista dos Tribunais, 2001, p. 101.

cobrança do imposto em determinado exercício não faz coisa julgada em relação aos posteriores".

A doutrina já identificara na eficácia dos comandos declaratórios o "efeito de preceitação",[136] com a pretensão de evitar futuros conflitos[137] e "ação futura"[138] ao se estabelecer uma "norma de conduta para as partes".[139]

Nesse contexto, o então recém-criado Superior Tribunal de Justiça, ao julgar o REsp nº 719/SP, relator para acórdão Min. Américo Luz, superou a referida súmula com o fundamento de não se exigir que o contribuinte ajuíze todo ano a mesma demanda sobre determinado tributo ilegal.[140] Forjou-se o entendimento de que a eficácia da sentença declaratória perdurará enquanto estiver em vigor a lei que a fundamentou – interpretando-a. Nada mais pragmático em um Poder Judiciário que começava a lidar com as lides tributárias de massa. Registramos que o então Ministro do Superior Tribunal de Justiça, Carlos Velloso, ficou vencido aplicando a Súmula nº 239/STF, que entendia que "a decisão que julga indevido o tributo cobrado em determinado exercício não faz coisa julgada sobre os exercícios ulteriores", citando lição de Pontes de Miranda segundo a qual, "no que diz respeito ao tempo, a coisa julgada está limitada aos fatos existentes por ocasião do encerramento dos debates"[141] e que os tributos periódicos

---

[136] PONTES DE MIRANDA, Francisco Cavalcanti. *Comentários ao Código de Processo Civil.* Rio de Janeiro: Forense, 1999. t. I: art. 1º a 45. p. 161-163.

[137] BUZAID, Alfredo. *A ação declaratória no direito brasileiro.* 2. ed. rev. aumentada. São Paulo: Saraiva, 1986. p. 266.

[138] PONTES DE MIRANDA, Francisco Cavalcanti. *Comentários ao Código de Processo Civil.* Rio de Janeiro: Forense, 1999. t. I: art. 1º a 45. p. 163.

[139] BARBOSA MOREIRA, José Carlos. Eficácia da sentença e autoridade da coisa julgada. *Revista da Associação dos Juízes do Rio Grande do Sul,* nº 28. p. 15 e ss. Porto Alegre jul. 1983. p. 21

[140] Helenilson Cunha Pontes registra a distinção realizada por Rubens Gomes de Souza "(...) *entre decisões judicias transitadas em julgado que se pronunciam sobre elementos permanentes e imutáveis da relação jurídica tributária, como a constitucionalidade ou inconstitucionalidade do tributo, sua incidência ou não-incidência em determinada hipótese, a existência ou inexistência de e o seu alcance, a vigência de lei tributaria ou sua revogação etc, e, de outro lado, as decisões que se manifestam sobre elementos temporários ou mutáveis da relação jurídica tributaria, como a avaliação de bens, as condições personalíssimas do contribuinte e seus reflexos tributários, e outras questões da mesma natureza. Segundo aquele autor, à coisa julgada emanada das decisões da primeira espécie há que se atribuir uma eficácia permanente, enquanto àquela derivada das decisões da segunda natureza deve ser reconhecida uma eficácia circunscrita ao caso específico em que foi proferida*". (PONTES, Helenilson Cunha. *Coisa julgada tributária e inconstitucionalidade.* São Paulo: Dialética, 2005, p. 127).

[141] Nesse sentido, RE nº 87.366-0/RJ, rel. Min. Soares Muñoz, 1ª Turma, julgado em 21.08.1979, DJ de 10.09.1979: "*A doutrina moderna a respeito da coisa julgada restringe os seus efeitos aos fatos contemporâneos ao momento em que foi prolatada a sentença. A força da coisa julgada*

não geram típica relação jurídica de trato continuado. Importante também a manifestação do Min. Vicente Cernicchiaro, que condicionou o efeito futuro da decisão à manutenção da relação jurídica e à natureza jurídica do fato. Após alguma oscilação,[142] a tese acabou prevalecendo, definitivamente.

Essa alteração de entendimento acabou possibilitando a existência das ações declaratórias com efeitos futuros. Ou seja, o Poder Judiciário, que precipuamente analisa fatos históricos (instantâneos, duradouros ou contínuos) aplicando o direito às situações já ocorridas, passou a lançar a eficácia de seus julgados sobre fatos jurídicos futuros que ainda estavam por ocorrer. Tal prática se tornou regra nos processos judiciais que questionam tributos no país, infelizmente sem as ressalvas feitas pelo Min. Vicente Cernicchiaro no REsp nº 719/SP.

Devidamente contextualizado o histórico jurisprudencial do nascimento das ações declaratórias com efeito futuro, surge agora o tema da maior relevância no presente trabalho – investigar até quando a coisa julgada terá sua aptidão para produzir efeitos –, o qual analisaremos a seguir.

2.4 Limites temporais da coisa julgada e a cláusula *rebus sic stantibus*

Importante neste tópico a diferenciação, de forma clara, dos limites objetivos, subjetivos e temporais da coisa julgada, tal qual fez didaticamente Paulo Mendes de Oliveira estabelecendo que os limites objetivos dizem respeito "sobre o que incide a coisa julgada", a limitação subjetiva "revela quem está vinculado ao comando sentencial", e os limites temporais "exprimem uma limitação no futuro da eficácia da coisa julgada. Desta forma, tem-se a identificação sobre o que, em relação a quem e até quando a coisa julgada será eficaz".[143]

---

material, acentua James Goldschmidt, alcança a situação jurídica no estado em que se achava no momento da decisão, não tendo, portanto, influência sobre os fatos que venham a ocorrer depois (in Derecho Procesal Civil, pág. 390, tradução espanhola de 1936)"; e a AR-AgR nº 948-7, rel. Min. Xavier de Albuquerque, Plenário, julgado em 21.11.1979, DJ de 02.05.1980: "(...) *a força da coisa julgada material alcança a situação jurídica no estado em que se achava no momento da resolução, não tendo, portanto, influência sobre os fatos que sobrevenham depois* (...)."

[142] Os REsp nº 7.478/SP, REsp nº 92.779/MG e REsp nº 75.657/SP mantiveram a antiga posição originada da jurisprudência do Supremo Tribunal Federal.

[143] OLIVEIRA, Paulo Mendes de. *Coisa julgada e precedente, limites temporais e as relações jurídicas de trato continuado*. São Paulo: Editora Revista dos Tribunais, 2015, p. 114. (Coleção O novo processo civil/coordenação de Sergio Cruz Arenhart, Daniel Mitidiero; diretor Guilherme Marinoni).

Para os fins do presente trabalho, iremos nos debruçar sobre os limites temporais da coisa julgada, assim entendida a delimitação do *dies ad quem* da eficácia da coisa julgada. Toda decisão judicial há de cessar seus efeitos um dia, não devendo seus comandos gerar eficácia eterna. São diversos os motivos do exaurimento de um comando judicial; eles vão desde o cumprimento integral da decisão judicial, passando pela alteração do suporte fático em que se baseou a decisão e pela superveniência de lei regulando de forma diversa a matéria, dentre inúmeros outros exemplos, ou seja, a decisão judicial transitada em julgado perdura "enquanto ainda subsista a realidade que regula".[144]

Conforme já esclarecemos na introdução do presente capítulo, reforçamos que a questão aqui analisada se restringe exclusivamente à eficácia da coisa julgada após precedente do Supremo Tribunal Federal, ou seja, com efeitos *ex nunc*, não havendo de se confundir com a rescisão, relativização ou desconsideração da coisa julgada com efeitos *ex tunc*. A eficácia da coisa julgada será analisada em face da dinâmica dos fatos, do direito e, em especial, dos precedentes supervenientes da Suprema Corte, e como esses podem fazer cessar para frente os efeitos das decisões em sentido contrário já acobertadas pela coisa julgada.

Sobre a eficácia temporal das sentenças nas relações jurídicas continuativas, há o entendimento de que com relação às decisões que projetam seus efeitos para o futuro, esses efeitos perduram enquanto mantidos seus elementos essenciais, ou seja, a realidade normativa e o suporte fático sobre os quais estabeleceu o juízo de certeza, nesse sentido Liebman,[145] Gilmar Mendes,[146] Luiz Guilherme Marinoni[147] e Luiz Fux.[148]

---

[144] Jordi Nieva-Fenoll registra que "(...) *quase nada se tem dito acerca da questão da coisa julgada ter ou não uma vigência temporal. Ao contrário, em geral se afirma a existência de uma eficácia eterna das sentenças e, ademais, quando se trata a questão dos limites temporais, resulta que se confundem em geral com os objetivos, e se acaba recordando algo obvio: que uma sentença mantém sua vigência enquanto ainda subsista a realidade que regula. Desde logo, é um tema que creio que deveria ser objeto de detido estudo, pois não creio que devamos considerar normal que alguém, como por vezes tem ocorrido, reivindique propriedades ou outros direitos remontando-se a sentenças de quatrocentos anos atrás, pronunciadas em circunstâncias completamente distintas das atuais*". (NIEVA-FENOLL, Jordi. A coisa julgada: o fim de um mito. *In:* DIDIER JR., F.; CABRAL, A. P. (Coordenadores). *Coisa julgada e outras estabilidades processuais.* Salvador: Editora Juspodivm, 2018, p. 105-122).

[145] Conforme lição de Liebman em sua obra clássica sobre a eficácia e autoridade da sentença, de certo modo, "*todas as sentenças contêm implicitamente a cláusula rebus sic stantibus (Savigny, Sistema (trad. It) VI, p. 378), enquanto a coisa julgada não impede absolutamente que se tenha em conta os fatos que intervierem sucessivamente à emanação da sentença:* (...). *O que há de diverso nestes casos – refere-se às chamadas sentenças determinativas ou dispositivas – não é a rigidez menor da coisa julgada, mas a natureza da relação jurídica, que continua a viver no*

Todas as sentenças contêm, implicitamente, a cláusula *rebus sic stantibus*, ou seja, elas mantêm seu efeito vinculante enquanto se mantiverem inalterados o direito e o suporte fático com base nos quais estabeleceram o juiz de certeza. As sentenças sobre relações jurídicas de trato continuado deixam de ter força vinculante de lei para as partes quando ocorre superveniente alteração da situação de fato ou da situação de direito, conforme leciona Teori Zavascki.[149]

De acordo com as lições acima referidas, o exaurimento da eficácia prospetiva de uma decisão é um fenômeno que decorre da quebra do silogismo original da sentença, tanto por mudança do estado

---

tempo com conteúdo ou medida determinados por elementos essencialmente variáveis, de maneira que os fatos que sobrevenham podem influir nela, não só no sentido de extingui-la, fazendo, por isso, extinguir o valor da sentença, mas também no sentido de exigir mudança na determinação dela, feita anteriormente". (LIEBMAN, Enrico Tullio. *Eficácia e autoridade da sentença e outros escritos sobre coisa julgada*. Rio de Janeiro: Forense, 2007, p. 27-28)

[146] Segundo Gilmar Mendes, no Brasil, *"se reconhece, tal como ensinado por Liebman com arrimo em Savigny, que as sentenças contêm implicitamente a cláusula rebus sic stantibus, de modo que as alterações posteriores que alterem a realidade normativa, bem como eventual modificação da orientação jurídica sobre a matéria, podem tornar inconstitucional norma anteriormente considerada legitima (inconstitucionalidade superveniente)"*. (MENDES, Gilmar Ferreira. *Jurisdição constitucional*. 6. ed. 2ª tiragem. São Paulo: Editora Saraiva, 2014, p. 476).

[147] Sobre o tema Marinoni registra que *"A coisa julgada vincula em dado espaço de tempo. Enquanto persistir o contexto fático-jurídico que deu lugar à sua formação, persiste sua autoridade. Modificando-se, contudo, os fatos jurídicos sobre os quais se pronunciou o órgão jurisdicional, a coisa julgada não mais se verifica. É neste sentido que se afirma que a coisa julgada nasce gravada com a cláusula rebus sic stantibus"*. (MARINONI, Luiz Guilherme. *Código de Processo Civil comentado artigo por artigo*. São Paulo: Revista dos Tribunais, 2008, p. 468).

[148] Sobre a cláusula *rebus sic stantibus* e as decisões que se projetam para o futuro, Fux (2005), p. 825, registra que *"o juiz "profere decisão para o futuro' e, por isso, com a cláusula de que seu conteúdo é imodificável se inalterável o ambiente jurídico em que a decisão foi prolatada. (...) Desta sorte, como a decisão de mérito provê para o futuro, permite-se a revisão do julgado por fato superveniente que, por si só, afasta a impressão de ofensa à coisa julgada posto que respeitante a fatos outros que não aqueles que sustentavam a decisão transitada"*. (FUX, Luiz. *Curso de direito processual civil*. 3. ed. Rio de Janeiro: Forense, 2005, p. 825).

[149] Segundo Zavascki: *"A solução é esta e vem de longe, a sentença tem eficácia enquanto se mantiverem inalterados o direito e o suporte fático sobre os quais estabeleceu o juízo de certeza. Se ela afirmou que uma relação jurídica existe ou que tem certo conteúdo, é porque supôs a existência de determinado comando normativo (norma jurídica) e de determinada situação de fato (suporte fático de incidência); se afirmou que determinada relação jurídica não existe, supôs a inexistência, ou do comando normativo, ou da situação de fato afirmada pelo litigante interessado. A mudança de qualquer desses elementos compromete o silogismo original da sentença, porque estará alterado o silogismo do fenômeno de incidência por ela apreciado: a relação jurídica que antes existia deixou de existir, e vice-versa. Daí afirmar-se que a força da coisa julgada tem uma condição implícita, a da cláusula rebus sic stantibus, a significar que ela atua enquanto se mantiverem íntegras as situações de fato e de direito existentes quando da prolação da sentença. Alterada a situação de fato (muda o suporte fático, mantendo-se o estado da norma) ou de direito (muda o estado da norma, mantendo-se o estado de fato), ou dos dois, a sentença deixa de ter a força de lei entre as partes, que até então mantinha"*. (ZAVASCKI, Teori Albino. *Eficácia das sentenças na jurisdição constitucional*. 4. ed. São Paulo: Revista dos Tribunais, 2017, p. 105).

de fato quanto do estado de direito. Os comandos contidos na coisa julgada equivaleriam a um *pacta sunt servanda* estipulado pelo Poder Judiciário, o qual faz lei entre as partes, fazendo surgir nas relações jurídicas de trato continuado – as quais projetam seus efeitos para o futuro – a cláusula *rebus sic stantibus*, ou seja, a eficácia da decisão se mantém enquanto perdurar o estado de fato e/ou o estado de direito presentes na lide que ensejou o comando judicial.

Um exemplo clássico de alteração do estado de fato é uma decisão judicial que concede o auxílio-doença a um segurado do INSS (Instituto Nacional do Seguro Social). Transitada em julgado essa decisão, mas recuperando o trabalhador sua saúde, devidamente constatada essa recuperação, por perícia, por óbvio que houve uma alteração do estado de fato que faz cessar a eficácia da sentença, sem necessidade de nova ação ou ação rescisória.

A alteração do estado de direito pode se dar por mais de uma forma. A forma mais aceita pela doutrina e pelos tribunais refere-se ao direito novo, ou seja, a superveniência de nova lei regulando a matéria. Sobre o tema, destacamos o Parecer PGFN/CRJ nº 1.277/1994 da lavra do Dr. Oswaldo Othon de Pontes Saraiva Filho, que conclui que:

> (...) tendo havido alterações das normas que disciplinam a relação tributária continuativa entre as partes, não seria cabível, no caso, a alegação da exceção da coisa julgada em relação a fatos geradores sucedidos após as alterações legislativas, sendo do interesse público o lançamento e a cobrança administrativa ou judicial dos créditos decorrentes.

Sobre o tema, o Min. Teori Zavascki, ainda no STJ, foi preciso em seu voto-condutor no Mandado de Segurança (MS) nº 11.045/DF, Pleno, Corte Especial do STJ, ao reproduzir excerto de voto-vista que proferiu perante a 1ª Turma no REsp nº 599.764/GO, afirmando que:

> A alteração do *status quo* tem, em regra, efeitos imediatos e automáticos. Assim, se a sentença declarou que determinado servidor público não tinha direito a adicional de insalubridade, a superveniência de lei prevendo a vantagem importará o imediato direito a usufruí-la, cessando a partir daí a eficácia vinculativa do julgado, independentemente de novo pronunciamento judicial ou de qualquer outra formalidade. Igualmente, se a sentença declara que os serviços prestados por determinada empresa estão sujeitos a contribuição para a seguridade social, a norma superveniente que revogue a anterior ou que crie isenção fiscal cortará a sua força vinculativa, dispensando o contribuinte, desde logo, do pagamento do tributo. O mesmo pode ocorrer em favor do

Fisco, em casos em que, reconhecida, por sentença, a intributabilidade, sobrevier lei criando o tributo: sua cobrança pode dar-se imediatamente, independentemente da revisão do julgado anterior.[150]

Na mesma linha da posição adotada pelo STF, *vide* RE-EDiv nº 83.225/SP e RE nº 90.518/PR, ambos de relatoria do Min. Xavier de Albuquerque, nos quais restou confirmado o entendimento de que: "A coisa julgada não impede que lei nova passe a reger diferentemente os fatos ocorridos a partir de sua vigência".

Em artigo escrito em obra por ele coordenada sobre a coisa julgada, constitucionalidade e legalidade em matéria tributária, Hugo de Brito Machado destaca que "o efeito da coisa julgada na relação jurídica continuativa faz imodificável a relação jurídica enquanto perdurarem inalterados os seus elementos formadores, a saber, a lei e o fato". Sobre a mudança do elemento normativo, complementa que "pode decorrer de alterações legislativas ou da declaração definitiva da constitucionalidade da lei antes tida por inconstitucional. Ou da declaração definitiva da inconstitucionalidade da lei antes tida por constitucional". Conclui que a manifestação da Suprema Corte "que decide definitivamente uma questão constitucional, em sentido oposto ao entendimento albergado pela decisão que fizera coisa julgada, constitui direito novo".[151]

Essa última hipótese mencionada por Hugo de Brito Machado, de alteração do suporte jurídico derivada da interpretação definitiva sobre a constitucionalidade de norma tributária, é o objeto central

[150] Sobre o tema, o STJ possui inúmeros precedentes confirmando a tese de que as sentenças proferidas em relações jurídicas de trato sucessivo transitam em julgado e fazem coisa julgada material, ainda que possam ter a sua eficácia limitada no tempo, quanto aos fatos supervenientes que alterem os dados da equação jurídica nelas traduzidas. Nesse sentido, *vide* REsp nº 308.857/GO (superveniência de nova legislação), rel. Min. Garcia Vieira; REsp nº 281.209/GO (superveniência de nova legislação), rel. Min. José Delgado; REsp nº 875.635/MG (inexistência de alteração legislativa superveniente) e REsp nº 599.764/GO (superveniência de nova legislação), rel. Min. Luiz Fux; AgRg no REsp nº 703.526/MG (superveniência de nova legislação), rel. Min. Teori Albino Zavascki; REsp nº 1.095.373/SP (superveniência de nova legislação), rel. Min. Eliana Calmon; AgInt no AgInt no AREsp. nº 459.787/DF (superveniência de nova legislação), rel. Min. Sérgio Kukina; AgInt no AREsp. nº 450.045/DF (superveniência de nova legislação), rel. Min. Napoleão Nunes Maia Filho; e AgInt no AREsp nº 1.145.363/DF (superveniência de nova legislação), rel. Min. Assusete Magalhães.

[151] MACHADO, Hugo de Brito. Coisa julgada e controle de constitucionalidade e de legalidade em matéria tributária. *In:* MACHADO, Hugo de Brito (Coord). *Coisa julgada, constitucionalidade e legalidade em matéria tributária*. Coedição Dialética e ICET, São Paulo e Fortaleza, 2006, p. 165-166.

do presente trabalho e reside na hipótese de alteração do elemento normativo pela superveniência de precedente do STF, no exercício da jurisdição constitucional, situação na qual o próprio Supremo Tribunal Federal tem dado importantes contribuições, em especial quanto aos efeitos de suas próprias decisões em face de situações jurídicas de trato continuado, as quais abordaremos a seguir.

Conforme já vimos no primeiro capítulo, o Supremo Tribunal Federal, ao dar a palavra final sobre matéria constitucional, promove substantivo impacto na ordem jurídica, com profundas e abrangentes consequências jurídicas, em face da força normativa da Constituição e dos efeitos vinculantes, expansivos e *erga omnes* dos precedentes firmados pelo Plenário do STF. Esse impacto na ordem jurídica com o estabelecimento de um novo marco jurídico formado pelo precedente do STF separa o "antes" e o "depois" da norma, como se a ela se aderisse um selo de chancela positivo ou negativo, conferido pelo próprio Supremo Tribunal Federal, vedando interpretações em sentido contrário, fato esse que já vem sendo, há muito tempo, construído pelo STF, em especial nas relações jurídicas de trato continuado, conforme fixado no RE nº 596.663/RJ, Tema 494 da Repercussão Geral e no RE nº 730.462/SP, Tema 733 da Repercussão Geral, conforme veremos com mais profundidade no terceiro capítulo deste trabalho.

Estabelecidos os parâmetros da eficácia das decisões judiciais no tempo, analisaremos a seguir a necessidade, ou não, de ajuizamento de nova ação judicial, a ação revisional, toda vez que houver alteração do suporte fático ou jurídico das decisões transitadas em julgado.

2.5 Ação de revisão do art. 505, II do nCPC

Questão relevante reside no debate sobre a necessidade, ou não, de ajuizamento da ação revisional para fazer cessar os efeitos da coisa julgada, em face da modificação das circunstâncias fáticas ou jurídicas que compuseram o silogismo original da sentença.

Dispõe o art. 505, II do nCPC, que sucedeu o art. 471, inciso I do CPC/73,[152] que nenhum juiz decidirá novamente as questões já decididas

[152] Redação da respectiva matéria no CPC/73: "Art. 471. Nenhum juiz decidirá novamente as questões já decididas, relativas à mesma lide, salvo: I – se, tratando-se de relação jurídica continuativa, sobreveio modificação no estado de fato ou de direito; caso em que poderá a parte pedir a revisão do que foi estatuído na sentença; II – nos demais casos prescritos em lei".

relativas à mesma lide, salvo se, tratando-se de relação jurídica de trato continuado, sobreveio modificação no estado de fato ou de direito, caso em que poderá a parte pedir a revisão do que foi estatuído na sentença – e nos demais casos prescritos em lei.

Imaginemos duas modificações relevantes, uma de fato e outra de direito, favoráveis ao contribuinte, que venham a fazer nascer nova relação jurídica e, por consequência, cessar os efeitos da sentença: na primeira, sua empresa deixa de auferir de imunidade previdenciária por não possuir todos os certificados exigidos pela lei reguladora; na segunda, não obtém no âmbito judicial isenção de tributo por sua atividade não estar elencada entre os beneficiados. Suponhamos que na primeira hipótese obtenha os certificados faltantes e na segunda sobrevenha nova lei abarcando sua atividade como isenta.

Nas hipóteses em que a alteração no estado de fato ou de direito faz surgir uma nova relação jurídica, são precisas as observações de Paulo Mendes de Oliveira, pela prescindibilidade da ação revisional no caso de cessação dos efeitos da coisa julgada em face da alteração do suporte fático ou jurídico da relação jurídica de trato continuado, destacando que: (i) essas alterações fazem surgir novas relações jurídicas não abrangidas pela coisa julgada, o que afasta sua aplicabilidade por não se subsumirem com perfeição ao comando judicial; (ii) sendo diversos os fatos jurídicos futuros, simplesmente ocorre a fuga dos limites objetivos, fazendo cessar os efeitos da coisa julgada e sua autoridade sobre situações diversas da decidida. Conclui a refuta na imposição do ajuizamento da ação revisional, argumentando que "a regra que vige em nosso sistema é que as decisões judiciais não devem reger fatos jurídicos estranhos *àqueles* que foram objeto de julgamento".[153] Nesse sentido, traz lição de Savigny:

> Uma sentença não pretende nem pode jamais decidir senão com respeito à época em que foi pronunciada. Todas as modificações que as relações jurídicas possam sofrer posteriormente estão fora de sua abrangência; não exerce ela, pois, influência alguma sobre a ação que tenha por objeto uma dessas modificações.[154]

---

[153] OLIVEIRA, Paulo Mendes de. *Coisa julgada e precedente*: limites temporais e as relações jurídicas de trato continuado. São Paulo: Editora Revista dos Tribunais, 2015, p. 149-151. (Coleção O Novo Processo Civil/coordenação de Sergio Cruz Arenhart, Daniel Mitidiero; diretor Guilherme Marinoni).

[154] SAVIGNY, Friedrich Carl von. *Sistema del derecho romano actual*. Trad. Jacinto Mesia y Manul Poley. Madrid: Centro Editorial de Gongora, 1839 *apud* OLIVEIRA, Paulo Mendes de. *Coisa julgada e precedente*: limites temporais e as relações jurídicas de trato continuado.

No julgamento do RE nº 596.663/RJ, Tema 494 da Repercussão Geral, capitaneado pelo Min. Teori Zavascki, restou consagrado pelo Plenário da Suprema Corte, conforme voto-condutor da lavra do Min. Teori Zavascki, que a ação rescisória e a ação revisional são dispensáveis nas hipóteses de alteração das razões de fato ou de direito assumidas originalmente pela sentença. Vejamos seus judiciosos argumentos:

> 3. Restaria saber se essa superveniente perda de eficácia da sentença dependeria de ação rescisória ou, ao menos, de uma nova sentença em ação revisional. Quanto à rescisória, a resposta é certamente negativa, até porque a questão posta não se situa no plano da validade da sentença ou da sua imutabilidade, mas, sim, unicamente, no plano da sua eficácia temporal. Quanto à ação de cunho revisional, também é dispensável em casos como o da espécie, pois, alteradas por razões de fato ou de direito as premissas originalmente adotadas pela sentença, a cessação de seus efeitos, em regra, opera-se de modo imediato e automático, independente de novo pronunciamento judicial. Sobre esse tema, permito-me, outra vez, reproduzir o que escrevi em sede doutrinária: "(...) A alteração do *status quo* tem, em regra, efeitos imediatos e automáticos. Assim, se a sentença declarou que determinado servidor público não tinha direito a adicional de insalubridade, a superveniência de lei prevendo a vantagem importará imediato direito de usufruí-la, cessando a partir daí a eficácia vinculativa do julgado, independente de novo pronunciamento judicial ou de qualquer outra formalidade. Igualmente, se a sentença declara que os serviços prestados por determinada empresa estão sujeitos a contribuição para a seguridade social, a norma superveniente que revogue a anterior ou que crie isenção fiscal cortará sua força vinculativa, dispensando o contribuinte, desde logo, do pagamento do tributo. O mesmo pode ocorrer em favor do Fisco, em casos que, reconhecida por sentença, a intributabilidade, sobrevier lei criando tributo: sua cobrança pode dar-se imediatamente, independentemente de revisão do julgado anterior.
>
> No que se refere à mudança no estado de fato, a situação é idêntica. A sentença que, à vista da incapacidade temporária para o trabalho, reconhece o direito ao benefício de auxílio-doença tem força vinculativa enquanto perdurar o *status quo*. A superveniente cura do segurado importa imediata cessação dessa eficácia. Nos exemplos citados, o interessado poderá invocar a nova situação (que extinguiu, ou modificou a relação jurídica) como matéria de defesa, impeditiva da outorga da tutela pretendida pela parte contrária. Havendo execução da sentença,

---

São Paulo: Editora Revista dos Tribunais, 2015, p. 150. (Coleção O Novo Processo Civil/ coordenação de Sergio Cruz Arenhart, Daniel Mitidiero; diretor Guilherme Marinoni). (tradução livre)

a matéria pode ser alegada pela via de embargos, nos termos art. 741, VI, do CPC. Tratando-se de matéria típica de objeção, dela pode conhecer o juiz até mesmo de ofício, mormente quando se trata de mudança do estado de direito, quando será inteiramente aplicável o princípio jura *novit curia*" (op. cit. p. 106-107). As exceções a essa automática cessação da eficácia vinculante da sentença por decorrência da mudança do *status quo* ocorre quando, por imposição expressa de lei, atribui-se ao beneficiado a iniciativa de provocar o pronunciamento judicial a respeito, configurando, dessa forma, uma espécie de direito potestativo. No mesmo estudo já referido, observei, a esse propósito: "Em certas situações, a modificação do estado de fato ou de direito somente operará alteração na relação obrigacional se houver iniciativa do interessado e nova decisão judicial. Em outras palavras, assiste ao beneficiado pela mudança no *status quo* o direito potestativo de provocar, mediante ação própria, a revisão da sentença anterior, cuja força vinculativa permanecerá íntegra enquanto não houver aquela provocação. A nova sentença terá, portanto, natureza constitutiva com eficácia *ex nunc*, provocando a modificação ou a extinção da relação jurídica afirmada na primitiva demanda. Exemplo clássico é o dos alimentos provisionais. A sentença que os fixa está sujeita à cláusula rebus sic stantibus, a significar que a obrigação poder ser alterada, para mais ou para menos, ou até extinta, com a superveniente mudança do *status quo* ante. Todavia, aqui não há eficácia automática. Cumpre ao devedor dos alimentos, que teve reduzida a sua capacidade financeira, promover judicialmente a alteração da obrigação; cumpre, igualmente, ao credor, que teve supervenientemente aumentadas as suas despesas de subsistência, demandar em juízo a majoração do pensionamento. É o que prevê, expressamente, o art. 1.699 do CC. Enquanto não houver a iniciativa do interessado, a obrigação permanece intacta, segundo os parâmetros estabelecidos na sentença. Daí afirmar-se que, em tais casos, há direito potestativo à modificação, que deve ser exercido mediante ação judicial. São casos excepcionais, que, por isso mesmo, recebem interpretação estrita. É justamente nessas situações que será cabível – e indispensável para operar a mudança na relação jurídica objeto da sentença – a chamada ação revisional ou ação de modificação, anunciada no art. 471, II, do CPC. Compreendida nos exatos e estritos limites acima referidos, a ação de revisão não visa a anular a sentença revisanda, nem a rescindi-la. Conforme observou Pontes de Miranda, "não há dúvida de que a ação de modificação não diz respeito à não existência, nem à não validade da sentença que se quer executar. Tão somente à interpretação, ou versão, da sua eficácia" (Pontes de Miranda, Francisco Cavalcanti. *Comentários ao Código de Processo Civil*. 3. ed. Rio de Janeiro: Forense, 1997. t. V. p. 199). Ela tem, certamente, natureza constitutiva, e a correspondente sentença de procedência terá eficácia *ex nunc*, para o efeito de modificar ou extinguir, a partir da sua propositura,

> a relação jurídica declarada na sentença revisanda. O que se modifica ou extingue é a relação de direito material, não a sentença. Convém repetir e frisar, todavia, que a ação de revisão é indispensável apenas quando a relação jurídica material de trato continuado comportar, por disposição normativa, o direito potestativo antes referido. É o caso da ação de revisão de alimentos, destinada a ajustá-los à nova situação econômica do devedor ou às supervenientes necessidades do credor, e da ação de revisão de sentença que tenha fixado valores locatícios, para ajustá-los a novas condições de mercado (arts. 19 e 68 da Lei 8.245/1991). Afora tais casos, a modificação do estado de fato ou de direito produz imediata e automaticamente a alteração da relação jurídica, mesmo quando esta tiver sido certificada por sentença com trânsito em julgado, conforme anteriormente assinalado" (*op. cit.*, p. 107-108). 4.
>
> Ora, no caso concreto, ocorreu uma evidente alteração no *status quo*: o percentual de 26,05% objeto da condenação foi inteiramente satisfeito pela instituição executada, tendo sido inclusive objeto de incorporação aos vencimentos dos demandantes por força de superveniente cláusula de dissídio coletivo. Em outras palavras: não houve ofensa alguma ao comando da sentença; pelo contrário, houve, sim, o seu integral cumprimento superveniente. Esgotou-se, assim, a sua eficácia temporal, por ter sido satisfeita a condenação.[155-156]

Tal raciocínio em nenhum momento impede ou veda o acesso do beneficiado pela coisa julgada ao Poder Judiciário com o ingresso de ação judicial para questionar a alteração da situação fática ou jurídica. Situação bem diferente reside na suposta exigência de ajuizamento da ação revisional, relativo à mesma lide, como condição *sine qua non* para que a coisa julgada cesse seus efeitos.

---

155 ZAVASCKI, Teori Albino. *Eficácia das sentenças na jurisdição constitucional*. 4. ed. São Paulo: Revista dos Tribunais, 2017, p. 107-108.

156 Segundo Hugo de Brito Machado: "(...) *nas relações atinentes a direitos potestativos a ação de revisão da coisa julgada talvez não seja necessária. O titular de direitos potestativos, pela mesma razão que os exerce independentemente de ação destinada a protegê-lo, tomará a iniciativa de os exercer nos moldes em que vier a se configurar com a inovação do elemento jurídico. O direito de lançar tributo é, com certeza, um direito potestativo. O direito de declarar a compensação na relação tributária também é um direito potestativo. Esses direitos, portanto, podem ser exercidos independentemente de revisão formal da coisa julgada. De igual modo o dever de apurar o valor do tributo, legalmente atribuído ao sujeito passivo da obrigação tributária, pode ser adimplido com base no elemento jurídico novo da relação, independentemente de revisão da coisa julgada que, na relação continuativa, tenha estabelecido critério diverso do que a final tenha prevalecido na jurisprudência*". (MACHADO, Hugo de Brito. Coisa julgada e controle de constitucionalidade e de legalidade em matéria tributária. *In*: MACHADO, Hugo de Brito (Coord). *Coisa julgada, constitucionalidade e legalidade em matéria tributária*. Coedição Dialética e ICET, São Paulo e Fortaleza, 2006, p. 170-171).

Questão relevante reside na redação do artigo 505, II do nCPC, o qual exige que a ação revisional deve envolver a "mesma lide",[157] ou seja, pela dicção do dispositivo legal a modificação do estado de fato ou direito objeto não ensejou o surgimento de uma nova relação jurídica, o que faria desnecessária a revisão de algo que não existe mais.

Nesse sentido, precisas são as considerações de Marcus Abraham[158] ao registrar que não há cabimento da ação revisional quando "as mudanças fáticas ou jurídicas supervenientes não são suficientes para definir completamente as novas relações por elas instauradas, embora sejam suficientes para afetar o quadro anterior", dando como exemplos dessa ocorrência o "caso das ações de revisão de aluguel ou de alimentos, pois nestas relações, as partes dependerão do pronunciamento do juiz para o novo valor da obrigação".

Por esse raciocínio, em face da redação dos dispositivos e dos direitos expressamente resguardados pela legislação de alimentos

---

157 Paulo Mendes de Oliveira aborda o tema, vejamos: *"O Código de Processo Civil de 1973 possui previsão expressa sobre as relações continuativas, consignando no art. 471, I, que 'Nenhum juiz decidirá novamente as questões já decididas, relativas à mesma lide, salvo: I – se, tratando-se de relação jurídica continuativa, sobreveio modificação no estado de fato ou de direito; caso em que poderá a parte pedir a revisão do que foi estatuído na sentença'. Note-se que a lei processual se refere à impossibilidade de novo julgamento sobre a mesma lide, no sentido de que está vedado novo pronunciamento sobre o mérito da demanda antes definido, salvo se sobrevierem alterações fático-jurídicas nas relações continuativas. De fato, conforme será demonstrado, o legislador se equivoca quando sugere que a mesma lide será reapreciada se ocorrer uma modificação no estado de fato ou de direito. Do ponto de vista processual, se há uma alteração do suporte fático ou jurídico que compõe a causa de pedir (modificação do fato jurídico), a nova demanda não estará veiculando a mesma lide antes apreciada. Realizando, contudo, uma interpretação que confira maior inteligibilidade ao dispositivo, parece que a ideia que se pode extrair está vinculada à reapreciação da mesma relação jurídica antes julgada. Assim, ainda que se houvesse um pronunciamento judicial sobre questão pertinente acerca da relação jurídica, esta mesma relação poderá ser novamente submetida à apreciação judicial caso os seus elementos conformadores sofram alteração. Ou seja, uma mesma relação jurídica substancial, cujo objeto poderá ser novamente submetido à apreciação judicial em decorrência da modificação do fato jurídico que lhe dá suporte."* (OLIVEIRA, Paulo Mendes de. Coisa Julgada e Precedente, Limites temporais e as relações jurídicas de trato continuado / Paulo Mendes de Oliveira. – São Paulo: Editora Revista dos Tribunais, 2015. – (Coleção o novo processo civil/coordenação de Sergio Cruz Arenhart, Daniel Mitidiero; diretor Guilherme Marinoni), p. 126).

158 Abraham destaca: *"que o comando contido no antigo art. 471, I do CPC/73: não vem sendo interpretado – nem pela doutrina e nem pela jurisprudência – de maneira literal e estrita, a exigir sempre que, diante de mudanças nas circunstâncias fáticas ou jurídicas, aparte tenha que demandar judicialmente uma reforma do que foi decidido. Na realidade, a necessidade de uma ação revisional só se demonstra quando as mudanças fáticas ou jurídicas supervenientes não são suficientes para definir completamente as novas relações por elas instauradas, embora sejam suficientes para afetar o quadro anterior. É que ocorre, por exemplo, no caso das ações de revisão de aluguel ou de alimentos, pois nestas relações, as partes dependerão do pronunciamento do juiz para o novo valor da obrigação."* (ABRAHAM, Marcus. Coisa Julgada em Matéria Tributária: relativização ou limitação? Estudo de caso da COFINS das sociedades civis. Revista da PGFN. Brasília, nº 1, p. 63-82, 2011).

e de locação, seria possível dizer que o legislador condicionou o ajuizamento da ação revisional nas hipóteses de readequação do equilíbrio econômico-financeiro da sentença, caso típico das questões envolvendo ação de alimentos e revisão de aluguel, uma vez que nessas hipóteses, em que pese possa haver alterações na situação fático-jurídica derivadas do contexto econômico ou de mercado que atinjam as partes envolvidas no litígio, tais alterações, por não serem substanciais, não têm o condão de romper com a lide anterior e fazer surgir uma nova, ou seja, a lide continua a mesma – pagamento de alimentos e de aluguel. Essa parece ter sido a intenção do dispositivo legal quando analisamos as normas que regem a revisão dos valores de alimentos e de aluguéis.

Além do que, excepcionadas as hipóteses exigidas por lei, exigir o ingresso de ação revisional em todo e qualquer caso que envolva alterações substanciais nas situações fáticas e jurídicas, nas relações de trato continuado, em especial a relação tributária, seria violar o dispositivo processual que impõe se tratar da "mesma lide", além de onerar de forma desproporcional os contribuintes – uma vez que os entes estatais possuem estrutura de representação judicial – e o próprio Poder Judiciário, ao impor um modelo que contribui com a litigiosidade já tão presente no contencioso tributário,[159] além de impedir o gozo e exercício imediato de direito chancelado pelo STF e não submetido aos limites objetivos da coisa julgada.

Nos dois primeiros capítulos, buscamos fixar os marcos conceituais que guiarão o presente trabalho; a partir de agora o presente trabalho se desenvolverá guiado pelo princípio da segurança jurídica, buscando a harmonização entre coisa julgada, a igualdade, isonomia, livre concorrência entre outros princípios constitucionais, além de um panorama sobre a doutrina a respeito e as posições do STJ e do STF sobre o tema.

---

159 Em prefácio da obra "Comentários sobre transação tributária: à luz da Lei 13.988/2020 e outras alternativas de extinção do passivo tributário", comentei: "*Corroborando com a frase do Exmo. Min. Luís Roberto Barroso de que 'o advogado do futuro é aquele que evita o litígio', (...) vale a pena continuar lutando por um contencioso tributário aberto a novas ideias e com cada vez mais institutos para incentivas a adoção de boas práticas para prevenir e reduzir a litigiosidade tão presente em nosso sistema tributário atual*". (SEEFELDER FILHO, C. X.; CALCINI, F. P.; HENARES NETO, H.; CAMPOS, R. (Coord). *Comentários sobre transação tributária*: à luz da Lei 13.988/20 e outras alternativas de extinção do passivo tributário. 1. ed. São Paulo: Thomson Reuters Brasil, 2021).

3

O PRECEDENTE DO STF E A COISA JULGADA TRIBUTÁRIA

Devidamente conceituados, delimitados e analisados o precedente da Suprema Corte e os diversos aspectos da coisa julgada no ordenamento jurídico brasileiro, iremos agora adentrar na resolução do problema que deu origem ao presente estudo: ocorre a cessação da eficácia da coisa julgada que regula relação jurídico-tributária de trato continuado após a formação definitiva de precedente do STF em sentido contrário?

Cabe o registro da ausência de disposição legal específica que regule a eficácia das decisões judiciais que disciplinam relações jurídicas futuras ante o impacto de superveniente precedente do STF em sentido contrário. Não surpreende que o legislador não se tenha preocupado em tratar diretamente do tema, pois se trata de um problema relativamente novo. A própria eficácia futura da coisa julgada, proferida em ações voltadas à declaração de inexistência de relação jurídico-tributária, decorre de uma construção doutrinária e jurisprudencial, fundada em princípios constitucionais. A ausência de norma não impede o debate nem cria presunções em um sentido ou em outro. Na ausência de norma expressa, os operadores do direito devem buscar uma solução harmônica do problema com a análise dos princípios constitucionais relevantes para o deslinde dessa relevante questão jurídica.

A problemática deriva de nosso modelo de dualidade no controle de constitucionalidade das normas, no qual questão relevante tem-se mostrado habitual na prática judicial tributária. Tal situação jurídica reside no fato de que, não raro, a declaração de certeza do direito é apreciada tanto pelo controle difuso, exercido pelas instâncias ordinárias, bem como, posteriormente, pelo STF, seja como órgão exclusivo do sistema concentrado, seja como órgão de cúpula do sistema difuso, inclusive, em muitos casos, as decisões projetam seus efeitos para o futuro. Daí surge o conflito entre as interpretações da noma constitucional: de um lado, o produzido no caso concreto, nas instâncias ordinárias, com força de lei entre as partes (art. 503 do nCPC) e, de outro lado, o da força do precedente superveniente do STF, seja em controle concentrado ou em controle difuso, que a todos vincula e submete no exercício da jurisdição constitucional definitiva, nos termos da Constituição. Esse é o conflito que buscaremos harmonizar no presente trabalho.

Neste terceiro capítulo, começaremos com a contextualização do contencioso judicial tributário e o acesso ao Supremo Tribunal Federal, suas complexidades, a realidade em exemplos de conflito de coisas julgadas após precedente do STF, a existência de amplo debate na doutrina e a posição da Administração Tributária Federal.

Após, daremos um rápido panorama das principais posições da doutrina, no qual destacaremos as três principias vertentes: (i) a que defende a imprescindível de um novo provimento judicial, pelos meios legais disponíveis – ação rescisória, oposição à execução, *querela nullitatis* ou ação revisional, em respeito à segurança jurídica, à coisa julgada e ao direito processual vigente para que a coisa julgada contrária à Constituição deixe de ser observada; (ii) a que entende que, independentemente de ação revisional ou não, apenas nos precedentes do STF, em controle concentrado de constitucionalidade, ocorre impacto na ordem jurídica e alteração do estado de direito capaz de fazer cessar a eficácia da coisa julgada em sentido contrário; e (iii) a que entende que o precedente do STF, seja como órgão exclusivo do sistema concentrado, seja como órgão de cúpula do sistema difuso, impacta a ordem jurídica alterando o estado de direito e fazendo cessar automaticamente a eficácia das decisões transitadas em julgado em sentido contrário.

Em seguida, analisaremos de forma detida as posições do Superior Tribunal de Justiça e do Supremo Tribunal Federal a respeito do impacto do precedente do STF na ordem judicial, em especial nas relações jurídico-tributárias de trato continuado.

Na sequência, iremos realizar uma análise crítica dos princípios constitucionais que estão intimamente relacionados com a controvérsia, buscando uma harmonização entre eles na tentativa e propor uma solução a partir de uma concepção sistemática do direito em que as normas devem convergir, evitando-se a incoerência e garantindo-se a supremacia das normas constitucionais.

Ao final, faremos uma breve abordagem das duas repercussões gerais reconhecidas pelo STF em que a matéria constitucional controvertida consiste na matéria objeto do presente estudo. São eles: o RE nº 949.297/CE, relator Min. Edson Fachin (Tema 881), que trata do controle concentrado, e o RE nº 955.227/BA, relator Min. Luís Roberto Barroso (Tema 885), que trata do controle difuso.

3.1 Contextualização do contencioso judicial tributário e o acesso ao Supremo Tribunal Federal

O cenário tributário nacional é de elevada carga tributária, legislação excessiva e complexa – regressiva, indireta, ultrapassada e, muitas vezes, confusa e injusta – e um exagerado nível de litigiosidade que envolve milhões de ações judiciais Brasil afora e trilhões de reais envolvidos nessas disputas,[160] o que caracteriza a causa tributária, em regra, como uma demanda de massa na qual as causas idênticas sobre determinado tributo podem e são replicadas por um elevado número de contribuintes. Essa lide tributária traz consigo uma forte matriz constitucional, uma vez que as premissas e os princípios gerais do sistema tributário nacional encontram-se disciplinados na Carta Magna de 1988, conforme anota Helenilson Cunha Pontes:

> O Texto Constitucional brasileiro, talvez um exemplo único em todo o mundo, comtempla um imenso rol de regras e princípios norteadores da atividade impositiva ao lado de outro elenco de direitos fundamentais de alcance geral, epigrafados "Direitos e Garantias Individuais", que bem denotam o fenômeno da constitucionalização da relação tributária. No atual momento, a obrigação tributária mais do que *ex lege* revela-se *ex contitutionis*, em que assumem relevo comandos jurídicos (princípios e regras) destinados à proteção e afirmação de direitos e garantias individuais, à realização da justiça, à promoção da liberdade e da segurança jurídica.[161]

---

[160] *Vide* anexo V, Risco Fiscais – Passivo contingente – Demandas judiciais, contido na Lei nº 14.116, de 31 de dezembro 2020. Dispõe sobre as diretrizes para a elaboração e a execução da Lei Orçamentária de 2021 e dá outras providências. Disponível em: https://sisweb.tesouro.gov.br/apex/f?p=2501:9::::9:P9_ID_PUBLICACAO:32319. Acesso em: 26 ago. 2021.

[161] PONTES, Helenilson Cunha. *Coisa julgada tributária e inconstitucionalidade*. São Paulo: Dialética, 2005, 189-190.

Não bastasse isso, temos ainda a prática habitual na lide tributária de propositura de ações declaratórias de inexistência de relação jurídica e de mandados de segurança com pedido declaratórios, objetivando a declaração de inconstitucionalidade das normas tributárias pelo Poder Judiciário, com a repetição do suposto indébito e o afastamento da incidência do tributo nas relações tributárias de trato continuado que ultrapassam o trânsito em julgado da causa projetando seus efeitos para o futuro.

Neste contexto de litígio tributário de massa, com fundamento eminentemente constitucional e a busca por decisão judicial que projete seus efeitos para o futuro, verificamos que, dentre o universo dos litigantes em matéria constitucional-tributária apenas uma pequena parcela consegue alçar seu pleito tributário-constitucional ao conhecimento da Suprema Corte, pela via do recurso extraordinário, uma vez que tal desafio exige um profundo conhecimento de processo civil, em face dos percalços e tecnicidades exigidas em sua admissibilidade pela Constituição Federal e pelas leis processuais brasileiras. Para citar alguns obstáculos, destacamos: o prequestionamento da matéria, a violação direta à constituição federal, fundamento autônomo independente, o esgotamento de instâncias, a preliminar de repercussão geral entre outros expressos em diversas Súmulas da Suprema Corte que constituem em sua maioria enunciados da tão prolatada "jurisprudência defensiva"[162] em resposta ao volume de recursos extraordinários e agravos que chegavam à Corte.[163]

---

[162] Destacamos alguns exemplos da jurisprudência defensiva construída pelo Supremo Tribunal Federal que acabaram limitando o acesso ao guardião da Constituição via recurso extraordinário: Súmula nº 279: "*Para simples reexame de prova não cabe recurso extraordinário*". Data de Aprovação Sessão Plenária de 13/12/1963, Fonte de Publicação Súmula da Jurisprudência Predominante do Supremo Tribunal Federal – Anexo ao Regimento Interno. Edição: Imprensa Nacional, 1964, p. 127; Súmula 282: "*É inadmissível o recurso extraordinário, quando não ventilada, na decisão recorrida, a questão federal suscitada*". Data de Aprovação Sessão Plenária de 13/12/1963 Fonte de Publicação Súmula da Jurisprudência Predominante do Supremo Tribunal Federal – Anexo ao Regimento Interno. Edição: Imprensa Nacional, 1964, p. 128; Súmula nº 283: "*É inadmissível o recurso extraordinário, quando a decisão recorrida assenta em mais de um fundamento suficiente e o recurso não abrange todos êles*". Data de Aprovação Sessão Plenária de 13/12/1963, Fonte de Publicação Súmula da Jurisprudência Predominante do Supremo Tribunal Federal – Anexo ao Regimento Interno. Edição: Imprensa Nacional, 1964, p. 128; Súmula 284: "*É inadmissível o recurso extraordinário, quando a deficiência na sua fundamentação não permitir a exata compreensão da controvérsia*". Data de Aprovação Sessão Plenária de 13/12/1963 Fonte de Publicação Súmula da Jurisprudência Predominante do Supremo Tribunal Federal – Anexo ao Regimento Interno. Edição: Imprensa Nacional, 1964, p. 129; Súmula 288: "*Nega-se provimento a agravo para subida de recurso extraordinário, quando faltar no traslado o despacho agravado, a decisão recorrida, a petição de recurso extraordinário ou*

Como resultado deste cenário, em que nosso modelo misto de controle de constitucionalidade é frequentemente testado, temos uma grande maioria de contribuintes que obtêm a certificação sobre a constitucionalidade, ou não, de norma tributária nas instâncias ordinárias do controle difuso (juízes, Tribunais de segundo grau e Tribunais Superiores) antes de a matéria chegar a ser apreciada definitivamente pelo Supremo Tribunal Federal. Nessas hipóteses, a ação rescisória seria o instrumento capaz de rescindir a coisa julgada contrária à Constituição e restabelecer a supremacia da Constituição nas relações tributárias. Entretanto, na vigência do CPC/73 era habitual o esgotamento do prazo de 2 (dois) anos para a ajuizamento da ação rescisória antes do pronunciamento definitivo do STF sobre a matéria. Já na vigência do nCPC, em que pese o avanço contido no disposto art. 535, §8, conforme já abordado neste trabalho, a situação ainda poderá vir a ocorrer, na hipótese de a parte interessada não propor a ação rescisória

---

qualquer peça essencial à compreensão da controvérsia". Data de Aprovação Sessão Plenária de 13/12/1963 Fonte de Publicação Súmula da Jurisprudência Predominante do Supremo Tribunal Federal - Anexo ao Regimento Interno. Edição: Imprensa Nacional, 1964, p. 130; Súmula 291: *"No recurso extraordinário pela letra d do art. 101, nº III, da Constituição, a prova do dissídio jurisprudencial far-se-á por certidão, ou mediante indicação do Diário da Justiça ou de repertório de jurisprudência autorizado, com a transcrição do trecho que configure a divergência, mencionadas as circunstâncias que identifiquem ou assemelhem os casos confrontados"*. Data de Aprovação Sessão Plenária de 13/12/1963 Fonte de Publicação Súmula da Jurisprudência Predominante do Supremo Tribunal Federal - Anexo ao Regimento Interno. Edição: Imprensa Nacional, 1964, p. 131; Súmula nº 356: *"O ponto omisso da decisão, sôbre o qual não foram opostos embargos declaratórios, não pode ser objeto de recurso extraordinário, por faltar o requisito do prequestionamento"*. Data de Aprovação Sessão Plenária de 13/12/1963 Fonte de Publicação Súmula da Jurisprudência Predominante do Supremo Tribunal Federal - Anexo ao Regimento Interno. Edição: Imprensa Nacional, 1964, p. 154; Súmula nº 400: *"Decisão que deu razoável interpretação à lei, ainda que não seja a melhor, não autoriza recurso extraordinário pela letra a do art. 101, III, da C.F"*. Data de Aprovação Sessão Plenária de 03/04/1964 Fonte de Publicação DJ de 08/05/1964, p. 1239; DJ de 11/05/1964, p. 1255; DJ de 12/05/1964, p. 1279; Súmula nº 636: *"Não cabe recurso extraordinário por contrariedade ao princípio constitucional da legalidade, quando a sua verificação pressuponha rever a interpretação dada a normas infraconstitucionais pela decisão recorrida"*. Data de Aprovação Sessão Plenária de 24/09/2003 Fonte de Publicação DJ de 09/10/2003, p. 2; DJ de 10/10/2003, p. 2; DJ de 13/10/2003, p. 2; Súmula nº 639: *"Aplica-se a Súmula 288 quando não constarem do traslado do agravo de instrumento as cópias das peças necessárias à verificação da tempestividade do recurso extraordinário não admitido pela decisão agravada"*. Data de Aprovação Sessão Plenária de 24/09/2003 Fonte de Publicação DJ de 09/10/2003, p. 2; DJ de 10/10/2003, p. 2; DJ de 13/10/2003, p. 2; dentre outras.

[163] Segundo Taís Schilling Ferraz, a expressão "crise do STF" foi cunhada por Philadelpho de Azevedo para designar o excessivo número de feitos submetidos ao julgamento da Corte, *in* LENS, Carlos Eduardo Thompson Flores. A relevância da questão federal e a crise do STF. *Revista da Ajuris*, nº 37, jul. 1996, p. 104. (FERRAZ, Taís Schilling. *O precedente na jurisdição constitucional*: Construção e eficácia do julgamento da questão com repercussão geral. São Paulo: Saraiva, 2017. p. 39-56. Série IDP: Linha Pesquisa Acadêmica).

no prazo legal. Tais situações, em muitos casos, levam à possibilidade de ocorrência do conflito entre a decisão transitada em julgado nas instâncias ordinárias do controle difuso e o entendimento posterior firmado pela Suprema Corte, quando aprecia com definitividade a matéria constitucional seja em controle concentrado, seja em controle difuso.

Em estudo comparado das Constituições austríaca e americana, Hans Kelsen[164] já apontava como desvantagem do controle difuso em relação ao controle concentrado a possibilidade de juízos divergentes acerca da interpretação das normas constitucionais, apontando as divergências na interpretação da Constituição como uma ameaça à autoridade da Carta Magna.

Contextualizados o contencioso judicial tributário no Brasil e a origem do problema objeto deste estudo, vamos agora trazer alguns exemplos de temas constitucionais-tributários com os quais nos deparamos no cotidiano da advocacia pública tributária perante os Tribunais Superiores e o Supremo Tribunal Federal, em que a interpretação definitiva realizada pelo STF divergia do entendimento consagrado nas instâncias ordinárias do controle difuso. Os exemplos que serão analisados neste trabalho envolvem as seguintes contribuições para a seguridade social: (i) a contribuição previdenciária incidente sobre avulsos, autônomos e administradores, instituída pela Lei nº 7.787/89; (ii) a contribuição social para o financiamento da Seguridade Social (COFINS), instituída pela Lei Complementar nº 70/91 e legislações posteriores, com especial destaque para as Lei nº 9.430/96 e Lei nº 9.718/1998; e (iii) a contribuição social sobre o lucro líquido (CSLL), instituída pela Lei nº 7.689/88 e alterações posteriores. As aludidas contribuições sociais para a seguridade social, por expressa determinação Constitucional contida no art. 195, *caput*, da CF/88 e por entendimento consagrado pelo STF no julgamento das ADIs nº 3.105/DF e nº 3.128/DF, relatoria Min. Ellen Gracie,[165] devem obediência aos princípios da solidariedade e do equilíbrio financeiro e atuarial, bem

---

[164] KELSEN, Hans. *O controle judicial da constitucionalidade*: um estudo comparado das Constituições austríaca e americana. Jurisdição constitucional. São Paulo; Martins Fontes, 2003, p. 303.

[165] São apenas alguns exemplos diante do volume de julgados do STF em matéria tributária após a CF/88, conforme constam das obras de Marciano Seabra de Godoi: GODOI, Marciano Seabra de (Coord). *Sistema Tributário Nacional na jurisprudência do STF*. São Paulo: Dialética, 2002; GODOI, Marciano Seabra de. *Questões atuais do direito tributário na jurisprudência do STF*. São Paulo: Dialética, 2006; e GODOI, Marciano Seabra de. *Crítica à jurisprudência atual do STF em matéria tributária*. São Paulo: Dialética, 2011.

como aos objetivos constitucionais de universalidade e equidade na forma de participação no custeio e diversidade da base de financiamento.

Apresentemos um primeiro caso: trata-se da contribuição previdenciária incidente sobre avulsos, autônomos e administradores, instituída pela Lei nº 7.787/89. O STF, nos RREE nº 166.772/RS e nº 177.296/RS, declarou a inconstitucionalidade na forma da cobrança da contribuição com base na competência definida na redação original do art. 195, I, da CF, afastando os casos em que os dispositivos da Lei nº 7.787/89 previam ou possibilitavam a incidência sobre valores pagos a trabalhadores contratados sem vínculo empregatício, a exemplo dos profissionais autônomos, avulsos e administradores. O Senado Federal suspendeu a execução das expressões "avulsos, autônomos e administradores" contidas no inc. I do art. 3 da Lei nº 7.787, pela Resolução nº 14, de 19.04.95 (DOU 28.04.95). Posteriormente, o tema foi apreciado em controle concentrado na ADIn nº 1.102/DF, Rel. Min. Maurício Corrêa.[166] Ocorre que os Tribunais Regionais Federais consideravam a contribuição previdenciária incidente sobre avulsos, autônomos e administradores constitucional, situação que ensejou inúmeros trânsitos em julgado contrários aos contribuintes antes de o STF definir por completo a questão, em meados da década de 1990.

Um segundo exemplo envolve a incidência da COFINS sobre as sociedades civis. A Lei nº 9.430/96 revogou isenção concedida pela Lei Complementar nº 70/91 às sociedades civis. Longa discussão judicial se instaurou questionando se uma lei ordinária poderia revogar uma lei complementar. Após o afastamento da incidência da contribuição em âmbito infraconstitucional pelo STJ, com a aplicação da Súmula nº 276 do STJ,[167] o STF, em 17.09.2008, ao julgar os RREE nº 377.457/PR e nº 381.964/MG,[168] declarou a constitucionalidade da revogação da

---

[166] Em decorrência do entendimento do STF, a referida contribuição foi reinstituída pela Lei Complementar nº 84/96. Após a edição da Emenda Constitucional nº 20/1998, a contribuição incidente sobre valores pagos a trabalhadores sem vínculo empregatício passou a ser prevista constitucionalmente, permitindo que sua instituição fosse realizada por lei ordinária. Hoje a respectiva contribuição é regulada pela Lei nº 9.876/99.

[167] Súmula nº 276: "As sociedades civis de prestação de serviços profissionais são isentas da COFINS, irrelevante o regime tributário adotado". (SÚMULA 276, PRIMEIRA SEÇÃO, julgado em 14/05/2003, DJ 02/06/2003, p. 365). A referida súmula foi cancelada pela Primeira Seção, na sessão de 12/11/2008, ao julgar a AR 3.761/PR, determinou o CANCELAMENTO da Súmula 276 do STJ (DJe 20/11/2008).

[168] A constitucionalidade do artigo 56 da Lei nº 9.430/96, que revogou a isenção da COFINS concedida às sociedades civis prestadoras de serviços profissionais pelo art. 6º, II, da Lei Complementar nº 70/91, foi reconhecida pelo Plenário do Supremo Tribunal Federal, no julgamento dos RREE nº 377.457/PR e nº 381.864/MG, ambos da relatoria do

isenção por lei ordinária, uma vez que a matéria era de competência de lei ordinária. Milhares de causas nunca chegaram ao STF, tendo seus trânsitos em julgado ocorrido no âmbito dos TRFs e do STJ, com a aplicação da Súmula nº 276/STJ. Os casos encerrados após a decisão do STF deram ganho de causa à administração tributária. Nesse contexto, contribuintes regidos pelas mesmas normas tributárias e submetidos à mesma força normativa da Constituição encontravam-se em situações jurídicas absolutamente diversas.

Uma terceira situação envolve o alargamento da base de cálculo da COFINS promovido pela Lei nº 9.718/98, após anos de vigência e confirmação da lei pela maioria dos TRFs, a Suprema Corte, em sessão realizada em 9 de novembro de 2005, julgando os RREE nº 357.950-9/RS, nº 390.840-5/MG, nº 358.273-9/RS e nº 346.084-6/PR,[169] declarou a inconstitucionalidade formal do §1º do artigo 3º da Lei nº 9.718/98, afastando a base de incidência do COFINS nele definida. Repetidamente, após a derradeira decisão do STF sobre o tema, teremos duas categorias de contribuintes: os que pagam sobre uma base de cálculo alargada e os que pagam sobre uma base de cálculo constitucional.

Min. Gilmar Mendes. Na oportunidade, rejeitou-se pedido de modulação de efeitos da decisão e permitiu-se a aplicação do artigo 543-B do CPC. A ementa dos referidos julgados restou consignada nos seguintes termos, *verbis*: "*EMENTA: Contribuição social sobre o faturamento – COFINS (CF, art. 195, I). 2. Revogação pelo art. 56 da Lei 9.430/96 da isenção concedida às sociedades civis de profissão regulamentada pelo art. 6º, II, da Lei Complementar 70/91. Legitimidade. 3. Inexistência de relação hierárquica entre lei ordinária e lei complementar. Questão exclusivamente constitucional, relacionada à distribuição material entre as espécies legais. Precedentes. 4. A LC 70/91 é apenas formalmente complementar, mas materialmente ordinária, com relação aos dispositivos concernentes à contribuição social por ela instituída. ADC 1, Rel. Moreira Alves, RTJ 156/721. 5. Recurso extraordinário conhecido mas negado provimento*".

[169] "*EMENTA: CONSTITUCIONALIDADE SUPERVENIENTE – ARTIGO 3º, §1º, DA LEI Nº 9.718, DE 27 DE NOVEMBRO DE 1998 – EMENDA CONSTITUCIONAL Nº 20, DE 15 DE DEZEMBRO DE 1998. O sistema jurídico brasileiro não contempla a figura da constitucionalidade superveniente. TRIBUTÁRIO – INSTITUTOS – EXPRESSÕES E VOCÁBULOS – SENTIDO. A norma pedagógica do artigo 110 do Código Tributário Nacional ressalta a impossibilidade de a lei tributária alterar a definição, o conteúdo e o alcance de consagrados institutos, conceitos e formas de direito privado utilizados expressa ou implicitamente. Sobrepõe-se ao aspecto formal o princípio da realidade, considerados os elementos tributários. CONTRIBUIÇÃO SOCIAL – PIS – RECEITA BRUTA – NOÇÃO – INCONSTITUCIONALIDADE DO §1º DO ARTIGO 3º DA LEI Nº 9.718/98. A jurisprudência do Supremo, ante a redação do artigo 195 da Carta Federal anterior à Emenda Constitucional nº 20/98, consolidou-se no sentido de tomar as expressões receita bruta e faturamento como sinônimas, jungindo-as à venda de mercadorias, de serviços ou de mercadorias e serviços. É inconstitucional o §1º do artigo 3º da Lei nº 9.718/98, no que ampliou o conceito de receita bruta para envolver a totalidade das receitas auferidas por pessoas jurídicas, independentemente da atividade por elas desenvolvida e da classificação contábil adotada.*" (RE 390840, Relator(a): MARCO AURÉLIO, Tribunal Pleno, julgado em 09/11/2005, DJ 15-08-2006 PP-00025 EMENT VOL-02242-03 PP-00372 RDDT nº 133, 2006, p. 214-215)

Uma quarta situação refere-se ao debate sobre a inclusão do ICMS da base de cálculo da COFINS. Durante décadas vigorou o entendimento pela possibilidade de cobrança de tributo sobre tributo, conforme consagrado na Súmula 258 do extinto TRF[170] e nas Súmulas nº 68 e nº 94 do STJ.[171] Nesse período o STF não conhecia da matéria, por considerá-la infraconstitucional (RREE nº 391.371/BA e nº 399.979/RN), bem como possuía precedentes -- inclusive um com repercussão geral – admitindo a incidência de tributo sobre tributo (RREE nº 212.209/RS e nº 582.461/SP-RG). Entretanto, em 2017, no julgamento do RE nº 574.706/PR (Tema 69 da RG),[172] o STF considerou inconstitucional a incidência de tributo sobre tributo. Milhares de contribuintes entraram com essa ação no passado e obtiveram coisas julgadas transitadas em julgado contrárias a seus pleitos. Os contribuintes que ingressaram mais recentemente estão obtendo sucesso no pleito. Mais uma vez, evidenciou-se na prática a existência de dois regimes jurídicos para

---

[170] Súmula nº 258: *"Inclui-se na base de cálculo do PIS a parcela relativa ao ICM"*. Referência: Incidente de Uniformização de Jurisprudência na AC 123.073-MG, Segunda Seção, em 14.06.88. Lei Complementar 7, de 07.09.70, art. 3º, "b". Decreto-Lei 406, de 31.12.68, art. 2º, §7º. (Segunda Seção em 21.06.88. DJU de 7.06.88.)

[171] Súmula nº 68: *"A parcela relativa ao ICM inclui-se na base de cálculo do PIS"*. (SÚMULA 68, Primeira Seção, julgado em 15/12/1992, DJ 04/02/1993, p. 775). A referida súmula foi cancelada pela Primeira Seção, na sessão de 27/03/2019, ao julgar a Questão de Ordem nos REsps 1.624.297/RS, 1.629.001/SC e 1.638.772/SC, determinou o CANCELAMENTO da Súmula 68 do STJ (DJe 03/04/2019).
Súmula nº 94: *"A parcela relativa ao ICMS inclui-se na base de cálculo do FINSOCIAL"*. (SÚMULA 94, Primeira Seção, julgado em 22/02/1994, DJ 28/02/1994, p. 2961). A referida súmula foi cancelada pela Primeira Seção, na sessão de 27/03/2019, ao julgar a Questão de Ordem nos REsp nº 1.624.297/RS, 1.629.001/SC e 1.638.772/SC, determinou o CANCELAMENTO da Súmula 94 do STJ (DJe 03/04/2019).

[172] EMENTA: *"RECURSO EXTRAORDINÁRIO COM REPERCUSSÃO GERAL. EXCLUSÃO DO ICMS NA BASE DE CÁLCULO DO PIS E COFINS. DEFINIÇÃO DE FATURAMENTO. APURAÇÃO ESCRITURAL DO ICMS E REGIME DE NÃO CUMULATIVIDADE. RECURSO PROVIDO. 1. Inviável a apuração do ICMS tomando-se cada mercadoria ou serviço e a correspondente cadeia, adota-se o sistema de apuração contábil. O montante de ICMS a recolher é apurado mês a mês, considerando-se o total de créditos decorrentes de aquisições e o total de débitos gerados nas saídas de mercadorias ou serviços: análise contábil ou escritural do ICMS. 2. A análise jurídica do princípio da não cumulatividade aplicado ao ICMS há de atentar ao disposto no art. 155, §2º, inc. I, da Constituição da República, cumprindo-se o princípio da não cumulatividade a cada operação. 3. O regime da não cumulatividade impõe concluir, conquanto se tenha a escrituração da parcela ainda a se compensar do ICMS, não se incluir todo ele na definição de faturamento aproveitado por este Supremo Tribunal Federal. O ICMS não compõe a base de cálculo para incidência do PIS e da COFINS. 3. Se o art. 3º, §2º, inc. I, in fine, da Lei nº 9.718/1998 excluiu da base de cálculo daquelas contribuições sociais o ICMS transferido integralmente para os Estados, deve ser enfatizado que não há como se excluir a transferência parcial decorrente do regime de não cumulatividade em determinado momento da dinâmica das operações. 4. Recurso provido para excluir o ICMS da base de cálculo da contribuição ao PIS e da COFINS"*.

contribuintes que se encontravam na mesma situação de incidência e regidos pelas idênticas normas tributárias.

Um quinto e último exemplo envolve o questionamento da constitucionalidade da contribuição social sobre o lucro líquido (CSLL) diante do fato de diversos Tribunais Regionais Federais terem declarado a inconstitucionalidade da CSLL nos termos veiculados pela Lei nº 7.689/88. Em 1992, o Plenário do Supremo Tribunal Federal apreciou a matéria e a considerou constitucional em controle difuso no RE nº 138.284/CE,[173] transitado em julgado em 29.09.1992, e em controle concentrado na ADIn nº 15/DF,[174] transitada em julgado em 17.09.2007.

---

[173] *Vide* Ementa: "*CONSTITUCIONAL. TRIBUTÁRIO. CONTRIBUIÇÕES SOCIAIS. CONTRIBUIÇÕES INCIDENTES SOBRE O LUCRO DAS PESSOAS JURIDICAS. Lei nº 7.689, de 15.12.88. I. – Contribuições parafiscais: contribuições sociais, contribuições de intervenção e contribuições corporativas. C.F., art. 149. Contribuições sociais de seguridade social. C.F., arts. 149 e 195. As diversas espécies de contribuições sociais. II. – A contribuição da Lei 7.689, de 15.12.88, e uma contribuição social instituída com base no art. 195, I, da Constituição. As contribuições do art. 195, I, II, III, da Constituição, não exigem, para a sua instituição, lei complementar. Apenas a contribuição do parag. 4. do mesmo art. 195 e que exige, para a sua instituição, lei complementar, dado que essa instituição deverá observar a técnica da competência residual da União (C.F., art. 195, parag. 4.; C.F., art. 154, I). Posto estarem sujeitas a lei complementar do art. 146, III, da Constituição, porque não são impostos, não há necessidade de que a lei complementar defina o seu fato gerador, base de cálculo e contribuintes (C.F., art. 146, III, 'a'). III. – Adicional ao imposto de renda: classificação desarrazoada. IV. – Irrelevância do fato de a receita integrar o orçamento fiscal da União. O que importa e que ela se destina ao financiamento da seguridade social (Lei 7.689/88, art. 1.). V. – Inconstitucionalidade do art. 8., da Lei 7.689/88, por ofender o princípio da irretroatividade (C.F., art, 150, III, 'a') qualificado pela inexigibilidade da contribuição dentro no prazo de noventa dias da publicação da lei (C.F., art. 195, parag. 6). Vigência e eficácia da lei: distinção. VI. – Recurso Extraordinário conhecido, mas improvido, declarada a inconstitucionalidade apenas do artigo 8. da Lei 7.689, de 1988*". (RE nº 138.284/CE, Relator(a): Min. CARLOS VELLOSO, Tribunal Pleno, julgado em 01.07.1992, DJ 28.08.1992). No mesmo sentido RE nº 146.733/SP, ementa: "*CONTRIBUIÇÃO SOCIAL SOBRE O LUCRO DAS PESSOAS JURIDICAS. LEI 7689/88. – NÃO E INCONSTITUCIONAL A INSTITUIÇÃO DA CONTRIBUIÇÃO SOCIAL SOBRE O LUCRO DAS PESSOAS JURIDICAS, CUJA NATUREZA E TRIBUTÁRIA. CONSTITUCIONALIDADE DOS ARTIGOS 1., 2. E 3. DA LEI 7689/88. REFUTAÇÃO DOS DIFERENTES ARGUMENTOS COM QUE SE PRETENDE SUSTENTAR A INCONSTITUCIONALIDADE DESSES DISPOSITIVOS LEGAIS. – AO DETERMINAR, PORÉM, O ARTIGO 8. DA LEI 7689/88 QUE A CONTRIBUIÇÃO EM CAUSA JA SERIA DEVIDA A PARTIR DO LUCRO APURADO NO PERIODO-BASE A SER ENCERRADO EM 31 DE DEZEMBRO DE 1988, VIOLOU ELE O PRINCÍPIO DA IRRETROATIVIDADE CONTIDO NO ARTIGO 150, III, 'A', DA CONSTITUIÇÃO FEDERAL, QUE PROIBE QUE A LEI QUE INSTITUI TRIBUTO TENHA, COMO FATO GERADOR DESTE, FATO OCORRIDO ANTES DO INICIO DA VIGENCIA DELA. RECURSO EXTRAORDINÁRIO CONHECIDO COM BASE NA LETRA 'B' DO INCISO III DO ARTIGO 102 DA CONSTITUIÇÃO FEDERAL, MAS A QUE SE NEGA PROVIMENTO PORQUE O MANDADO DE SEGURANÇA FOI CONCEDIDO PARA IMPEDIR A COBRANÇA DAS PARCELAS DA CONTRIBUIÇÃO SOCIAL CUJO FATO GERADOR SERIA O LUCRO APURADO NO PERIODO-BASE QUE SE ENCERROU EM 31 DE DEZEMBRO DE 1988. DECLARAÇÃO DE INCONSTITUCIONALIDADE DO ARTIGO 8. DA LEI 7689/88*". (RE nº 146.733/SP, Relator(a): MOREIRA ALVES, Tribunal Pleno, julgado em 29.06.1992, DJ 06.11.1992)

[174] "*EMENTA: I. ADIn: legitimidade ativa: 'entidade de classe de âmbito nacional' (art. 103, IX, CF): compreensão da 'associação de associações' de classe. Ao julgar, a ADIn 3153-AgR, 12.08.04,*

Inúmeros processos judiciais foram ajuizados pelos contribuintes Brasil afora; uma grande quantidade de contribuintes ganhou a causa com trânsito em julgado perante os TRFs. Outra parte dos contribuintes perdeu a causa após a decisão da Suprema Corte.

Expostos esses relevantes exemplos, no âmbito tributário, da ocorrência de coisas julgadas contrárias à Constituição em ações declaratórias que projetam seus efeitos para o futuro, iremos tratar agora do debate jurídico sobre a validade dos efeitos da coisa julgada, se eternos ou não, sobre a partir de quando podem cessar seus efeitos, bem como se esse impacto retroage ou atua apenas prospectivamente.

Em face de sua inquestionável relevância jurídica e prática, o tema objeto deste trabalho já vinha sendo analisado e debatido em diversas obras por vários juristas de relevo, os quais, apesar de adotarem soluções diversas entre si, buscaram dar algum tipo de resposta à problemática aqui enfrentada. A título de exemplo, cite-se: Teori Albino Zavascki ("Coisa julgada em matéria constitucional: eficácia das sentenças nas relações jurídicas de trato continuado" e "Eficácia das sentenças na jurisdição constitucional"), Cármen Lúcia Antunes Rocha ("O princípio da coisa julgada e o vício de inconstitucionalidade"), Luiz Guilherme Marinoni ("Coisa julgada inconstitucional: a retroatividade da decisão de (in)constitucionalidade do STF sobre a coisa julgada; a questão da relativização da coisa julgada"), Paulo Mendes de Oliveira ("Coisa julgada e precedente, limites temporais e as relações jurídicas

---

Pertence, Inf STF 356, o plenário do Supremo Tribunal abandonou o entendimento que excluía as entidades de classe de segundo grau – as chamadas 'associações de associações' – do rol dos legitimados à ação direta. II. ADIn: pertinência temática. Presença da relação de pertinência temática, pois o pagamento da contribuição criada pela norma impugnada incide sobre as empresas cujos interesses, a teor do seu ato constitutivo, a requerente se destina a defender. III. ADIn: não conhecimento quanto ao parâmetro do art. 150, §1º, da Constituição, ante a alteração superveniente do dispositivo ditada pela EC 42/03. IV. ADIn: L. 7.689/88, que instituiu contribuição social sobre o lucro das pessoas jurídicas, resultante da transformação em lei da Medida Provisória 22, de 1988. 1. Não conhecimento, quanto ao art. 8º, dada a invalidade do dispositivo, declarado inconstitucional pelo Supremo Tribunal, em processo de controle difuso (RE 146.733), e cujos efeitos foram suspensos pelo Senado Federal, por meio da Resolução 11/1995. 2. Procedência da arguição de inconstitucionalidade do artigo 9º, por incompatibilidade com os artigos 195 da Constituição e 56, do ADCT/88, que, não obstante já declarada pelo Supremo Tribunal Federal no julgamento do RE 150.764, 16.12.92, M. Aurélio (DJ 2.4.93), teve o processo de suspensão do dispositivo arquivado, no Senado Federal, que, assim, se negou a emprestar efeitos erga omnes à decisão proferida na via difusa do controle de normas. 3. Improcedência das alegações de inconstitucionalidade formal e material do restante da mesma lei, que foram rebatidas, à exaustão, pelo Supremo Tribunal, nos julgamentos dos RREE 146.733 e 150.764, ambos recebidos pela alínea b do permissivo constitucional, que devolve ao STF o conhecimento de toda a questão da constitucionalidade da lei." (ADIn nº 15, Relator(a): Min. SEPÚLVEDA PERTENCE, Tribunal Pleno, julgado em 14.06.2007, DJe de 31.08.2007)

de trato continuado"), Tereza Arruda Alvim Wambier e José Miguel Garcia Medina ("O dogma da coisa julgada"), Humberto Ávila ("Segurança jurídica: entre permanência, mudança e realização no direito tributário" e "Teoria da segurança jurídica"), Gustavo Sampaio Valverde ("Coisa julgada em matéria tributária"), Helenilson Cunha Pontes ("Coisa julgada tributária e inconstitucionalidade"),[175] obra coletiva coordenada pelo Professor Hugo de Brito Machado ("Coisa julgada constitucionalidade e legalidade em matéria tributária"), trabalho coletivo coordenado por Ives Gandra da Silva Martins, Marcelo Magalhaes Peixoto e André Elali ("Coisa julgada tributária") e por fim, mas não menos importante, a obra organizada por Fredie Didier Jr. e Antônio do Passo Cabral ("Coisa julgada e outras estabilidades processuais") entre outros.

A Administração Tributária Federal, diante da multiplicidade de casos transitados em julgado contra o entendimento do STF e da vinculação à estrita legalidade e à Constituição,[176] além de sua obrigatoriedade de analisar e interpretar a força executória das decisões judiciais, transitadas em julgado ou não, que lhes digam respeito, visando cumprir ou reclamar o cumprimento de uma decisão judicial,[177]

---

[175] O referido autor, na conclusão de sua obra, criticava, em 2005, a ausência de uma posição clara e definitiva da PGFN sobre o tema.

[176] Segundo lição contida em artigo doutrinário da lavra da Min. Cármen Lúcia Antunes Rocha: "*Quando o próprio Estado é o autor, beneficiário ou parte em processo de que tenha resultado julgamento contrário à Constituição, não se há deixar de considerar a necessidade de ser desfeita a situação firmada no julgado e que se opere em desconformidade com a Constituição. Não há bem público contrário à Constituição e o Estado atua com legitimidade e validade exclusivamente para realizá-la e dar-lhe concretude*". (ROCHA, Cármen Lúcia Antunes. O princípio da coisa julgada e o vício da inconstitucionalidade. *In* ROCHA, Cármen Lúcia Antunes. *Constituição e segurança jurídica*: direito adquirido, ato jurídico perfeito e coisa julgada – Estudos em homenagem a José Paulo Sepúlveda Pertence, v. 2, 2004)

[177] *Vide* art. 6º, §4º da Portaria AGU 1.547/2008: "*Art. 6º Os órgãos de representação judicial da União intimados a dar cumprimento a determinações judiciais remeterão cópia da decisão, sentença ou acórdão e dos documentos necessários à sua correta interpretação, acompanhados das informações pertinentes, inclusive de sua manifestação sobre a exeqüibilidade da decisão, à Consultoria Jurídica da pasta responsável pela sua implementação ou, quando o cumprimento couber a órgão ou autoridade local, ao NAJ competente, que orientará os órgãos e autoridades assessorados a respeito do exato cumprimento do decidido. §1º Nas ações que envolvam questão relativa a pessoal, além dos documentos referidos no caput é necessária a remessa dos seguintes documentos: I – mandado de intimação, notificação ou citação; II – cópia da petição inicial; III – relação dos beneficiários; IV – recursos interpostos, se houver; e V – certidão de trânsito em julgado, se houver. §2º A remessa das decisões judiciais que impliquem pagamento ou inclusão em folha será acompanhada, quando constar dos autos, dos elementos que possibilitem a inclusão do beneficiado no Sistema Integrado de Administração de Recursos Humanos (Siape), notadamente, do número de CPF válido e de conta corrente ativa em nome do beneficiado, de cópia do documento de identidade, da certidão de casamento, do atestado de óbito, da certidão de nascimento e de outros documentos relacionados especificamente à demanda. §3º Na ausência dos documentos aludidos*

também se posicionou[178] sobre o tema editando o Parecer PGFN/CRJ nº 492/2011,[179] aprovado em pelo Sr. Ministro de Estado da Fazenda e

---

no parágrafo anterior, os órgãos de representação judicial, quando informados pela Administração competente de que o interessado não atendeu à solicitação formulada na via administrativa, deverão peticionar em juízo no sentido de informar esse fato a fim de os documentos serem apresentados. §4º Os órgãos jurídicos de representação judicial, ao tomarem conhecimento de decisão judicial que suspenda a execução, revogue, casse ou altere decisão judicial, deverão comunicar o fato imediatamente ao órgão central do Sipec e aos ordenadores de despesa, com vistas à suspensão do pagamento e, quando for o caso, à desativação da rubrica ou do código de sentença, conforme prevê o art. 8º do Decreto nº 2.839, de 6 de novembro de 1998, bem como à competente Consultoria Jurídica ou órgão de assessoramento jurídico".

[178] As discussões sobre essa complexa matéria tiveram início na PGFN em 2004 através dos Procuradores da Fazenda Nacional que atuavam nos tribunais superiores e constataram a quantidade elevada de recursos extraordinários e respectivos agravos, tanto do contribuinte, como da União, que não eram conhecidos ou admitidos, e que acabavam ensejando que as questões constitucionais-tributárias fossem resolvidas no âmbito dos Tribunais Regionais Federais (TRFs) antes que o STF tivesse a oportunidade de se pronunciar sobre o tema, em muitos desses casos com entendimentos distintos daqueles posteriormente firmados pela Corte Suprema. Os debates se intensificaram em 2007 e duraram 4 anos. Sua edição foi precedida de audiência pública, nos termos da Lei nº 9.874/99, com a participação do Min. Teori Albino Zavascki, então no STJ, e Prof. Heleno Taveira Torres. A aprovação do Parecer da PGFN pelo Sr. Ministro de Estado da Fazenda (MF) se deu em 2011. Ou seja, foram 7 anos de reflexões e estudos.

[179] O Parecer PGFN/CRJ nº 492/2011 estabeleceu entendimento sobre o tema que pode ser sintetizado da seguinte forma: (i) a doutrina e a jurisprudência vêm admitindo a possibilidade de sentenças disciplinarem relações jurídicas supervenientes, que resultem de eventos recorrentes, como é o caso da relação jurídico-tributária; (ii) da mesma forma que ocorre nas relações jurídicas tipicamente continuativas, em face da incidência de eventual decisão transitada em julgado sobre eventos futuros, ganha relevância a cláusula *rebus sic stantibus*, segundo a qual "alteradas as circunstâncias fáticas ou jurídicas existentes à época da prolação da decisão", a norma concreta nela veiculada não alcançaria fatos diversos ou submetidos a regime jurídico diverso; (iii) tanto quanto a hipótese de alteração legislativa, a consolidação da jurisprudência do Supremo Tribunal Federal, em sentido contrário ao da decisão transitada em julgado, também deve ser entendida como alteração do suporte jurídico a justificar a não subsunção das relações jurídicas supervenientes àquelas sentenças; (iv) é justificável reconhecer-se tal caráter das decisões judiciais da Suprema Corte, porque, efetivamente, tais decisões inovam no ordenamento jurídico, acrescentando dado novo que, necessariamente, deverá ser levado em consideração em julgamentos futuros sobre a matéria; (v) além do mais, no sistema atual, os precedentes do Supremo Tribunal Federal, em controle concentrado ou difuso, possuem efeitos transcendentes e devem ser aplicados a relações jurídicas idênticas; (vi) se, por um lado, esses efeitos transcendentes são evidentes nas decisões proferidas em controle concentrado de constitucionalidade, bem como na edição de Resoluções do Senado Federal e súmulas vinculantes pelo STF, por outro, também, apresentam-se no controle difuso por força do instituto da repercussão geral e da tendência atual da objetivação do controle difuso de constitucionalidade; (vii) aponta-se, ainda, que a propositura da "ação revisional" prevista no art. 471, I, do CPC/73, (505, I e II, no novo Código) objetivando a revisão do que restou estatuído na sentença transitada em julgado, é uma faculdade da parte, que é indispensável, apenas, quando houver previsão legal, conforme dispõe o inciso II do mesmo dispositivo; (viii) considera, também, que a cessação da eficácia vinculante das sentenças transitadas em julgado, contrárias à jurisprudência do Su-

publicado no Diário Oficial da União (DOU) de 26.05.2011. O referido parecer analisa a questão da cessação da eficácia da decisão judicial contrária a precedente do STF, respeitando a coisa julgada, que não a flexibiliza ou relativiza, e que se aplica para o futuro, analisando apenas a eficácia temporal da sentença em face da superveniência de decisão do STF em sentido contrário, conforme analisaremos no próximo item deste estudo.

Diante da realidade acima demonstrada do contencioso judicial tributário, na qual constatou-se que em muitas disputas judiciais em questões tributárias submetidas à jurisdição constitucional a dualidade de modelos de controle de constitucionalidade ensejava de forma reiterada a ocorrência de conflitos de coisas julgadas – conflito entre "a lei entre as partes" estabelecida na decisão do caso concreto pelas instâncias ordinárias e a força vinculante e *ultra partes* das decisões do STF, órgão exclusivo do sistema concentrado e o de órgão de cúpula do sistema difuso, tal situação jurídica é o objeto do presente trabalho, no qual buscaremos, na análise dos princípios constitucionais envolvidos, uma convergência que assegure a supremacia da Constituição e a coerência no ordenamento jurídico vigente, nas hipóteses em que contribuinte ou Administração tributária possuem uma decisão transitada em julgado em relação jurídico-tributária de trato continuado contrária à superveniente precedente da Suprema Corte, seja em controle difuso ou seja em concentrado de constitucionalidade.

---

premo Tribunal Federal, prestigia os princípios constitucionais da livre concorrência, da igualdade e da isonomia tributária. Concluindo tal linha de argumentação, considera a Procuradoria-Geral da Fazenda Nacional que: "*Possuem força para, com o seu advento, impactar ou alterar o sistema jurídico vigente, por serem dotados dos atributos da definitividade e objetividade, os seguintes precedentes do STF: (i) todos os formados em controle concentrado de constitucionalidade, independentemente da época em que prolatados; (ii) quando posteriores a 3 de maio de 2007, aqueles formados em sede de controle difuso de constitucionalidade, seguidos, ou não, de Resolução Senatorial, desde que, nesse último caso, tenham resultado de julgamento realizado nos moldes do art. 543-B do CPC; (iii) quando anteriores a 3 de maio de 2007, aqueles formados em sede de controle difuso de constitucionalidade, seguidos, ou não, de Resolução Senatorial, desde que, nesse último caso, tenham sido oriundos do Plenário do STF e confirmados em julgados posteriores da Suprema Corte*". Assim, em face de tais considerações, extraiu-se as seguintes consequências: "*A cessação da eficácia vinculante da decisão tributária transitada em julgado opera-se automaticamente, de modo que: (i) quando se der a favor do Fisco, este pode voltar a cobrar o tributo, tido por inconstitucional na anterior decisão, em relação aos fatos geradores praticados dali para frente, sem que necessite de prévia autorização judicial nesse sentido; (ii) quando se der a favor do contribuinte-autor, este pode deixar de recolher o tributo, tido por constitucional na decisão anterior, em relação aos fatos geradores praticados dali para frente, sem que necessite de prévia autorização judicial nesse sentido*".

Antes de adentrarmos na análise dos princípios constitucionais envolvidos na resolução do problema objeto deste trabalho, entendemos importante dar um panorama das principais posições da doutrina brasileira a respeito do tema, visando a contextualizar a matéria e possibilitar um cotejo analítico com os argumentos a seguir expostos neste trabalho, os quais abordarão as diversas nuances constitucionais envolvendo o relevante problema jurídico enfrentado nesta obra.

3.2 As posições da doutrina a respeito

Neste tópico, pretendemos dar um panorama geral das posições adotadas pela doutrina brasileira quanto ao tema objeto deste trabalho, seus argumentos e defensores, no intuito de identificar as principais questões analisadas pela doutrina com o propósito de nortear e demonstrar a extensão da pesquisa, além de expor o que há de mais relevante no âmbito das discussões doutrinárias sobre a matéria.

Uma primeira posição defendida pela doutrina reside na imprescindível necessidade de um novo provimento judicial, pelos meios legais disponíveis – ação rescisória, oposição à execução, *querela nullitatis* ou ação revisional, para que a coisa julgada contrária à Constituição deixe de ser observada. Neste sentido, destacamos as posições de Heleno Taveira Torres,[180] Fernanda Donnabella Camano de Souza,[181] Eduardo Talamini[182] e Carmén Lúcia Antunes Rocha.[183] Embora existam

[180] Sem abordar especificamente a cessação da eficácia da coisa julgada contrária a posterior precedente do STF, Heleno Taveira Torres destaca: "*Em síntese, a coisa julgada poderá ser retirada do ordenamento por meio de ação rescisória ou quando eivada de inconstitucionalidade, matéria que poderá ser arguida basicamente por meio de três possibilidades: (i) alegação em ação rescisória; (ii) quando da execução do título judicial, para declarar sua nulidade; e (iii) pela chamada actio querela nullitatis*". (TORRES, Heleno Taveira. *Direito constitucional tributário e segurança jurídica.* 2. ed. São Paulo: Revista dos Tribunais, 2012, p. 346).

[181] Fernanda Donnabella Camano de Souza defendia em sua obra de 2006 a necessidade de edição de um novo ato normativo para fazer cessar os efeitos da coisa julgada contrária a precedente do STF, seja no controle difuso ou concentrado (SOUZA, Fernanda Donnabella Camano de Souza. Os limites objetivos e "temporais" da coisa julgada em ação declaratória no direito tributário. São Paulo: Quartier Latin, 2006, p. 241-243). Já em sua obra de 2018 defende a necessidade de ajuizamento da ação revisional do art. 505, II do nCPC (SOUZA, Fernanda Donnabella Camano de Souza. Os aspectos polêmicos da coisa julgada em matéria tributária (à luz dos recursos extraordinários 949.297/CE e 955.227/BA). Rio de Janeiro: Lumen Juris, 2018, p. 120-122).

[182] Talamini defende a necessidade de ajuizamento de ação revisional do art. 471, I do CPC/73 no caso de alteração do direito em face do precedente do STF. (TALAMINI, Eduardo. A coisa julgada no tempo. Revista do advogado. vol. 88. p. 57, 2006, p. 62).

[183] Embora não aborde a hipótese de cessação da eficácia da coisa julgada contrária à Constituição, a Min. Cármen Lúcia Antunes Rocha defende em artigo doutrinário

divergências argumentativas entre os que defendem essa posição, em essência, entendem que em respeito à segurança jurídica, à coisa julgada e ao direito processual vigente, é imprescindível uma nova apreciação pelo Poder Judiciário.[184]

Uma segunda posição, identificada como intermediária na doutrina, possui um núcleo de convergência no sentido de que apenas no precedente do STF em controle concentrado de constitucionalidade ocorre impacto na ordem jurídica e alteração do estado de direito capaz de fazer cessar a eficácia da coisa julgada em sentido contrário, embora alguns ainda considerem necessário o ajuizamento da ação revisional. Dentre os que entendem nesse sentido, destacamos as posições de Humberto Ávila,[185] Leonardo Greco,[186] Gustavo Sampaio

---

que: *"Parece, pois, perfeitamente pertinente a via da ação rescisória, se havida a declaração de nconstitucionalidade antes de exaurido o prazo processual legalmente estatuído (art. 495, do Código de Processo Civil), pela via de embargos à execução, fundada em inexigibilidade do título exeqüendo (art. 741, II, e parágrafo único, do Código de Processo Civil), ou, ainda, em qualquer tempo, pela actio querela nullitatis, tida como subsistente no direito brasileiro, pela jurisprudência dos tribunais superiores no Brasil. A ação declaratória de nulidade de sentença, que é a antiga actio querela nullitatis, fundamenta-se em nulidade irreversível e inconvalidável na decisão terminativa de um processo. Isto é exatamente o que e dá quando o fundamento constitucional, no qual ela se tenha embasado, não subsiste, conforme objetivamente constatado por decisão específica quanto à inconstitucionalidade do ato normativo fundador do julgado, cuja a nulidade se busca seja declarada. Este terá transitado, mas não se terá tornado definitivo no mundo jurídico. A tese da actio querele nullitatis é, pois, perfeitamente compatível com a necessidade de declaração de nulidade de decisão terminativa de ação contrária à Constituição."* (ROCHA, Cármen Lúcia Antunes. O princípio da coisa julgada e o vício da inconstitucionalidade. ROCHA, Cármen Lúcia Antunes. Constituição e segurança jurídica: direito adquirido, ato jurídico perfeito e coisa julgada – Estudos em homenagem a José Paulo Sepúlveda Pertence, v. 2, 2004).

[184] Registre-se sobre essa primeira posição da doutrina que muitos autores no trato do tema e nas propostas de solução não diferenciam a cessação da eficácia da coisa julgada (objeto deste trabalho) da relativização ou rescisão da coisa julgada. A necessidade de ação rescisória, oposição em embargos ou *querella nulitatis,* por somente dizerem respeito à relativização da coisa julgada, matéria aqui não tratada, nos reportamos aos esclarecimentos realizados no segundo capítulo (tópico 2.1) e não teceremos nova abordagem evitando repetições e a fuga do tema objeto do presente trabalho. Sobre a necessidade de ajuizamento de ação revisional, reforçamos que exigir o ingresso de ação revisional em todo e qualquer caso que envolva a alteração substanciais nas situações fáticas e jurídicas, nas relações de trato continuado, em especial a relação tributária, seria violar o dispositivo processual (505, II do nCPC) que impõe se tratar da *"mesma lide"*, além de impedir o gozo imediato de direito chancelado pelo STF e não submetido aos limites da coisa julgada, conforme os argumentos lá expostos no tópico 2.5. Sobre a questão da segurança jurídica entendemos que o conceito de segurança-continuidade se mostra mais aderente na obtenção de um sistema jurídico coerente com os princípios constitucionais envolvidos na solução problema, conforme trataremos no tópico 3.4.

[185] Segundo Humberto Avila: *"Isso não quer dizer, contudo, que não ocorram situações em que um estado grave de desigualdade possa surgir no caso de relações continuativas, em razão de uma decisão favorecer ou prejudicar um contribuinte em detrimento de outros. Nesses casos, deverão*

Valverde,[187] Daniela Silva Guimarães Souto,[188] Dalton Luiz Dallazen[189] e Rafael Pandolfo.[190] Em essência, essa corrente da doutrina voltada mais à jurisdição constitucional e seus efeitos entende que apenas os precedentes do STF formados no âmbito do controle concentrado de normas, únicos a possuírem eficácia *erga omnes*, gerariam impacto na

---

ser verificados os próprios contornos da coisa julgada em face de uma decisão posterior do Supremo Tribunal Federal declarando a (in)constitucionalidade do tributo. Sendo assim, se um contribuinte tiver uma decisão transitada em julgado declarando a constitucionalidade do tributo em discussão e for proferida uma decisão posterior pelo Supremo Tribunal Federal, em controle concentrado de constitucionalidade ou em controle difuso, com algum expediente de ampliação da eficácia subjetiva da decisão (suspensão da lei pelo Senado ou súmula vinculante), a validade da coisa julgada decorrente da decisão judicial individual fica ainda assim mantida; apenas os seus efeitos futuros é que ficam limitados em decorrência da decisão judicial do Supremo Tribunal Federal.Se a decisão for em controle difuso, com eficácia subjetiva restrita às partes do processo, não se poderá alterar a coisa julgada anterior. Tal entendimento decorre da conjugação de dois fatores. De um lado, da compreensão do disposto no art. 505 do Código de Processo Civil (art. 471 do Código de Processo Civil de 1973), segundo o qual nenhum juiz decidirá novamente as questões já decididas, relativas à mesma lide, salvo se, tratando-se de relação jurídica de trato continuado, sobreveio modificação no estado de fato ou de direito; caso em que poderá a parte pedir a revisão do que foi estatuído na sentença. Desse modo, se a decisão disser respeito a uma relação pontual, em que o fato gerador for classificado como instantâneo, como o do imposto sobre transferência de bens imóveis, descabe falar em alteração dos efeitos futuros de decisão passada em julgado. No entanto, se a decisão abranger uma relação continuativa, assim entendida aquela que abrange tributos classificados como periódicos, a serem pagos a cada novo exercício, como é o caso do imposto sobre a renda ou das contribuições sociais sobre o faturamento, os efeitos futuros – somente esses – da decisão passada em julgado poderão ser limitados pela interferência da decisão proferida pelo Supremo Tribunal Federal no controle concentrado de constitucionalidade. Isso não significa dizer que a decisão do Supremo Tribunal Federal produzirá efeitos automáticos relativamente às ações existentes ou já transitadas em julgado. Como a decisão proferida no controle concentrado de constitucionalidade examina a compatibilidade de uma norma geral e abstrata com a Constituição, seus efeitos não podem automaticamente afastar uma decisão individual e concreta, cujo conteúdo depende das especificidades do caso concreto. Assim, para que haja efetiva limitação dos efeitos da coisa julgada, é preciso que haja ou a interposição de uma ação rescisória para desconstituí-la, se e quando cabível (art. 966 do Código de Processo Civil), ou o ingresso de uma ação ordinária para revisar, para o futuro e a partir do seu ingresso, o que foi nela estatuído (art. 505, I, do Código de Processo Civil), caso haja problemas de igualdade a serem devidamente comprovados. A aplicação desse último dispositivo pressupõe o enquadramento da decisão do Supremo Tribunal Federal como uma espécie de modificação no 'estado de direito'. Esse é o entendimento subjacente à Súmula nº 239 do referido Tribunal, segundo a qual 'a decisão que declara indevida a cobrança do imposto em determinado exercício não faz coisa julgada em relação aos posteriores'. De outro lado, tal entendimento decorre da conciliação do princípio da segurança jurídica, por meio da coisa julgada, com o princípio da igualdade, por meio da revisão da coisa julgada. Tal harmonização repele tanto a solução extremada de manter os efeitos futuros da coisa julgada – independente do estado de desigualdade por ela provocado por meio da obrigação de alguém ter de pagar o que ninguém deverá pagar, ou de alguém não pagar o que todos deverão pagar – como a solução de anular totalmente a decisão transitada em julgado, independente da confiança nela depositada pela parte que dela se beneficiou. A manutenção da validade da coisa julgada, com a possibilidade de mera limitação dos seus efeitos futuros, no caso das relações continuativas, preserva ambos os valores, sem comprometer – para o que aqui interessa mais de perto – a estabilidade da decisão judicial". (ÁVILA, Humberto, *Teoria da segurança jurídica*. 4. ed. rev. atual. e ampl. São Paulo: Malheiros, 2016, p. 371-373).

ordem jurídica capaz de fazer cessar a eficácia da coisa julgada formada em sentido contrário.[191]

---

[186] Para Leonardo Greco: "(...) *quanto aos efeitos futuros da decisão proferida no controle concentrado, parece-me inconstitucional o disposto no referido parágrafo único do artigo 741, que encontra obstáculo na segurança jurídica e na garantia da coisa julgada, salvo quanto a relações jurídicas continuativas, pois quanto a estas, modificando-se no futuro os fatos ou o direito, e no caso da declaração erga omnes pelo STF pode ter sofrido alteração o direito reconhecido na sentença, cessará a imutabilidade dos efeitos do julgado, nos termos do artigo 471 do CPC*". (GRECO, Leonardo. Eficácia da declaração *erga omnes* de constitucionalidade ou inconstitucionalidade em relação à coisa julgada anterior. *In*: DIDIER JR., Fredie (Coord). *Relativização da coisa julgada*. 2. ed. Salvador: JusPodivm, 2008, p. 261).

[187] Valverde defende a necessidade de ajuizamento da ação revisional do art. 471, I, do CPC/73, porém considera que declaração de constitucionalidade, seja no controle difuso ou concentrado, não tem a aptidão de alterar o estado do direito, apenas a declaração de inconstitucionalidade no controle concentrado e no difuso com a edição da Resolução do Senado caracterizariam a alteração do estado de direito a autorizar o ingresso da ação de revisão. (VALVERDE, Gustavo Sampaio. *Coisa julgada em matéria tributária*. São Paulo: Quartier Latin, 2004, p. 229-238).

[188] Para Daniela Silva Guimarães Souto: "*No caso de o contribuinte estar abarcado pela coisa julgada, deverá ser considerado em mora somente após a publicação do acórdão proferido nas referidas ações, tendo em vista que a declaração de constitucionalidade ou inconstitucionalidade em ADC e ADIN efetivamente modifica o estado de direito, influenciando diretamente no ordenamento jurídico. Assim, com a cessação dos efeitos da coisa julgada, tal decisão aplicar-se-á a fatos futuros, jamais aos pretéritos, os quais poderiam ser alcançados somente com a rescisão da sentença*". (SOUTO, Daniela Silva Guimarães. Coisa Julgada, constitucionalidade, legalidade em matéria tributária. *In*: MACHADO, Hugo de Brito (Coord). *Coisa julgada, constitucionalidade e legalidade em matéria tributária*. Coedição Dialética e ICET, São Paulo e Fortaleza, 2006, p. 33).

[189] Dallazen defende, em respeito ao princípio da isonomia, a cessão automática da coisa julgada contrária à decisão do STF em controle concentrado, porém, quanto a coisa julgada contrária à decisão do STF em controle difuso, por não possuir efeito *erga omnes*, entende pela necessidade de ajuizamento da ação revisional nos termos do art. 471 do CPC. (DALLAZEN, Dalton Luiz. A coisa julgada e a posterior apreciação da constitucionalidade pelo Supremo Tribunal Federal. *In*: MARTINS, Ives Gandra da Silva *et al*. (Coord). *Coisa julgada tributária*. São Paulo: MP, 2005. p. 93-95).

[190] Pandolfo defende a cessação da eficácia das coisas julgadas contrárias às decisões do STF em controle concentrado, em face da modificação do *status* jurídico decorrente da decisão do STF. Todavia, quanto às decisões no controle difuso, inclusive após o instituto da repercussão geral, por não possuírem eficácia *erga omnes*, entende que não fazem cessar a eficácia da coisa julgada. Argumenta que atribuir efeito *erga omnes* ao controle difuso seria desconsiderar a criação da Súmula Vinculante pela Emenda Constitucional nº 45/2004. (PANDOLFO, Rafael. *Jurisdição constitucional tributária*. Reflexos nos processos administrativo e judicial. São Paulo: Noeses, 2012. p. 286-288.)

[191] Sobre o argumento da segunda posição da doutrina, de que com a criação da Súmula Vinculante não haveria que se falar em efeito *ultra partes* e vinculantes no controle difuso, destaco sua dispensabilidade no controle difuso na hipótese do art. 52, X da CF/88, além do que, com os avanços da legislação e a própria Constituição conferindo uma nova concepção de jurisdição constitucional, confirmada pela jurisprudência do STF, devemos considerá-la uma jurisdição "multiportas", onde existem diversas opções de se obter um pronunciamento da Suprema Corte em matéria constitucional, sendo que uma alternativa não exclui a outra, em que pese a diferença de ritos e autores legitimados, tendo sido apreciada a questão constitucional pelo Plenário do STF, sua eficácia deverá ter força máxima, seja qual for o instrumento escolhido para a obtenção da interpretação da Constituição pela Suprema Corte, conforme demonstramos detidamente no capítulo

A terceira posição da doutrina defende que o precedente do STF, seja em controle concentrado de constitucionalidade, seja em controle difuso de constitucionalidade, impacta a ordem jurídica alterando o estado de direito, fazendo cessar automática e prospectivamente a eficácia da coisa julgada em sentido contrário. Dentre os que entendem nesse sentido, destacamos as posições de Teori Zavascki,[192] Daniel Mitidiero,[193] Paulo Mendes de Oliveira,[194] Luiz Guilherme Marinoni,[195]

---

inicial deste trabalho. Sobre os demais argumentos da doutrina, já realizamos uma abordagem histórica neste trabalho, onde tratamos de analisar a evolução da legislação infraconstitucional e constitucional, o movimento em direção à sua eficácia vinculante e expansiva *ultra partes*, além da força normativa da Constituição, a autoridade do STF e o impacto de seus precedentes na ordem jurídica.

192 Para Zavascki: "(...) *em matéria constitucional nosso sistema contempla formas especiais de 'modificação do estado de direito': (a) a Resolução do Senado federal que suspende a execução de preceito normativo declarado inconstitucional pelo STF, em controle difuso de constitucionalidade; (b) a sentença definitiva, proferida pelo STF, em ações de controle concentrado de constitucionalidade, inclusive ADPF, declarando a legitimidade ou a ilegitimidade de certo preceito normativo em face da Constituição, ou sua compatibilidade ou não com normas constitucionais supervenientes; (c) a aprovação, pelo STF, de súmula vinculante; e (d) as decisões do STF tomadas em seus julgamentos pelo regime de repercussão geral*". (ZAVASCKI, Teori Albino. *Eficácia das sentenças na jurisdição constitucional.* 4. ed. São Paulo: Revista dos Tribunais, 2017. p. 120).

193 Daniel Mitidiero destaca em sua obra *Cortes Superiores e Cortes Supremas* que: "Hipótese que normalmente é particularizada pela doutrina em que pode haver frustação da confiança legítima diante da alteração do precedente ocorre quando essa tem por objeto relações jurídicas de trato continuado. Nesse caso é evidente que de modo algum pode o precedente retroagir sobre a coisa julgada, tendo em conta a necessidade de preservação da confiança legítima, da liberdade e da igualdade daqueles que planejaram e executaram suas ações com base no precedente alterado. Nada obsta, porém, que ocorra a cessação da eficácia do precedente para o futuro a fim de atingir apenas os fatos jurídicos posteriores à alteração do precedente. Nesse caso, a alteração superveniente do precedente funciona como circunstância jurídica nova que autoriza a declaração de ineficácia da coisa julgada para os fatos futuros que ocorrem da relação jurídica de trato continuado" (MITIDIERO, Daniel. *Cortes superiores e cortes supremas*: do controle à interpretação da jurisprudência ao precedente. 3. ed. rev. atual. e ampl. São Paulo: Revista dos Tribunais, 2017, p. 151-152).

194 Paulo Mendes de Oliveira defende, para o que interessa neste estudo, que com a edição do precedente do STF, "*em sentido contrário àquele definido pela decisão qualificada pela coisa julgada, opera-se uma alteração nas circunstâncias jurídicas existentes quando da prolação do julgado, apta a fazer cessar prospectivamente os efeitos da res iudicata*". (OLIVEIRA, Paulo Mendes de. *Coisa Julgada e Precedente, Limites temporais e as relações jurídicas de trato continuado.* São Paulo: Editora Revista dos Tribunais, 2015, p. 211. (Coleção O Novo Processo Civil. Coordenação de Sergio Cruz Arenhart, Daniel Mitidiero; diretor Guilherme Marinoni)

195 Marinoni entende que a decisão em controle difuso, "*embora produza coisa julgada apenas em relação aos litigantes, tem eficácia vinculante para os demais órgãos do Poder Judiciário e da Administração*", além de considerar que tanto a declaração de inconstitucionalidade como a declaração de constitucionalidade produzida pelo STF têm impacto na ordem jurídica a ensejar a limitação da eficácia da coisa julgada, em que pese aparentemente exigir nas hipóteses o ajuizamento da ação revisional do art. 471, I do CPC/73. (MARINONI, Luiz Guilherme. *Coisa julgada inconstitucional*: a retroatividade da decisão de (in)constitucionalidade do STF sobre a coisa julgada; a questão da relativização da coisa julgada. 2. ed. São Paulo: Revista dos Tribunais, 2010. p. 78 e 153-159).

Helenilson Cunha Pontes[196] e Anderson Ribeiro Gomes.[197] Esses autores, em linhas gerais, entendem que os precedentes do STF, em jurisdição constitucional única ou recursal, alteram o estado de direito acionando a cláusula *rebus sic stantibus* implícita em toda decisão judicial que gera efeitos para o futuro, cessando, de forma automática, a eficácia da coisa julgada formada em sentido contrário.[198]

Expostas as principais posições da doutrina brasileira, passaremos à análise de como o Superior Tribunal de Justiça e o Supremo Tribunal Federal têm enfrentado a questão.

3.3 A posição do Superior Tribunal de Justiça e do Supremo Tribunal Federal

No âmbito do Superior Tribunal de Justiça já existe entendimento consolidado sobre a coisa julgada e os limites temporais de sua eficácia, em especial na relação jurídico-tributária de trato continuado, em face da ação declaratória tributária com efeitos futuros, conforme construção jurisprudencial do STJ que redefiniu o entendimento contido na Súmula nº 239/STF, em face da existência da cláusula *rebus sic stantibus* implícita nas decisões declaratórias que projetam efeitos para o futuro. O entendimento acima possui precedentes tanto na hipótese da superveniência de lei nova regulando a matéria[199] como

---

[196] Helenilson Cunha Pontes, apesar de não abordar especificamente a sistemática de repercussão geral, diverge dos demais autores que adotam a terceira posição apenas na exigência de ação rescisória para cessação dos efeitos futuros, além do natural efeito retroativo de rescisão da coisa julgada, na hipótese de coisa julgada declarando a constitucionalidade do tributo e posterior declaração de inconstitucionalidade em controle difuso pelo STF sem a edição de Resolução do Senado, uma vez que considera que, apenas nessa hipótese, a decisão do STF não possui efeito *erga omnes*. (PONTES, Helenilson Cunha. *Coisa julgada tributária e inconstitucionalidade*. São Paulo: Dialética, 2005, p. 201-202)

[197] Segundo Anderson Ribeiro Gomes: "*A incidência automática dos efeitos normativos do precedente judicial do Supremo Tribunal Federal, sem a necessidade do ajuizamento da ação de revisão, é o entendimento jurídico que melhor compatibiliza os valores da justiça fiscal, livre concorrência e isonomia entre os agentes econômicos. Assim, essa 'nova normatização' que irá atingir os fatos geradores posteriores à decisão (sic) Supremo Tribunal Federal deve incidir de forma automática, independentemente de nova manifestação judicial, dispensando-se, pois, a ação revisional, prevista no art. 471, inc. I, do Código de Processo Civil*". (GOMES, Anderson Ribeiro. *Coisa julgada tributária, cessação da eficácia e as repercussões das decisões do STF à luz do princípio da livre concorrência*. Curitiba: Editora Juruá, 2014, p. 179).

[198] Observamos que essa terceira vertente da doutrina pouco considera questão referente aos eventuais impactos do precedente do STF que declara a constitucionalidade de norma em controle difuso antes da instituição da sistemática da repercussão geral. Tal temática encontra-se em debate no RE nº 955.227/BA (Tema 885), com repercussão geral reconhecida pelo STF, razão pela qual trataremos com mais atenção desta questão quando analisarmos as repercussões gerais no tópico 3.5.

[199] Nesse sentido *vide* REsp nº 308.857/GO (superveniência de nova legislação), rel. Min. Garcia Vieira; REsp nº 281.209/GO (superveniência de nova legislação), rel. Min. José

especificamente nas hipóteses objeto deste trabalho, de alteração do estado de direito pela superveniência de precedente do STF em sentido contrário à decisão transitada em julgado, seja no controle difuso – com ou sem resolução do Senado –, seja no controle concentrado, conforme verificamos nos seguintes arestos: REsp nº 193.500/PE (superveniência de precedente do STF no controle difuso declarando a constitucionalidade da CSLL – RE nº 146.733/SP), REsp nº 233.662/GO (superveniência de precedente do STF no controle difuso declarando a constitucionalidade da CSLL – RE nº 138.284/CE), REsp nº 381.911/PR (superveniência de precedente do STF declarando a inconstitucionalidade da contribuição incidente sobre avulsos, autônomos e administradores em controle difuso com a edição de Resolução do Senado nº 15 e em controle concentrado – RREE nº 166.772/RS e nº 177.296/RS e ADIn nº 1.102/DF), REsp nº 822.683/PR (superveniência de precedente do STF declarando a inconstitucionalidade da contribuição incidente sobre parlamentar, exercente de mandato eletivo federal, estadual ou municipal, com a edição de Resolução do Senado nº 26/2005 – RE nº 351.717/PR), REsp nº 888.834/RJ (superveniência de precedente do STF no controle difuso declarando a constitucionalidade do COFINS, PIS e FINSOCIAL incidentes sobre operações relativas a derivados de petróleo – RE-AgRg nº 205.355/DF, RE nº 227.832/PR, RE nº 230.337/RN e RE nº 233.807/RN), REsp nº 1.103.584/DF (superveniência de precedente do STF declarando a inconstitucionalidade do PIS – Decretos-Leis nº 2.445, de 29/06/88, e nº 2.449, de 21/07/88, em controle difuso com a edição de Resolução do Senado nº 49/95 – RE nº 148.754/RJ) e AgInt nos EDcl no AREsp nº 313.691/SC[200] (superveniência de precedente do STF declarando a constitucionalidade do ISS sobre os serviços de registros públicos, cartorários e notariais em controle concentrado – ADI nº 3.089/DF).

Importante registrar que no julgamento do Recurso Repetitivo REsp nº 1.118.893/MG, rel. Min. Arnaldo Esteves, 1ª Seção, o Superior Tribunal de Justiça entendeu que o fato de o Supremo Tribunal

---

Delgado; REsp nº 875.635/MG (inexistência de alteração legislativa superveniente) e REsp nº 599.764/GO (superveniência de nova legislação), rel. Min. Luiz Fux; AgRg no REsp nº 703.526/MG (superveniência de nova legislação), rel. Min. Teori Albino Zavascki; REsp nº 1.095.373/SP (superveniência de nova legislação), rel. Min. Eliana Calmon; AgInt no AgInt no AREsp. nº 459.787/DF (superveniência de nova legislação), rel. Min. Sérgio Kukina; AgInt no AREsp. nº 450.045/DF (superveniência de nova legislação), rel. Min. Napoleão Nunes Maia Filho; e AgInt no AREsp nº 1.145.363/DF (superveniência de nova legislação), rel. Min. Assusete Magalhães.

[200] Nesse sentido: AgRg na MC nº 24.972/SC, relator Min. Min. Olindo Menezes (Desembargador convocado do TRF 1ª Região); AgRg no REsp nº 1.470.687/SC, Rel. Ministro Napoleão Nunes Maia Filho; AgInt no REsp nº 1.516.130/SC, Rel. Ministro Mauro Campbell Marques; e AgInt no AREsp. nº 1.387.412/RS, rel. Min. Francisco Falcão.

Federal, posteriormente, manifestar-se em sentido oposto à decisão judicial transitada em julgado em nada pode alterar a relação jurídica estabilizada pela coisa julgada, ou seja, no período de eficácia da coisa julgada anteriormente ao precedente do STF. Destacamos que, no referido caso, o STJ vedou a aplicação retroativa do entendimento firmado pelo STF, no controle difuso no RE nº 138.284/CE, transitado em julgado em 29.09.1992, e no controle concentrado na ADIn nº 15/DF, transitada em julgado em 17.09.2007, impedindo verdadeira relativização da coisa julgada, situação que em nada se confunde com a temática analisada no presente trabalho, conforme salientado na introdução e no capítulo segundo deste trabalho. Conforme comprova o voto do Exmo. Min. Arnaldo Esteves Lima, vejamos:

> VOTO
>
> MINISTRO ARNALDO ESTEVES LIMA (Relator):
>
> (...)
>
> Narram os autos que transitou em julgado, em 8/9/92 (fl. 48e), sentença proferida, em ação de rito ordinário, pelo Juízo Federal da 7ª Vara da Seção Judiciária do Estado de Minas Gerais, que declarou a inexistência de relação jurídica que obrigasse a parte recorrente a recolher a Contribuição Social sobre o Lucro – CSLL, destinada ao financiamento da seguridade social, instituída pela Lei 7.689/88, reputada inconstitucional.
>
> Diante do ajuizamento de execução fiscal buscando a cobrança de valores correspondentes à CSLL referentes ao ano base de 1991, com vencimento em 30/4/92, ofereceu a parte recorrente os presentes embargos à execução, sob o argumento de ofensa à coisa julgada. No entanto, seu pedido foi julgado improcedente nas instâncias ordinárias. Daí a interposição do presente recurso especial.
>
> (...)
>
> Ante o exposto, conheço do recurso especial e dou-lhe provimento. Julgo procedente o pedido formulado nos embargos à execução fiscal para anular a CDA 60696004749-09. Condeno a Fazenda Nacional ao pagamento das custas e despesas processuais antecipadas pela recorrente, assim como ao pagamento da verba honorária, a qual fixo no percentual de 10% (dez por cento) sobre o valor atribuído à causa atualizado.
>
> É o voto.

Diante deste quadro fático, são certeiras as conclusões de Marciano Seabra de Godoi sobre o que decidido no Recurso Repetitivo REsp 1.118.893/MG, no qual delimita seu objeto, seu alcance e a existência, ou não, de eventual conflito com o entendimento exarado pela Administração Tributária Federal no Parecer PGFN/CRJ nº 492/2011. Vejamos:

3. O REsp 1.118.893 e seu limitado alcance (...) O voto do relator é, decididamente, inconclusivo quanto aos possíveis efeitos *ex nunc* das decisões do STF no controle de constitucionalidade sobre coisas julgadas anteriores. Na economia interna do acórdão, essa obscuridade não é de todo prejudicial, porque o caso concreto se refere a um débito de 1991 e, portanto, a uma hipótese em que a decisão do STF de 1992 teria efeitos *ex tunc* e não *ex nunc*. Vale dizer: na configuração concreta do caso e seus possíveis efeitos, o que o STJ refutou no REsp 1.118.893 foi a tese de que as decisões do STF são capazes de automaticamente reverter as coisas julgadas anteriores, fazem cessar sua eficácia a partir de então, nos termos dos artigos 471 do CPC 1973 e 505 do CPC 2015. Isso explica por que a Fazenda Nacional não recorreu contra o acordão do REsp 1.118.893 e o acordão transitou em julgado sem passar pelo crivo do STF. É que, conforme afirmado acima, a situação concreta do REsp 1.118.893 diz respeito à cobrança de CSLL em período anterior às decisões do STF no controle de constitucionalidade. A tese jurídica que a PGFN desenvolveu sobre a questão (Parecer PGFN/CRJ 492/, de 2011) reconhece a impossibilidade de as decisões proferidas pelo STF atingirem, de forma retroativa, as decisões transitadas em julgado proferidas em controle difuso de constitucionalidade, mas defende o direito de o fisco cobrar a CSLL no período posterior às decisões do STF no controle concentrado ou difuso. Não havendo, portanto, conflito entre o decidido no REsp 1.118.893 e o defendido pela Fazenda Nacional, não houve a interposição de recurso extraordinário e o acordão transitou em julgado.[201]

Nesse contexto, o STJ não enfrentou a questão objeto do presente estudo – possibilidade de precedente objetivo e definitivo do STF constituir instrumento hábil a fazer cessar, prospectivamente, a eficácia vinculante das anteriores decisões tributárias transitadas em julgado que lhes forem contrárias –, tendo, no contexto do REsp nº 1.118.893-MG, decidido a Primeira Seção do STJ que não houve alteração substancial no regramento da CSLL que justificasse o afastamento da decisão transitada em julgado na lide originária. Manifestou-se apenas em *obter dictum* apenas quanto à impossibilidade do alcance das decisões proferidas pelo STF em controle difuso e concentrado, sobre uma decisão anterior transitada em julgado que reconheceu ser indevida a cobrança da CSLL pretendida no ano-base de 1991, ou seja, sobre fato

[201] DE GODOI, Marciano Seabra. *A eficácia da coisa julgada tributária, em casos de mudança jurisprudencial acerca da constitucionalidade de tributos.* Os repetitivos e súmulas do STF e STJ em matéria tributária (*distinguishing* e *overruling*). BREYNER, Frederico Menezes; LOBATO, Valter e Souza; TEIXEIRA, Alexandre Alkmim (Orgs.). Belo Horizonte: Editora D`Plácido, 2017.

gerador de tributo ocorrido anteriormente aos trânsitos em julgado das decisões do STF. O presente trabalho estuda as consequências jurídicas somente para os fatos geradores do tributo realizados após o trânsito em julgado de decisão do STF, nunca para os anteriores, protegendo, assim como o REsp nº 1.118.893-MG, as situações pretéritas à decisão da Corte Suprema. Nesse contexto, o REsp nº 1.118.893-MG não tratou da cessação prospectiva da eficácia das coisas julgadas contrárias a superveniente precedente do STF, de tal modo que referida matéria não se encontra julgada pela sistemática do recurso repetitivo pelo Superior Tribunal de Justiça.[202]

Mais recentemente, no âmbito da 1ª Seção do Superior Tribunal de Justiça, há os embargos de divergência em agravo (EAg) nº 991.788/DF, nos quais se discute se a decisão do STF no controle difuso (RE nº 138.284/CE, transitado em julgado em 29.09.1992) ou no controle concentrado (ADI nº 15/DF, transitada em julgado em 17.09.2007) faz cessar a eficácia de coisa julgada que declarou a inconstitucionalidade a CSLL, instituída pela Lei nº 7.689/88. Após duas decisões monocráticas, entretanto, o recurso foi sobrestado pelo relator visando a aguardar a decisão conclusiva do STF nas repercussões gerais reconhecidas na matéria (RREE nº 949.297/CE e nº 955.227/BA).

No âmbito do Supremo Tribunal Federal, já existem precedentes equiparando os efeitos, força e impactos das decisões no controle difuso e concentrado de constitucionalidade,[203] confirmando a autoridade do STF e a supremacia e força normativa da Constituição,[204] definindo que a coisa julgada não é um instituto de caráter absoluto, estando sujeita a uma conformação infraconstitucional, que harmonize a garantia da coisa julgada com os primados da Constituição,[205] situação que não impede que o direito novo passe a reger diferentemente dos fatos ocorridos a partir de sua vigência.[206] A seguir, abordaremos com mais vagar e profundidade os precedentes do STF que tratam do impacto de seu precedente na ordem jurídica, em especial sobre relações jurídicas de trato continuado.[207]

---

[202] Nesse sentido: Parecer PGFN/CRJ nº 975/2011, de 02.05.2011, que faz uma análise jurídica do REsp nº 1.118.893-MG.

[203] *Vide*: Ação Cautelar nº 2.177/PE; Questão de Ordem no Agravo de Instrumento nº 760.358/SE; RE-EDcl nº 574.706/PR; ADIn nº 3.345/DF e nº 3.365/DF (apensa); ADIn-AgR nº 4.071/DF; ADIn nº 2.418/DF; Rcl nº 4.335/AC; ADIn nº 3.406/RJ; e ADIn nº 3.470/RJ.

[204] *Vide*: ADIn nº 3.345/DF; RE-AgR nº 203.498/DF; RE-AgR nº 196.752/CE.

[205] *Vide*: RE nº 363.889/DF e ADIn nº 2.418/DF.

[206] *Vide*: RE-EDiv nº 83.225/SP e RE 90.518/PR.

[207] *Vide*: Súmula 343/STF; RE nº 590.809/RS, Tema 136 da Repercussão Geral; RE nº 596.663/RJ, Tema 494 da Repercussão Geral e o RE nº 730.462/SP, Tema 733 da Repercussão Geral.

Em Sessão Plenária do Supremo Tribunal Federal de 13.12.1963 foi aprovada a Súmula 343,[208] segundo a qual "Não cabe ação rescisória por ofensa a literal disposição de lei, quando a decisão rescindenda se tiver baseado em texto legal de interpretação controvertida nos tribunais". Da leitura da referida súmula, resta evidenciado que, após definida a questão legal controvertida, ocorre um marco interpretativo da lei, a partir do qual eventuais decisões em sentido contrário será cabível ação rescisória, ou seja, prestigia a isonomia e o papel de uniformização dos precedentes nos casos similares.

No julgamento do RE nº 590.809/RS, Tema 136 da Repercussão Geral, o STF, fazendo uma releitura da Súmula 343/STF, a qual não se aplicava em matéria constitucional,[209] entendeu não caber ação rescisória em matéria constitucional quando há mudança na interpretação

---

[208] Importante registrar que já há vozes na doutrina que defendem a incompatibilidade da Súmula nº 343 do STF com os princípios da legalidade e da isonomia, além do referido verbete constituir-se em impeditivo a almejada busca pela unicidade do direito, tema dos mais relevantes em nosso sistema de precedentes obrigatórios, conforme consagrado pelo nCPC. Nesse sentido: DIDIER JR., Fredie; CUNHA, Leonardo Carneiro da. *Curso de direito processual civil.* Meios de impugnação às decisões judiciais e processo nos tribunais. Salvador: Ed. Juspodivm, 2020, p. 614; SANTOS, Welder Queiroz dos. *Ação Rescisória no Projeto de novo CPC*: do anteprojeto ao relatório-geral da Câmara dos Deputados. Novas Tendências do Processo Civil. Estudos sobre o Projeto do novo Código de Processo Civil. Alexandre Freire *et al.* (org.). Salvador: JusPodivm, 2013, p. 714/715; e MAZZEI Rodrigo; GONÇALVES, Tiago Figueiredo. Primeiras linhas sobre a disciplina da ação rescisória no CPC/2015. *Revista Forense,* Rio de Janeiro, volume 421, junho de 2015. Barioni defende, de certa forma, uma superação da Súmula nº 343 do STF diante dos princípios norteadores do nCPC. Vejamos: "*Parece claro, portanto, que o sistema processual passa a atuar de maneira direcionada a alcançar o entendimento unívoco para as questões de direito, a ser aplicado aos demais casos que versem sobre a mesma matéria. No que interessa à Súmula 343 do STF, há sentido em limitar o cabimento da ação rescisória quando a questão de direito for polêmica nos tribunais. No entanto, uma vez consolidado o entendimento pelo STF (matéria constitucional), STJ (matéria infraconstitucional federal) ou TJ (matéria municipal ou estadual) não há razão para incidir o óbice à rescisão previsto na Súmula 343, pois já pacificado o entendimento sobre a quaestio iuris debatida. O princípio da igualdade, que serve de vetor à interpretação dos dispositivos do CPC/2015 (cf. art. 1º) e o princípio da razoabilidade (art. 8º) atuam de maneira a ensejar a possibilidade de rescisão da sentença, ainda que a pacificação da jurisprudência seja posterior ao trânsito em julgado da decisão rescindenda, de maneira a viabilizar a aplicação uniforme da lei a todos os que estejam na mesma situação fática*". (BARIONI, Rodrigo. *Da ação rescisória. breves comentários ao Novo Código de Processo Civil.* WAMBIER, Tereza Arruda Alvim *et al.* (Coordenadores). São Paulo: RT, 2015, p. 2153/2154).

[209] Precedentes considerando inaplicável a Súmula nº 343/STF em matéria constitucional: RE nº 103.880/SP, rel. Min. Sidney Sanches, 1ª Turma, (RTJ 114/361); RE nº 105.205/SP, relator Sidney Sanches: "*A Súmula 343 tem aplicação quando se trata de texto legal de interpretação controvertida nos tribunais; não, porém de texto constitucional*". (RTJ 125/267); STF, AI-AgR nº 145.680/SP, 1ª Turma, Min. Celso de Mello, DJ 30.04.1993, "*em matéria constitucional não há que se cogitar de interpretação razoável. A exegese de preceito inscrito na Constituição da República, muito mais do que simplesmente razoável, há de ser juridicamente correta*"; e RE-EDcl nº 328.812/AM, Min. Gilmar Mendes, DJe 02.05.2008.

da norma constitucional quando realizada pelo próprio STF,[210] estabelecendo que seus precedentes que interpretam a Constituição são a própria Constituição, ou seja, seus precedentes impactam na ordem jurídica, refletindo a própria Constituição à época da decisão e que a ação rescisória não poderia impor efeitos rescisórios retroativos a essa interpretação da Constituição legítima à época. Nesse precedente o STF demonstrou a força normativa de seus precedentes frente a coisa julgada, uma vez que a coisa julgada ancorada em entendimento pretérito do próprio STF refletia o próprio direito constitucional vigente à época. Assim, em que pese a mudança que seu entendimento operar alteração no direito constitucional vigente, a coisa julgada formada com base no direito constitucional anterior deve ser preservada em respeito à segurança jurídica. Todavia, por coerência a esse entendimento, após a alteração do entendimento do próprio STF, impõe-se o reconhecimento da ineficácia prospectiva da coisa julgada diante de seu novo precedente, o qual também impactou a ordem jurídica e reflete o direito constitucional vigente. Neste contexto, em que pese no caso acima analisado a ação rescisória não tenha sido admitida pelo STF com a aplicação da Súmula nº 343/STF, ainda remanesce, por coerência, uma análise do período posterior à alteração de entendimento do STF, o qual entendeu pela constitucionalidade da tributação, ou seja, para a uma completa análise do entendimento fixado naquele precedente, exige-nos que aguardemos a conclusão do julgamento das duas repercussões gerais reconhecidas pelo STF, no RE nº 949.297/CE, relator Min. Edson Fachin (Tema 881) e no RE nº 955.227/BA, relator Min. Luís Roberto Barroso (Tema 885), nos quais se discute a eficácia prospectiva da coisa julgada em relação jurídico-tributária de trato continuado contraria a precedente superveniente do STF. Neste contexto, apenas após a

---

[210] Esclarecedor sobre o tema a ementa lavrada pelo relator Min. Teori Zavascki na AR-AgR nº 2.370/CE: "*1. Ao julgar, em regime de repercussão geral, o RE 590.809/RS, (Min. MARCO AURÉLIO, DJe de 24/11/2014), o Plenário não operou, propriamente, uma substancial modificação da sua jurisprudência sobre a não aplicação da Súmula 343 em ação rescisória fundada em ofensa à Constituição. O que o Tribunal decidiu, na oportunidade, foi outra questão: ante a controvérsia, enunciada como matéria de repercussão geral, a respeito do cabimento ou não da 'rescisão de julgado fundamentado em corrente jurisprudencial majoritária existente à época da formalização do acórdão rescindendo, em razão de entendimento posteriormente firmado pelo Supremo', a Corte respondeu negativamente, na consideração de que a ação rescisória não é instrumento de uniformização da sua jurisprudência. 2. Mais especificamente, o Tribunal afirmou que a superveniente modificação da sua jurisprudência (que antes reconhecia e depois veio a negar o direito a creditamento de IPI em operações com mercadorias isentas ou com alíquota zero) não autoriza, sob esse fundamento, o ajuizamento de ação rescisória para desfazer acórdão que aplicara a firme jurisprudência até então vigente no próprio STF*".

conclusão desse julgamento saberemos se a não admissão daquela ação rescisória ensejou ao contribuinte o direito eterno ao não pagamento de tributo declarado constitucional pelo STF ou se com o julgamento dos RE nº 949.297/CE e RE nº 955.227/BA haverá coerência com àquele posicionamento do STF, uma vez que, com relação aos períodos posteriores à modificação de seu entendimento, deverá ser exigida a tributação declarada constitucional, visando conferir supremacia à Constituição vigente, tratamento igualitário aos contribuintes daquele tributo e o respeito a autoridade de seus precedentes na jurisdição constitucional, os quais impactam na ordem jurídica alterando o estado do direito até então vigente.

No julgamento ADIn nº 2.418/DF e do RE nº 611.503/SP, Tema 360 da Repercussão Geral, o Plenário do STF, ao apreciar os artigos 741, parágrafo único e art. 475-L, §1º do CPC/73 e os art. 525, §1º, III, §§12 e 14, e art. 535, §5º do no nCPC, consignou que o mecanismo de eficácia rescisória de sentenças revestidas de vício de inconstitucionalidade qualificado restará caracterizado em algumas hipóteses; em todas elas, obrigatoriamente o reconhecimento dessa constitucionalidade ou a inconstitucionalidade tenha decorrido de julgamento do STF realizado em data anterior ao trânsito em julgado da sentença exequenda. Nesse julgado, o STF estabeleceu que seu precedente, sem diferenciar o controle difuso – com ou sem resolução do Senado – e o controle concentrado, como marco temporal divisor para a aplicação da eficácia rescisória dos títulos judiciais contrários à sua interpretação da Constituição, tal qual já ocorria no texto dos parágrafos únicos do art. 481 do CPC/73 e do art. 949 do nCPC.

No julgamento do RE nº 596.663/RJ,[211] Tema 494 da Repercussão Geral, o STF firmou o entendimento de que a força vinculante das

---

[211] RE 596.633/RJ, STF, Pleno, Min. Teori Albino Zavascki, DJe de 25.112014, ementa: "*EMENTA: CONSTITUCIONAL. PROCESSUAL CIVIL. SENTENÇA AFIRMANDO DIREITO À DIFERENÇA DE PERCENTUAL REMUNERATÓRIO, INCLUSIVE PARA O FUTURO. RELAÇÃO JURÍDICA DE TRATO CONTINUADO. EFICÁCIA TEMPORAL. CLÁUSULA REBUS SIC STANTIBUS. SUPERVENIENTE INCORPORAÇÃO DEFINITIVA NOS VENCIMENTOS POR FORÇA DE DISSÍDIO COLETIVO. EXAURIMENTO DA EFICÁCIA DA SENTENÇA. 1. A força vinculativa das sentenças sobre relações jurídicas de trato continuado atua rebus sic stantibus: sua eficácia permanece enquanto se mantiverem inalterados os pressupostos fáticos e jurídicos adotados para o juízo de certeza estabelecido pelo provimento sentencial. A superveniente alteração de qualquer desses pressupostos (a) determina a imediata cessação da eficácia executiva do julgado, independentemente de ação rescisória ou, salvo em estritas hipóteses previstas em lei, de ação revisional, razão pela qual (b) a matéria pode ser alegada como matéria de defesa em impugnação ou em embargos do executado. 2. Afirma-se, nessa linha de entendimento, que a sentença que reconhece ao trabalhador ou servidor o direito a determinado percentual de*

sentenças sobre relações jurídicas de trato continuado atua *rebus sic stantibus*: sua eficácia permanece enquanto se mantiverem inalterados os pressupostos fáticos e jurídicos adotados para o juízo de certeza estabelecido pelo provimento sentencial. A superveniente alteração de qualquer desses pressupostos (a) determina a imediata cessação da eficácia executiva do julgado, independentemente de ação rescisória ou, salvo em estritas hipóteses previstas em lei, de ação revisional, razão pela qual (b) a matéria pode ser alegada como matéria de defesa em impugnação ou em embargos do executado. No caso concreto, a sentença que reconheceu ao trabalhador ou servidor o direito a determinado percentual de acréscimo remuneratório deixa de ter eficácia a partir da superveniente incorporação definitiva do referido percentual nos seus ganhos.

No julgamento do RE nº 730.462/SP,[212] Tema 733 da Repercussão Geral (RG), o STF deixou claro que a eficácia de seu julgado no plano executivo (das relações jurídicas concretas) é *ex nunc*, com

acréscimo remuneratório deixa de ter eficácia a partir da superveniente incorporação definitiva do referido percentual nos seus ganhos. 3. Recurso extraordinário improvido". Nesse sentido: MS nº 25.430/DF, Pleno, Min. Edson Fachin, DJe 12.06.2016; MS-AgR nº 26.323/DF, 2ª Turma, Min. Teori Zavascki, DJe 14.09.2015; RE-AgR nº 897.624/RS, 2ª Turma, Min. Dias Toffoli, DJe 18.05.2016; MS-AgR nº 27.628/DF, 1ª Turma, Min. Rosa Weber, DJe 06.11.15.

[212] STF, Pleno, Min. Teori Albino Zavascki, DJe de 08.09.2015, EMENTA: "*CONSTITUCIONAL E PROCESSUAL CIVIL. DECLARAÇÃO DE INCONSTITUCIONALIDADE DE PRECEITO NORMATIVO PELO SUPREMO TRIBUNAL FEDERAL. EFICÁCIA NORMATIVA E EFICÁCIA EXECUTIVA DA DECISÃO: DISTINÇÕES. INEXISTÊNCIA DE EFEITOS AUTOMÁTICOS SOBRE AS SENTENÇAS JUDICIAIS ANTERIORMENTE PROFERIDAS EM SENTIDO CONTRÁRIO. INDISPENSABILIDADE DE INTERPOSIÇÃO DE RECURSO OU PROPOSITURA DE AÇÃO RESCISÓRIA PARA SUA REFORMA OU DESFAZIMENTO. 1. A sentença do Supremo Tribunal Federal que afirma a constitucionalidade ou a inconstitucionalidade de preceito normativo gera, no plano do ordenamento jurídico, a consequência (= eficácia normativa) de manter ou excluir a referida norma do sistema de direito. 2. Dessa sentença decorre também o efeito vinculante, consistente em atribuir ao julgado uma qualificada força impositiva e obrigatória em relação a supervenientes atos administrativos ou judiciais (= eficácia executiva ou instrumental), que, para viabilizar-se, tem como instrumento próprio, embora não único, o da reclamação prevista no art. 102, I, 'l', da Carta Constitucional. 3. A eficácia executiva, por decorrer da sentença (e não da vigência da norma examinada), tem como termo inicial a data da publicação do acórdão do Supremo no Diário Oficial (art. 28 da Lei 9.868/1999). É, consequentemente, eficácia que atinge atos administrativos e decisões judiciais supervenientes a essa publicação, não os pretéritos, ainda que formados com suporte em norma posteriormente declarada inconstitucional. 4. Afirma-se, portanto, como tese de repercussão geral que a decisão do Supremo Tribunal Federal declarando a constitucionalidade ou a inconstitucionalidade de preceito normativo não produz a automática reforma ou rescisão das sentenças anteriores que tenham adotado entendimento diferente; para que tal ocorra, será indispensável a interposição do recurso próprio ou, se for o caso, a propositura da ação rescisória própria, nos termos do art. 485, V, do CPC, observado o respectivo prazo decadencial (CPC, art. 495). Ressalva-se desse entendimento, quanto à indispensabilidade da ação rescisória, a questão relacionada à execução de efeitos futuros da sentença proferida em caso concreto sobre relações jurídicas de trato continuado*".

efeito vinculante a partir própria decisão do STF – termo *a quo* na data da publicação da ata de julgamento, reforçando o impacto do precedente do STF na ordem jurídica atual, com especial destaque no julgamento para a ressalva às hipóteses dos efeitos futuros da sentença proferida, notadamente quando decide sobre relações jurídicas de trato continuado.[213]

Os entendimentos firmados pelo STF nos recursos extraordinários (RREE) acima citados dialogam em perfeita sintonia, uma vez que a ressalva deixada pelo Exmo. Min. Teori Zavascki no acórdão do RE nº 730.462/SP – "Ressalve-se desse entendimento, quanto à indispensabilidade da ação rescisória, a questão relacionada à execução de efeitos futuros da sentença proferida em caso concreto sobre relações jurídicas de trato continuado" – justifica-se pelo entendimento firmado no RE nº 596.663/RJ, de que "força vinculativa das sentenças sobre relações jurídicas de trato continuado atua *rebus sic stantibus*: sua eficácia permanece enquanto se mantiverem inalterados os pressupostos fáticos e jurídicos adotados para o juízo de certeza estabelecido pelo provimento sentencial". Ou seja, nas relações tributárias de trato continuado, alterado o pressuposto jurídico da sentença com o pronunciamento do STF em sentido contrário, faz cessar a eficácia da sentença inconstitucional.

Sobre o tema específico objeto deste trabalho, conforme acima já mencionado, há duas repercussões gerais reconhecidas pelo STF

---

[213] Conforme trecho esclarecedor do voto do Min. Teori Zavascki: "*É importante distinguir essas duas espécies de eficácia (a normativa e a executiva), pelas consequências que operam em face das situações concretas. A eficácia normativa (= declaração de constitucionalidade ou de inconstitucionalidade) se opera ex tunc, porque o juízo de validade ou nulidade, por sua natureza, dirige-se ao próprio nascimento da norma questionada. Todavia, quando se trata da eficácia executiva, não é correto afirmar que ele tem eficácia desde a origem da norma. É que o efeito vinculante, que lhe dá suporte, não decorre da validade ou invalidade da norma examinada, mas, sim, da sentença que a examina. Derivando, a eficácia executiva, da sentença (e não da vigência da norma examinada), seu termo inicial é a data da publicação do acórdão do Supremo no Diário Oficial (art. 28 da Lei 9.868/1999). (...) Isso se aplica também às sentenças judiciais anteriores. Sobrevindo decisão em ação de controle concentrado declarando a constitucionalidade ou a inconstitucionalidade de preceito normativo, nem por isso se opera a automática reforma ou rescisão das sentenças anteriores que tenham adotado entendimento diferente. Conforme asseverado, o efeito executivo da declaração de constitucionalidade ou inconstitucionalidade deriva da decisão do STF, não atingindo, consequentemente, atos ou sentenças anteriores, ainda que inconstitucionais. Para desfazer as sentenças anteriores será indispensável ou a interposição de recurso próprio (se cabível), ou, tendo ocorrido o trânsito em julgado, a propositura da ação rescisória, nos termos do art. 485, V, do CPC, observado o respectivo prazo decadencial (CPC, art. 495). Ressalva-se desse entendimento, quanto à indispensabilidade da ação rescisória, a questão relacionada à execução de efeitos futuros da sentença proferida em caso concreto, notadamente quando decide sobre relações jurídicas de trato continuado, tema de que aqui não se cogita*".

– no RE nº 949.297/CE, relator Min. Edson Fachin (Tema 881), e no RE nº 955.227/BA, relator Min. Luís Roberto Barroso (Tema 885) –, nas quais se discute o limite temporal da coisa julgada em casos envolvendo a CSLL, instituído pela Lei nº 7.689/88, na hipótese de o contribuinte ter em seu favor decisão judicial transitada em julgado que declare a inexistência de relação jurídico-tributária, ao fundamento de inconstitucionalidade incidental de tributo, por sua vez declarado constitucional, em momento posterior, na via do controle concentrado e abstrato de constitucionalidade exercido pelo STF. Sobre elas, trataremos com mais vagar no final deste capítulo, após analisarmos os aspectos constitucionais da questão.

Contextualizados as principais posições da doutrina e o estado da arte a respeito do tema no âmbito do Superior Tribunal de Justiça e do Supremo Tribunal Federal, iremos agora realizar a análise dos princípios constitucionais envolvidos na resolução do problema enfrentado neste trabalho buscando alcançar uma solução no sistema, partindo-se do pressuposto que o ordenamento é um conjunto de normas que devam convergir, evitando-se incoerência e garantindo-se a coerência, segurança jurídica, isonomia, supremacia das normas constitucionais e autoridade das decisões do STF.

3.4 Segurança jurídica nas relações dinâmicas e a convergência dos princípios constitucionais

A solução do tema atinente à subsistência dos efeitos das sentenças transitadas em julgado voltadas à disciplina de relações jurídico-tributárias futuras, como dito acima, deve partir, principalmente, de uma análise dos princípios constitucionais pertinentes. Assim, devem ser considerados o princípio da segurança jurídica (art. 5º, *caput*), tutelado por outras normas constitucionais, das quais aquela que possui relevância para o caso concreto é a irrevogabilidade do instituto da coisa julgada (art. 5º, XVI); os princípios da igualdade (art. 5º, *caput*, e inciso I); os princípios da capacidade contributiva e da isonomia tributária (art. 145, §1º e art. 150, II); os princípios da livre-iniciativa e livre concorrência (art. 170, *caput* e inciso IV), além do princípio da neutralidade tributária (art. 146-A).

No debate sobre as decisões judiciais transitadas em julgado contrárias à superveniente precedentes do STF é lugar comum a oposição do argumento de ofensa à coisa julgada, assim considerada como a garantia da realização do princípio da segurança jurídica. Neste tópico, demonstraremos que a segurança jurídica não se contrapõe aos demais princípios constitucionais analisados no presente trabalho; pelo contrário, a segurança jurídica se posiciona no debate como instrumento densificador da segurança por meio do prestígio à coisa julgada, à isonomia, livre concorrência e demais princípios constitucionais envolvidos na busca de uma solução harmônica dentro do sistema jurídico vigente.[214]

A presença do termo "segurança" no preâmbulo e no *caput* do art. 5º da Constituição de 1988 denota que em nosso Estado Democrático de Direito a segurança jurídica é um valor estruturante e norteador dos demais princípios, sendo sua observância fundamental na edição, interpretação e aplicação das normas vigentes em nosso País. Nela buscamos conferir um mínimo de previsibilidade e certeza no exercício de nossas liberdades, além de ela impedir arbitrariedades e abusos. Humberto Theodoro Júnior e Juliana Cordeiro de Faria defendem a segurança jurídica como garantidora da supremacia da Constituição, como afirmação do princípio da constitucionalidade e asseguradora de um ordenamento jurídico conforme a Constituição.[215]

Na concepção da doutrina tradicional, a coisa julgada é considerada a expressão positiva da segurança jurídica, tradução da segurança e paz, uma vez que, segundo Gustavo Sampaio Valverde, "a procura da justiça não pode ser indefinida, mas deve ter um limite, por uma exigência de ordem pública, qual seja a estabilidade dos direitos, que inexistiria se não houvesse um termo além do qual a sentença se tornasse imutável".[216]

---

[214] Para Paulo de Barros Carvalho, a "*segurança jurídica é, por excelência, um sobreprincípio. Não temos notícia de que algum ordenamento a contenha como regra explícita. Efetiva-se pela atuação de princípios, tais como o da legalidade, da anterioridade, da igualdade, da irretroatividade, da universalidade da jurisdição e outros mais*". DE BARROS CARVALHO, Paulo. O princípio da segurança jurídica em matéria tributária. *Revista da Faculdade de Direito*, Universidade de São Paulo, v. 98, p. 159-180, 2003.

[215] Segundo os citados autores: "*No Estado Democrático de Direito, e como uma consequência das ideias de limitação do poder político do Estado e do primado da lei enquanto expressão da vontade geral trazidas pela Revolução Francesa, tem sido sempre uma preocupação constante a de garantir a supremacia da Constituição Federal, como único meio de assegurar aos cidadãos a certeza da tutela da segurança e da justiça como valores máximos da organização da sociedade. Desde que passou a ser prestigiada a idéia de primado hierárquico-normativo da Constituição, com afirmação do princípio da constitucionalidade, busca-se assegurar que não só os atos do Poder Público como todo o ordenamento jurídico estejam conforme a sua Lei Fundamental*". (THEODORO JÚNIOR, Humberto; FARIA, Juliana Cordeiro de. A coisa julgada inconstitucional e os instrumentos processuais para seu controle. *Revista dos Tribunais*: RT, v. 91, nº 795, jan. 2002).

[216] VALVERDE, Gustavo Sampaio. *Coisa julgada em matéria tributária*. São Paulo: Quartier Latin, 2004, p. 123.

Assim, questão das mais relevantes reside em não se confundir a imutabilidade da coisa julgada com a eternização da coisa julgada. A respeito do tema, Nieva-Fenoll leciona que quanto ao respeito dos limites temporais da coisa julgada, "é necessário começar afirmando que se deve descartar, com caráter geral, que a coisa julgada tem uma eficácia perpétua", concluindo que, "Bem ao contrário, é inevitável que a coisa julgada tenha uma vigência limitada no tempo, a fim de que não provoque, no futuro, a insegurança que tenta evitar no presente".[217] Na mesma linha, Antônio do Passo Cabral entende que "a análise dos limites temporais importa sabermos não só desde quando existe coisa julgada, como também e principalmente até quando vale ou persiste a imutabilidade e indiscutibilidade da decisão". Arrematando que, "Com efeito, conquanto a coisa julgada deva ser perene, estável ela não existe 'para todo o sempre', nem nasce para ser eterna".[218] Com propriedade, assenta Humberto Ávila: "A exigência de durabilidade, como dever de permanência no tempo, não pode ser confundida, todavia, com a exigência de imutabilidade do ordenamento jurídico".[219] Para Cândido Rangel Dinamarco, "(...) é inconstitucional a leitura clássica da garantia da coisa julgada, ou seja, sua leitura com a crença de que ela fosse algo absoluto e, como era hábito dizer, capaz de fazer do preto, branco e do quadrado, redondo". Conclui que "a ordem constitucional não tolera que se eternizem injustiças a pretexto de não eternizar litígios".[220]

---

[217] Sobre segurança e certeza sobre o futuro, em especial em matéria tributária, são preciosas as lições de Marco Aurélio Greco: "*Tratando-se de segurança e certeza quanto ao futuro, o máximo que podemos ter são condições de previsibilidade. O futuro pode ser objeto de prognósticos e previsões, mas impossível emitir um juízo de certeza e segurança especialmente na área jurídica. Quem, em sã consciência, pode assegurar com absoluta certeza e segurança qual será o entendimento acolhido por uma decisão transitada em julgado em 2020 a respeito de um negócio jurídico realizado hoje? Esta é a questão, pois o negócio jurídico é realizado hoje, demora quatro anos para ser fiscalizado, mais três ou quatro para terminar o processo administrativo, mais três ou quatro para terminar o processo judicial (sic) e com isso estamos falando em 2020. Quem poderá garantir que em 2022 a decisão transitada em julgado será tal como estou avaliando hoje? Não consigo afirmar com certeza e segurança porque em relação ao futuro elas não existem em caráter absoluto. Para o futuro existem condições de previsibilidade, existem probabilidades, é possível projetar tendencias, mas não é possível assegurar nem garantir*". (GRECO, Marco Aurélio. *Planejamento tributário*. 4. ed. São Paulo, Quartier Latin, 2019, p. 79). *Mutatis mutandis,* não há que se falar em segurança jurídica para os efeitos futuros da decisão judicial transitada em julgado, proferida pelas instâncias ordinárias do controle difuso, que interpreta a Constituição, uma vez que a certeza e segurança somente serão alcançadas após a interpretação definitiva do Supremo Tribunal Federal, guardião de nossa Constituição.

[218] CABRAL, Antônio do Passo. *Coisa julgada e preclusos dinâmica*: Entre continuidade, mudança e transição de posições processuais estáveis. Salvador: Editora JusPodivm, 2013, p. 93.

[219] ÁVILA, Humberto. *Segurança Jurídica*: Entre permanência, mudança e realização no direito tributário. 2. ed. rev. atual. e ampl. Malheiros Editores, 2012, p. 350.

[220] Registra Dinamarco: "*Uma coisa resta certa depois dessa longa pesquisa, a saber, a relatividade da coisa julgada como valor inerente à ordem constitucional processual, dado o convívio com outros*

Em artigo doutrinário sobre a coisa julgada, a Min. Cármen Lúcia destaca que "O que antes se tinha por infalível ou inexpugnável tornou-se possível de fazer-se injusto num mundo em que a mudança é a regra, e segurar se num mesmo ponto quando o movimento marca a experiência da vida é romper a sintonia que deve conduzir a paz". Destaca, com precisão, que "Não se quer a insegurança, mas não se aspira à imutabilidade absoluta das coisas, atos e fatos da vida. O que se busca é a firmeza das condições segundo as quais se dá a viver todas as instituições no espaço das relações humanas e das relações jurídicas". Finaliza seu entendimento afirmando: "Há que se entender, pois que o fim de todas as instituições de direito é a justiça, que conduz à segurança, não a certeza processual de um momento, que não se pode manter quando contrarie todos os princípios postos de justiça, dignidade e liberdade".[221]

Conforme já analisamos, nessa linha seguiu o Supremo Tribunal Federal ao firmar o entendimento no sentido de que a coisa julgada não é um instituto de caráter absoluto, estando sujeita a uma conformação infraconstitucional, que harmonize a garantia da coisa julgada com os primados da Constituição, conforme assentado no RE nº 363.889/DF e da ADIn nº 2.418/DF. Destacamos que no julgamento do RE nº 363.889/DF o Supremo Tribunal Federal considerou que a segurança jurídica,

---

valores de igual ou maior grandeza e necessidade de harmonizá-los. Tomo a liberdade de, ainda uma vez, enfatizar a imperiosidade de equilibrar as exigências de segurança e de justiça nos resultados das experiências processuais, o que constitui o mote central do presente estudo e foi anunciado desde suas primeiras linhas. É por amor a esse equilíbrio que, como visto, os autores norte-americanos – menos apegados que nós ao dogma da res judicata – incluem em seus estudos sobre esta a indicação das exceções à sua aplicação. Na doutrina brasileira, insere-se expressivamente nesse contexto a advertência de Pontes de Miranda, acima referida, de que se levou longe demais a noção de coisa julgada. É igualmente central a esse sistema de equilíbrio a fórmula proposta em Portugal pelo constitucionalista Jorge Miranda e também citada acima, ao propor que 'assim como o princípio da constitucionalidade fica limitado pelo respeito do caso julgado, também este tem de ser apercebido no contexto da Constituição'. (...) conclui-se que é inconstitucional a leitura clássica da garantia da coisa julgada, ou seja, sua leitura com a crença de que ela fosse algo absoluto e, como era hábito dizer, capaz de fazer do preto, branco e do quadrado, redondo. A irrecorribilidade de uma sentença não apaga a inconstitucionalidade daqueles resultados substanciais política ou socialmente ilegítimos, que a Constituição repudia. (...) A posição defendida tem apoio também no equilíbrio, que há muito venho postulando, entre duas exigências opostas mas conciliáveis – ou seja, entre a exigência de certeza ou segurança, que a autoridade da coisa julgada prestigia, e a de justiça e legitimidade das decisões, que aconselha não radicalizar essa autoridade. Nessa linha repito: a ordem constitucional não tolera que se eternizem injustiças a pretexto de não eternizar litígios". (DINAMARCO, Cândido Rangel. Relativizar a coisa julgada material. *In*: *Revista de processo*. 2001).

[221] ROCHA, Cármen Lúcia Antunes. O princípio da coisa julgada e o vício da inconstitucionalidade. *In:* ROCHA, Cármen Lúcia Antunes. *Constituição e segurança jurídica*: direito adquirido, ato jurídico perfeito e coisa julgada – Estudos em homenagem a José Paulo Sepúlveda Pertence, v. 2, 2004.

no que diz respeito à sua tutela pelo instituto da coisa julgada, pode ser relativizada, até mesmo afastando integralmente seus efeitos, em decorrência de conflito com outros valores constitucionais, incluído o princípio da igualdade. Naquele julgamento, o Min. Luiz Fux teve a oportunidade de destacar que:

> (...) a previsão normativa da garantia da coisa julgada sob a forma de regra não é suficiente, por si só, para pôr fim a qualquer perspectiva de ponderação. Como vem reconhecendo a novel doutrina da hermenêutica constitucional, também as regras jurídicas, em hipóteses excepcionais, submetem-se a um raciocínio ponderativo. Para tanto, deve ser realçada a razão subjacente à regra, isto é, o princípio que informa a sua interpretação finalística e a sua aplicação aos casos concretos: *in casu*, é o princípio da segurança jurídica (CF, art. 5º, *caput*), como já visto, que serve de manancial para a definição do sentido e do alcance da garantia da coisa julgada material. Não basta, no entanto, cotejar, imediatamente após isso, o peso de tal razão subjacente diante dos outros princípios em jogo. É imprescindível que se leve em conta, ainda, que as regras jurídicas, como categoria normativa, têm por reflexo, em sua aplicação, a promoção de valores como previsibilidade, igualdade e democracia.

Nesse contexto, em estudo dos mais modernos e relevantes sobre segurança jurídica no contexto da coisa julgada e suas preclusões dinâmicas, Antônio do Passo Cabral demonstra que a segurança jurídica deve preocupar-se tanto com o passado como com o futuro. Nesse cenário, defende no Estado contemporâneo uma releitura da estabilidade da coisa julgada, substituindo a "segurança-imutabilidade" por um novo conceito de segurança jurídica, uma "segurança-continuidade" como uma "ponte" entre o "completo estatismo e uma ampla e total alterabilidade", atuando não para impedir mudanças, mas para garantir a segurança nessas mudanças tão presentes no mundo dinâmico atual, como transição objetivando atenuar os impactos da mudança nas posições estáveis. Ressalta que no direito contemporâneo a "segurança absoluta não é a 'pérola rara' aos olhos dos juristas, crescem em importância outros valores, como a busca por correção e justeza procedimental, a isonomia, a efetividade e a celeridade".[222]

Com a utilização dos antigos conceitos do direito processual para a imutabilidade/intangibilidade da coisa julgada, não conseguimos

---

[222] CABRAL, Antônio do Passo. *Coisa julgada e preclusões dinâmica*: Entre continuidade, mudança e transição de posições processuais estáveis. Salvador: Editora JusPodivm, 2013, p. 289-313.

harmonizá-los com a situação atual das ações declaratórias com efeitos futuros, o fortalecimento dos precedentes do STF e a importância contemporânea ao princípio da igualdade, conforme constata Carlos de Araujo Moreira. Vejamos:

> Assim, se a teoria tradicional, que sustenta a intangibilidade absoluta dos efeitos da sentença transitada em julgado, em face de precedentes do Supremo Tribunal Federal, funcionou bem em um contexto histórico preciso, em que as sentenças voltavam-se para regular o passado, em que as ações declaratórias exigiam a alegação de uma relação jurídica atual e concreta para serem propostas e onde considerávamos adequada uma concepção estrita e individualizada de relação jurídico-tributária, sujeita à ocorrência de cada fato gerador, hoje não dizemos o mesmo. Nossos juristas e nossa necessidade de atribuir maior efetividade aos pronunciamentos judiciais permitiram que evoluíssemos para uma concepção onde as ações declaratórias podem regular relações jurídicas tributárias futuras, argumentando que se trata de (ou são assemelhados a) uma relação jurídica de trato sucessivo. Algumas das teorias que, antes, eram corretas sobre o conteúdo possível de uma decisão judicial em ações declaratórias em matéria tributária, deixaram de ser. Agindo desta forma, fizemos alterações em nosso vocabulário jurídico que demandam alterações adicionais para que nosso sistema faça sentido, pois, ante esse novo conteúdo possível de sentenças em ações declaratórias em matéria tributária, não é possível harmonizar nossa velha concepção de intangibilidade dos efeitos da coisa julgada com o princípio da igualdade. (...) Depois que, em nome da efetividade da prestação jurisdicional, reconhecemos a possibilidade de que sentenças declaratórias disciplinem um futuro indeterminado, depois que aumentamos a força das decisões do Supremo tribunal Federal, não podemos mais manter nosso velho enfoque sobre a imutabilidade da coisa julgada em tais situações.[223]

De fato, para que alcancemos uma solução na Constituição para o problema jurídico aqui enfrentado, teremos que superar o conceito tradicional de segurança-imutabilidade e avançar na utilização da segurança-continuidade, tornando o mais suave possível essa travessia, respeitando o passado, mas potencializando o princípio da igualdade perante a Constituição. O respeito ao passado é fundamental nessa concepção de segurança-continuidade, ou seja, os impactos do precedente do STF devem atingir apenas as situações posteriores ao

---

[223] MOREIRA, Carlos de Araujo. Coisa Julgada e igualdade: Novo Código, velhos problemas. *Revista da PGFN*, Brasília: Ano V, Número 1, 2016.

seu trânsito em julgado, sob pena de relativizar a coisa julgada e violar a segurança conferida pela coisa julgada transitada em julgado.

Nesses termos, a segurança jurídica deverá ser assegurada por meio da obtenção de uma transição que respeite a coisa julgada e os seus efeitos até a decisão definitiva do STF, que confere certeza derradeira sobre a interpretação da Constituição, respeitando o passado; desse modo, somente serão atingidas as relações jurídico-tributárias posteriores a julgamento do Supremo Tribunal Federal em sentido diverso. Esse caminho de transição alcança a isonomia do direito no tempo com a aplicação de uma única Constituição para todos, evitando a perpetuação de um regime tributário de exceção,[224] mais benéfico ou prejudicial a determinado contribuinte, diante de coisa julgada contrária a precedente do Supremo Tribunal Federal.[225]

O entendimento acima exposto se coaduna com o respeito do princípio da isonomia na tributação, sobre o qual Min. Edson Fachin, em seu voto-condutor no RE nº 601.314/SP – RG, destacou o papel da "tributação como instrumento para a produção de igualdade entre os cidadãos", destacando artigo de autoria da Min. Cármen Lúcia, para quem "Igualdade constitucional é mais que uma expressão de Direito; é um modo justo de se viver em sociedade. Por isto é princípio posto

---

[224] Ricardo Lobo Torres ensina que *"A odiosidade do privilégio, como qualquer desigualdade inconstitucional, decorre da falta de razoabilidade para a sua concessão. Se o privilégio não atende ao ideal da justiça, se se afasta do fundamento ético, se discriminar entre pessoas iguais ou se igualar pessoas desiguais, se for excessivo, se desrespeitar os princípios constitucionais da tributação será considerado odioso"*. (TORRES, Ricardo Lobo. *Os direitos humanos e a tributação* – imunidades e isonomia. Rio de Janeiro: Renovar, 1995. p. 288 *apud* NASCIMENTO NETTO, Agostinho. *In*. SEEFELDER FILHO, C. X.; CAMPOS, R. (Coord). *Constituição e Código Tributário Comentados sob a ótica da Fazenda Nacional*. 1. ed. São Paulo: Thomson Reuters Brasil, 2020. p. 166).

[225] Nesse sentido defende Helenilson Cunha Pontes: *"Essa solução impõe-se em nome do equilíbrio entre a supremacia da Constituição e da segurança jurídica na medida em que os atos praticados sob a égide de decisão judicial transitada em julgado ficam livres do efeito retroativo da decisão do Supremo Tribunal Federal; no entanto, esta decisão passara a regular os fatos realizados após a sua entrada na ordem jurídica, com efeitos gerais. (...) O equilíbrio entre os valores constitucionalmente protegidos imposto pelo princípio da unidade da Constituição exige solução intermediaria que garanta a eficácia da coisa julgada individual, manifestação do imperativo de segurança jurídica, mas que, por outro lado, assegure a máxima efetividade às decisões do Supremo Tribunal Federal, sobretudo quando dotadas de efeitos vinculantes gerais. Como a coisa julgada tributária projeta-se no tempo, a solução proposta é resultado de fórmula conciliatória, como exige a moderna teoria hermenêutica entre os dois comandos constitucionais (a supremacia das decisões do Supremo Tribunal Federal e o respeito a coisa julgada). Ademais, inegável reconhecer que a pronúncia de constitucionalidade com efeitos gerais, é circunstância que altera a situação do direito, sob a qual foi produzida a coisa julgada individual a impor a imediata adequação da norma individual ao novo momento vivido pelo ordenamento jurídico após aquela pronúncia"*. (PONTES, Helenilson Cunha. *Coisa julgada tributária e inconstitucionalidade*. São Paulo: Dialética, 2005, p. 169-170.)

como pilar de sustentação e estrela de direção interpretativa das normas jurídicas que compõem o sistema jurídico fundamental".[226]

Com propriedade, Paulo Roberto de Oliveira Lima aborda a desigualdade de contribuintes promovida pela coisa julgada contrária à Constituição: "Magoa fundo a noção de justiça, *v. g*, que determinado contribuinte pague certa exação, porque vencido em ação onde arguiu a inconstitucionalidade do tributo, quando todos os demais (ou muitos, ou alguns, ou outro) venceram suas demandas e livraram-se do ônus tributário".[227]

Nesse cenário, não podemos pactuar com a vigência eterna dos efeitos da coisa julgada contrária à Constituição, para o futuro, em matéria tributária, a qual viola o princípio da igualdade e isonomia tributária, uma vez que resulta na existência de privilégios jurídicos

---

[226] Trecho do citado artigo da lavra da Min. Cármen Lúcia: "*Nesse sentido, parece-nos que o tributo é a inovação humana com grande aptidão para a redução das desigualdades jurídicas, políticas e econômicas entre os homens. A partir do escólio doutrinário de Liam Murphy e Thomas Nagel, tem-se que 'Numa economia capitalista, os impostos não são um simples método de pagamento pelos serviços públicos e governamentais: são também o instrumento mais importante por meio do qual o sistema político põe em prática uma determinada concepção de justiça econômica ou distributiva'. Em síntese, a meu ver, a interpretação mais consentânea com a axiologia da Constituição Federal de 1988 é aquela que considera a tributação como instrumento para a produção da igualdade entre os cidadãos. Por conseguinte, o tributo extrai seu significado normativo do princípio constitucional da igualdade. A respeito desse princípio, mostra-se irreparável a doutrina da eminente Ministra Cármen Lúcia, tal como escrita na Primavera de 1990: 'Igualdade constitucional é mais que uma expressão de Direito; é um modo justo de se viver em sociedade. Por isto é princípio posto como pilar de sustentação e estrela de direção interpretativa das normas jurídicas que compõem o sistema jurídico fundamental. (...) Pois não se aspira uma igualdade que fruste e desbaste as desigualdades que semeiam a riqueza humana da sociedade plural, nem se deseja uma desigualdade tão grande e injusta que impeça o homem de ser digno em sua existência e feliz em seu destino. O que se quer é a igualdade jurídica que embase a realização de todas as desigualdades humanas e as faça suprimento ético de valores poéticos que o homem possa desenvolver. As desigualdades naturais são saudáveis, como são doentes aquelas sociais e econômicas, que não deixam alternativas de caminhos singulares a cada ser humano único*". (ROCHA, Cármen Lúcia Antunes. *O princípio constitucional da igualdade*. Belo Horizonte: Lê, p. 118)"

[227] Para Paulo Roberto de Oliveira Lima: "*No que respeita à coisa julgada, a própria legislação carece de alterações para dar ao instituto novas cores, sem o que arrisca-se a própria eficiência do Direito. Às alturas a que se eleva o valor da isonomia, não permite mais que o sistema jurídico, em homenagem à segurança, mantenha decisões díspares para casos iguais, rompendo com vários cânones constitucionais, em holocausto a intangibilidade da coisa julgada. Mágoa fundo a noção de justiça, v. g, que determinado contribuinte pague certa exação, porque vencido em ação onde arguiu a inconstitucionalidade do tributo, quando todos os demais (ou muitos, ou alguns, ou outro) venceram suas demandas e livraram-se do ônus tributário. Quando as soluções díspares tornam-se definitivas, porque a parte sucumbente não cuidou de recorrer, mitiga o sentimento de injustiça a consciência da parte de que contribuiu para o desenlace. Não assim quando a disparidade resultou de alteração da orientação jurisprudencial. Os casos são numerosíssimos, deixando o Judiciário em posição absolutamente desconfortável. Até porque aqui o resultado da demanda vai depender do momento em que foi ajuizada*". (LIMA, Paulo Roberto de Oliveira. *Contribuição à teoria da coisa julgada*, São Paulo, Ed. RT, 2007, p. 10 e 11).

permanentes que implicam o ônus, apenas por parte dos cidadãos, com o pagamento de tributos que beneficiam toda a sociedade. O tratamento desigual, além de não guardar qualquer correspondência com uma situação de desigualdade material, subvertendo o princípio da capacidade contributiva, da livre-iniciativa, livre concorrência, da isonomia tributária e da neutralidade tributária, ainda estimula as demandas judiciais que buscam a obtenção de bilhete premiado eterno para não mais pagar tributo.

Os princípios da igualdade e da isonomia tributária, na hipótese de trânsito em julgado contrário a precedente do Supremo Tribunal Federal, de ações judiciais voltadas a disciplinar relações jurídicas futuras, são o *único* meio que o Estado dispõe a cumprir os mandamentos constitucionais referentes à igualdade e isonomia é conferir, a partir da decisão da Corte, idênticos direitos e deveres a todos cidadãos. A Constituição tem como missão uma sociedade igualitária, justa e fraterna, sendo dever do Estado tratar a todos como iguais, merecedores de idêntica consideração e respeito; a permanência para o futuro dos efeitos de coisas julgadas inconstitucionais não pode ser um critério objetivo de discriminação, em *qualquer* concepção razoável de igualdade que se possa imaginar.[228]

Sobre a gravidade do desrespeito à isonomia e à segurança jurídica na aplicação de preceitos constitucionais, Teori Zavascki leciona que:

> (...) os preceitos normativos têm, por natureza, a característica da generalidade, isto é, não se destinam a regular específicos casos concretos, mas sim, estabelecer um comando abstrato aplicável a um conjunto indefinido de situações e de pessoas. Quando, portanto, se questiona a legitimidade desse preceito, ainda que no conjunto de um caso concreto, o que se faz é pôr em xeque também a sua aptidão para incidir em todas as demais situações semelhantes. Essa peculiaridade é especialmente relevante se considerada em face do princípio da igualdade perante a lei, de cuja variada densidade normativa se extrai primordialmente a da necessidade de conferir um tratamento jurisdicional igual para as situações iguais. É também importante em face do princípio da segurança jurídica, que estaria fatalmente comprometido

228 Ávila reconhece a existência de "(...) *situações em que um estado grave de desigualdade possa surgir no caso de relações continuativas, em razão de uma decisão favorecer ou prejudicar um contribuinte em detrimento de outros*". (ÁVILA, Humberto. *Teoria da segurança jurídica*. 4. ed. rev. atual. e ampl. Malheiros Editores, 2016, p. 371).

> se a mesma lei pudesse ser tida por constitucional num caso e como inconstitucional em outro caso semelhante, dependendo do juiz que a aprecia.
>
> (...) a prevalência (...) do efeito vinculante erga omnes em relação à sentença proferida no caso concreto decorre não apenas da superior autoridade do pronunciamento do STF que lhe dá suporte, mas também da afirmação, que ele enseja, do princípio da igualdade em face da Constituição, dispensando a todos um tratamento isonômico quanto aos direitos assegurados e os deveres impostos pelo ordenamento jurídico.
>
> (...) supremacia da norma constitucional, tratamento igualitário e autoridade do STF, são, na verdade, valores associados e, como tais, tem sentido transcendental. Há, entre eles, relação de meio e fim.[229]

Especificamente no âmbito das relações jurídico-tributárias de trato continuado em face coisa julgada contrária a superveniente precedente da Suprema Corte, Teori Zavascki registra a iniquidade e injustiça da situação. Vejamos:

> Ofenderia o mais elementar senso de justiça invocar a força da coisa julgada do caso concreto para, por exemplo, impor a determinada pessoa uma carga tributária que o Supremo Tribunal Federal declarou inexistente ou nula ou inexigível para todas as demais; ou, por exemplo, para assegurar a um cidadão o privilégio de receber determinado benefício remuneratório ou gozar de favor fiscal, que é negado, com força vinculante, a todos os demais cidadãos nas mesmas condições.[230]

Em artigo sobre os limites constitucionais e infraconstitucionais da coisa julgada tributária, Souto Maior Borges registra que a isonomia "(...), mais precisamente a legalidade isonômica, é o protoprincípio, o mais originário e condicionante dos princípios constitucionais, porquanto dele dependem todos os demais para sua eficácia. E que sem ele decerto a perderiam". Segundo o jurista, o princípio da isonomia deve pautar as relações jurídico-tributárias, afirmando que "a isonomia não está apenas na Constituição Federal, ela é a própria Constituição Federal, com a qual chega a confundir-se. A Constituição Federal de 1988 é uma condensação da isonomia". Registra que "Nenhum ponto

---

[229] ZAVASCKI, Teori Albino. *Eficácia das sentenças na jurisdição constitucional.* 4. ed. São Paulo: Revista dos Tribunais, 2017, p. 32, 120 e 160.

[230] ZAVASCKI, Teori Albino. *Coisa julgada em matéria constitucional*: eficácia das sentenças nas relações jurídicas de trato continuado. Academia Brasileira de Direito Processual Civil. Disponível em: http://www. abdpc. org. br/abdpc/artigos/Teori% 20Zavascki, 2005.

dos setenta e sete itens em que se desdobra o art. 5º da CF – inclusive o seu item XXXVI (coisa julgada) – prescinde da isonomia como um condicionante de conteúdo e eficácia".[231]

O princípio da igualdade deva ser entendido como regra na ponderação com outros princípios, possuindo a função de guia para a ponderação e harmonização dos demais princípios e regras constitucionais, segundo defende Marciano Seabra de Godoi. Vejamos:

> (...) no caso da igualdade, cremos não ser possível desrespeitar o mandamento de tratar os "indivíduos como iguais, como tendo o mesmo valor" em nome de algum outro princípio, pois isto implicaria admitir que, pelo menos, naquele caso concreto, determinados indivíduos foram considerados como mais importantes, como dignos de um *status* civil mais elevado, o que arrasa a nosso ver os pilares de sustentação do Estado Democrático de Direito. Por isso, pensamos que existe uma faceta da igualdade que e constitui na regra segundo a qual "é ordenado tratar os indivíduos como iguais". (...) não se pergunta se ela precede outras normas e princípios concorrentes, pergunta-se simplesmente se a regra foi descumprida ou não pelo legislador ou outra autoridade, e em caso positivo a norma ou ato normativo é considerado invalido.[232]

Em seu voto-condutor no REsp nº 233.662/GO, o Min. José Delgado analisou o conflito entre o princípio da intangibilidade e proteção à coisa julgada, de um lado, e o princípio da supremacia da Constituição e da igualdade tributária, de outro, em caso de coisa julgada tributária que afastou a incidência da CSLL de forma contrária a superveniente precedente do STF em controle difuso. Vejamos seus judiciosos argumentos diante da possibilidade de se manter o acórdão recorrido, que afirmava que a empresa não era mais devedora do tributo em face da coisa julgada de acórdão do TRF contrário à Constituição, *in verbis:*

> A prevalecer a tese posta no acordão supramencionado, resta indagar: como conciliar tal decisão com os princípios maiores na CF, art. 150, II, que veda à União, aos Estados, ao DF, e aos Municípios "instituir tratamento desigual entre contribuintes que se encontram em situação equivalente, proibida qualquer distinção em razão de ocupação

---

231 BORGES, José Souto Maior. Limites constitucionais e infraconstitucionais da coisa julgada tributária (contribuição social sobre o lucro). *Cadernos de Direito Tributário e Finanças Públicas*, v. 27, p. 170-194, Abr/1999.

232 DE GODOI, Marciano Seabra. *Justiça, igualdade e direito tributário*. São Paulo: Dialética, 1999. p. 164.

profissional ou função por eles exercida, independentemente de denominação jurídica dos rendimentos, títulos ou direitos". (...) A coisa julgada, na situação examinada, não tem força absoluta. A decisão do Poder Judiciário, mesmo que lhe projeta a coisa julgada, não pode sobrepor-se aos ditames da Carta Magna. (...) É princípio maior adotado pela Carta Magna que cabe, precipuamente, ao Colendo Supremo Tribunal Federal, a guarda da Constituição (Art. 102), sendo de sua competência originaria e recursal dizer ou não se determinada lei é constitucional ou inconstitucional. (...) A decisão dos Tribunais, com base no art. 97, CF, tem efeito meramente declaratório, inexecutável e dependente do pronunciamento do Supremo. A coisa julgada formada com a decisão dos Tribunais Superiores e a de Segundo grau é de natureza relativa e dependente. (...) Não há logica jurídica a se sustentar que uma declaração de inconstitucionalidade de uma lei proferida por um Tribunal de Segundo grau, em caso concreto, só pelo efeito do trânsito em julgado, tenha força de sobrepor-se ao entendimento do Supremo Tribunal Federal sobre a mesma lei. Considerando-a constitucional, especialmente, quando aquela decisão provoca, pelos seus efeitos, violação a princípio constitucional, como é o da igualdade tributária. O tema, como visto, desafia os estamentos vinculados à interpretação do direito (doutrina e jurisprudência), exigindo que se ponha ordem no sistema criado pela CF para o nosso ordenamento jurídico. (...) O prevalecimento desse comportamento, isto é, de reconhecer-se a declaração de inconstitucionalidade de lei proferida por Tribunais que não o Supremo tribunal Federal, com trânsito em julgado, como produtora de efeitos permanentes de execução e, consequentemente, efetividade e eficácia, produziria o fenômeno de se compreender a possibilidade desse fenômeno (a coisa julgada) ficar acima das regras constitucionais, outorgando-se, também, aos juízes de instancias inferior competência que não lhes foi dada pela Constituição Federal. (...) Essa subversão da ordem constitucional há de ser repelida pela jurisprudência. Esta, no âmbito do STJ, tem por função fazer valer a autoridade da lei federal, em toda sua extensão, não permitindo o desmoronamento do sistema, nem a adoção de privilégios.

A coisa julgada nas relações jurídicas de direito público não estão (sic) acima dos princípios da moralidade, da legalidade, da igualdade, da eficiência, da probidade e dos direitos da cidadania. Ela, coisa julgada, só tem forma de verdade jurídica quando apresentar-se em harmonia com os ditames da Carta Magna e das demais regras jurídicas que, obedecendo os seus dizeres, forma o ordenamento de direito da Nação. (...) Por último, considere-se o já acentuado, de modo pacífico, na doutrina e na jurisprudência, de que a relação jurídico-tributária é de natureza continuativa. Essas relações se sucedem, mês a mês, pelo que não tem caráter de imutabilidade qualquer declaração de inconstitucionalidade a seu respeito. Por isso, tenho firmado que pode haver cobrança de tributo, após cada fato gerador, nos períodos supervenientes à coisa julgada, pela presença de relações jurídicas de trato sucessivo.

Além da evidente relevância jurídica da matéria, a relevância econômica do tema também mereceu destaque tanto pelo Min. Luís Roberto Barroso[233] como pelo Min. Edson Fachin,[234] em suas decisões que reconheceram a repercussão geral na matéria, em face do potencial desrespeito aos princípios da livre iniciativa e livre concorrência,[235] destinado, por força do art. 170, *caput* e inciso IV, da Constituição Federal, a reger a ordem econômica.

De fato, as distorções no mercado livre decorrerão da vantagem econômica que as empresas que obtenham decisões favoráveis transitadas em julgado, voltadas para regular relações jurídicas futuras, em descompasso com a lei de regência válida, em face das demais empresas presentes naquele mercado. Nesse caso, o empresário

---

[233] Trecho da manifestação do Min. Luís Roberto Barroso ao reconhecer o caráter constitucional e a repercussão geral do tema 885, *verbis*: "*Entendo que a matéria possui relevância econômica, porque, de um lado, está o interesse da Administração Tributária de arrecadar recursos para a manutenção do Estado e para promoção e defesa dos direitos fundamentais. Além do dever de promover uma cobrança isonômica entre aqueles que manifestam semelhante capacidade contributiva, questão que tem reflexos inclusive sob o ponto de vista concorrencial. De outro, está posta a salvaguarda dos direitos e garantias fundamentais dos contribuintes, notadamente a coisa julgada e a segurança jurídica. Como se trata de uma contribuição social sobre o lucro, os valores envolvidos são expressivos tanto sob a perspectiva do Estado quanto sob a do contribuinte. Sob o ponto de vista do contribuinte, o resultado definirá se ele deve voltar a pagar o tributo que não mais pagava por força de título judicial transitado em julgado, o que gera óbvios reflexos patrimoniais*".

[234] Trecho da manifestação do Min. Edson Fachin ao reconhecer o caráter constitucional e a repercussão geral do tema 881, *verbis*: "*No âmbito econômico, o Tema revela uma tese de significativo impacto nas finanças públicas da União, porquanto envolve a exigibilidade de tributos no curso de largo período de tempo. Ademais, a depender do deslinde da controvérsia, pode haver um desequilíbrio concorrencial em uma infinidade de mercados, visto que parcela dos contribuintes, com equivalente capacidade contributiva, estaria sujeita a cargas tributárias diversas, por atuação do Estado-Juiz. Enfim, na esteira social, coloca-se em questão o próprio consentimento fiscal entre os concidadãos da comunidade política constituída em pacto constituinte, sob o prisma da equidade tributária horizontal. Por outro lado, correlaciona-se a presente temática com legítimas expectativas de previsibilidade dos atos jurisdicionais por parte do corpo social*".

[235] Plawiak leciona: "*Na Constituição Federal, em seu art. 170, temos como fundamento da ordem econômica a livre iniciativa, e, como um dos princípios o da livre concorrência. Sem a livre iniciativa não há como se pensar em livre concorrência, já que essa pressupõe liberdade, ainda que condicionada. Tal condicionamento ocorre para proteger a própria concorrência, ou seja, a concorrência não é totalmente livre, pois, se fosse, o surgimento de monopólio ou oligopólio seria praticamente inevitável. Assim, em uma economia de mercado a concorrência é fundamental, pois com ela há maior oferta de produtos e serviços, beneficiando o consumidor. Além disso, para ganhar maiores fatias do mercado (market shares) aumentando seus lucros, os produtores investem em tecnologia para diminuir custos da produção, aprimorando a qualidade dos mesmos e, para vender mais, reduze seus preços (geralmente). Logo, em situações que a concorrência é perfeita (ou quase), ambos, produtores e consumidores se beneficiam, de acordo com a lei econômica da oferta e da procura*". (PLAWIAK, Rainer Belotto. O controle das estruturas do direito concorrencial brasileiro: aspectos teóricos e práticos. *In*: MOREIRA, Egon Bockmann; MATTOS, Paulo Todescan Lessa (Coords). *Direito concorrencial e regulação econômica*. Belo Horizonte: Fórum, 2010. p. 66.67).

obterá, artificialmente, mediante decisão judicial e sem qualquer mérito decorrente da criação de um processo produtivo mais eficiente ou de um novo produto, uma redução de custos em sua função de produção, permitindo-lhe obter vantagens econômicas frente aos demais competidores daquele mercado.[236]

Sobre o princípio da livre concorrência, leciona Eros Grau que é correlato do princípio da livre-iniciativa econômica e desdobra-se em liberdades privadas e liberdade pública atinentes à concorrência, apresentando a liberdade de concorrência, cujo aspecto mais importante é aquele referente à neutralidade do Estado diante do fenômeno concorrencial, não interferindo na igualdade de condições que deve existir entre os concorrentes (liberdade pública).[237]

Na sessão plenária da Suprema Corte que julgou a ação cautelar (AC) nº 1.657/RJ, que tratava da vantagem concorrencial obtida por indústria tabagista pelo não pagamento de tributos,[238] o Min. Eros Grau registrou em seu voto:

> Queria lembrar, também, um pequeno trecho do parecer do professor José Afonso da Silva, no qual ele diz: "A livre iniciativa só é juridicamente amparada quando legitima, e só é legitima quando seu titular a exerce em respeito aos ditames da ordem jurídica na qual se inclui a concorrência legal e o cumprimento da função social da empresa". Vou me permitir a essa altura – considerando que já tenho quase de três anos de judicatura neste tribunal, mais a importância e peculiaridades do caso – lembrar o Barão de Itararé, quando dizia: "Restaure-se a legalidade ou nos locupletemos todos". A empresa que não cumpre obrigações tributárias, que não recolhe tributos, atua de modo desigual, em relação aos demais agentes econômicos, no mercado. (...) Isso nitidamente afronta os princípios constitucionais. (...), como no futuro virá algum

---

[236] Segundo Tavares: "*Sendo livre a concorrência, as leis do mercado determinarão as circunstâncias em que haverá ou não o êxito do empreendedor (livre iniciativa). A livre concorrência não tolera o monopólio ou qualquer outra forma de distorção do mercado livre, com o afastamento artificial da competição entre os empreendedores. Pressupõe, inúmeros competidores em situação de igualdade*". (TAVARES, André Ramos. *Direito constitucional econômico*. 20. ed. São Paulo: Método, 2011. p. 256).

[237] GRAU, Eros Roberto. *A ordem econômica na Constituição de 1988*. 16. ed. rev. e atual. São Paulo: Malheiros, 2014. p. 202.

[238] No referido caso e no RE nº 550.769/RJ, tive a oportunidade de atuar representado a União-PGFN perante o STF. Sobre o tema, *vide* SEEFELDER FILHO, Claudio Xavier; Campos, Rogério. Súmula nº 70 do STF, sanção política e ética concorrencial: contribuição do Min. Carlos Ayres Britto à sedimentação de um dos pilares da ordem econômica e financeira. *In*: LEAL, Saul Tourinho; GREGÓRIO JÚNIOR, Eduardo Lourenço (Coord). *A Constituição cidadão e o direito tributário*: estudos em homenagem ao Ministro Carlos Ayres Britto. Belo Horizonte: Fórum, 2019. p. 133-130.

pesquisador fazer uma leitura dos nossos acórdãos, desejo insistir em que não estou me afastando da Constituição; é na Constituição que estou ancorado.

O princípio da livre concorrência, derivado do princípio da isonomia, exige que haja igualdade entre os atores que atuam no mercado; já o princípio da neutralidade econômica dos tributos visa a impedir que qualquer tipo de intervenção econômica do Estado cause desequilíbrios entre as concorrências, segundo Fernando Facury Scaff.[239]

A regra contida no art. 170, parágrafo único, III, da CF/88, evidencia a vontade da Constituição de não atribuir regra tributária anti-isonômica na ordem econômica em respeito ao princípio constitucional da livre concorrência que vedou expressamente qualquer tratamento favorecido a empresas públicas, sociedade de economia mista e suas subsidiárias quanto aos direitos e obrigações tributárias, conforme registra Carlos de Araujo Moreira.[240]

Além do que, pode-se considerar que, em mercados de qualquer tipo, a existência de vantagens ou desvantagens aleatórias atinentes à legislação tributária representa autêntico desincentivo à inovação e ao empreendedorismo. Isso, porque uma empresa que atua com custos artificialmente mais baixos que suas competidoras não têm grandes

---

[239] Scaff leciona sobre o princípio da livre concorrência: "*Busca-se criar as condições para que se realize um sistema de concorrência perfeita, dentro dos objetivos propostos pela Constituição da República em seu art. 3º, e respeitando os princípios da ordem econômica. Para que se possa existir livre concorrência é imperioso que haja isonomia entre os contendores nas arenas no mercado*". No âmbito tributário, o autor destaca a importância do princípio da isonomia e do princípio constitucional da livre concorrência, manifestando-se pela necessidade de se assegurar que "*os tributos sejam economicamente neutros, para que não venham a distorcer os preços praticados pelas empresas dentro de um mesmo mercado relevante. Trata-se do princípio da neutralidade econômica dos tributos, que impede que este tipo de 'intervenção econômica' do Estado cause desequilíbrios concorrências*". (SCAFF, Fernando Facury. Efeitos da coisa julgada em matéria tributária e livre-concorrência. *In*: *Coisa julgada, constitucionalidade e legalidade em matéria tributária*. Coedição Dialética e ICET, São Paulo e Fortaleza, 2006).

[240] Para Moreira: "*a manutenção indefinida de uma regra tributária anti-isonômica, além de promover injustas transferência de renda, causa sérios prejuízos a livre concorrência, reduzindo os seus potencias benefícios para a maximização da riqueza social. É por essa razão que o Constituinte inscreveu entre os princípios gerais da atividade econômica a 'livre concorrência' (art. 170, IV, CF/88) e estabeleceu que a empresa pública, sociedade de economia mista e suas subsidiárias 'que explorem atividade econômica de produção ou comercialização de bens ou prestação de serviços' se sujeitem 'ao regime jurídico próprio das empresas privadas, inclusive quanto aos direitos e obrigações civis, comerciais, trabalhistas e tributários' (art. 170, parágrafo único, III, CF/88). Parecer ser pouco provável que uma interpretação que se leve a sério a vontade da Constituição, neste aspecto, gera algum benefício material palpável*". (MOREIRA, Carlos de Araujo. Coisa julgada e igualdade: Novo Código, velhos problemas. *Revista da PGFN*, Brasília: Ano V, Número 1, 2016).

incentivos para investir em inovação e na criação de novos processos produtivos para se manter no mercado, pois possui capacidade de utilizar sua margem de lucro excedente para "captar" clientes de eventuais concorrentes inovadores. As demais empresas competidoras, por sua vez, somente realizarão investimentos cujo retorno esperado seja superior ao seu custo, probabilidade que se reduz dada a vantagem obtida judicialmente pela empresa beneficiada. Tal distorção resulta em prejuízo ao consumidor e à economia do país, em decorrência da violação aos princípios que norteiam nossa ordem econômica.

Outro aspecto relevante reside no princípio da neutralidade tributária,[241] nos termos do art. 146-A, que prevê a edição de lei complementar para estabelecer critérios especiais de tributação com o objetivo de prevenir desequilíbrios da concorrência. Todavia, não se trata apenas de regra; sendo uma norma, é mais um relevante princípio positivado expressamente no ordenamento jurídico.[242]

É fundamental o respeito ao princípio da neutralidade tributária para que seja alcançada a grande aspiração do Direito Tributário, que é a busca por um sistema tributário ótimo, sem interferência nas decisões econômicas, leciona Paulo Caliendo.[243] Para Marco Aurélio Greco, a hipótese de "um concorrente ter que suportar o ônus do tributo

---

[241] Segundo Ricardo Seibel de Freitas Lima: *"O princípio da neutralidade tributária não significa a não interferência do tributo sobre a economia, mas, em acepção mais restrita, neutralidade da tributação em relação a livre concorrência, visando a garantir um ambiente de igualdade de condições competitivas, reflexo da neutralidade concorrencial do Estado"*. (LIMA, Ricardo Seibel de Freitas. *Livre concorrência e o dever de neutralidade tributar*. Dissertação (Mestrado). Porto Alegre: UFRGS. 2005).

[242] De acordo com Marlene Kempfer Bassoli e Fellipe Cianca Fortes: *"À primeira vista, o artigo 146-A enuncia uma regra de competência, outorgando à União o poder de instituir, por meio de lei complementar de caráter nacional (vinculante para todos os Entes Federativos), normas que visam prevenir ou anular as distorções concorrenciais provocadas pelos tributos. Com isso, a União, além da competência outorgada pelo artigo 174 para fiscalizar, incentivar e planejar as atividades econômicas cabe, também, intervir diretamente na tributação tanto dos Estados, quanto dos Municípios, quando esta ferir os preceitos concorrenciais. Mais do que somente enunciar tal regra, é válido afirmar que o artigo 146-A da CF/88 positiva, expressamente, no ordenamento jurídico o Princípio da Neutralidade Fiscal, conforme visto nos tópicos anteriores era construído implicitamente a partir dos Princípios da Ordem Econômica"*. (KEMPFER BASSOLI, Marlene; FORTES, Fellipe Cianca. Análise econômica do direito tributário: livre iniciativa, livre concorrência e neutralidade fiscal. *Scientia iuris*, v. 14, p. 235-253, 2010).

[243] Para Paulo Caliendo: *"O princípio da neutralidade fiscal estabelece um valor em um fim, qual seja, diminuir legitimamente os efeitos da tributação sobre a decisão dos agentes econômicos, evitando distorções e consequentes ineficiências no sistema econômico. A busca de um sistema tributário ótimo, ou seja, que realize as suas funções de financiamento de política públicas, promoção dos direitos fundamentais, evitando ao máximo interferências nas decisões econômicas é o grande desiderato do Direito Tributário"*. (CALIENDO, Paulo. *Direito tributário e análise econômica do direito* – Uma visão crítica. Rio de Janeiro: Elsevier, 2009, p. 129).

enquanto outro por ele não é atingido implica quebra da neutralidade da tributação perante a competição".[244-245]

Especificamente sobre as hipóteses de um grupo de contribuintes ser beneficiado ou prejudicado por uma decisão transitada em julgado contrária à Constituição, Ricardo Lodi Ribeiro registra com propriedade:

> Ao reconhecer a prevalência da decisão transitada em julgado que concede o direito a um contribuinte de não pagar tributos que, segundo decisão do STF, todos devem pagar está-se conferindo caráter absoluto à perspectiva individual da segurança jurídica, em detrimento não apenas do Estado, mas principalmente de todos os outros contribuintes que atuam no mesmo setor econômico e que, por não terem decisões transitadas em julgado, acabarão submetidos a sentenças harmonizadas com a posição da Corte Maior, no sentido da legitimidade do tributo. Assim, sem um mesmo mercado teremos uma empresa que está liberada de parcela da carga tributária incidente sobre suas operações, enquanto as demais são obrigadas a suportar a integralidade do peso fiscal. Trata-se de privilégio odioso, por ofender o princípio da isonomia e o da livre concorrência, uma vez eu tal situação faria com que o contribuinte beneficiado tendesse a abarcar fatias cada vez maiores do mercado, em detrimento dos seus concorrentes. Tal violação de princípios constitucionais tão caros à ordem tributária e à ordem econômica jamais poderia ser perpetrada pelo legislador, quanto mais pelo Poder Judiciário, ou, melhor, pela interpretação quanto aos efeitos de suas decisões. Por outro lado, a prevalência de uma decisão transitada em julgado que condena o contribuinte ao pagamento do tributo, enquanto todos os seus concorrentes são dispensados do seu recolhimento em face de posicionamento do STF, representa discriminação odiosa e insuportável, que provavelmente levará ao desaparecimento da empresa discriminada, restando igualmente violados os referidos princípios.[246]

---

[244] GRECO, Marco Aurélio. *Planejamento tributário*. 4. ed. São Paulo: Quartier Latin, 2019. p. 357.

[245] Helenilson Cunha Pontes acrescenta ao debate o princípio da generalidade tributária afirmando que: "*No sistema tributário brasileiro, o princípio da generalidade, como diretriz constitucional que afasta a possibilidade de privilégios sem arrimo no conjunto de regras e princípios consagrados constitucionalmente, é dotado de máxima efetividade, positivando-se como princípio prima facie, o qual somente pode ser afastado nas hipóteses em que a criação de desonerações tributárias justifica-se em face do conjunto de outros princípios e regras constitucionais*". (PONTES, Helenilson Cunha. *Coisa julgada tributária e inconstitucionalidade*. São Paulo: Dialética, 2005, p. 165)

[246] RIBEIRO, Ricardo Lodi. Coisa julgada tributária e o Código de Processo Civil/2015. *In*: MACHADO, Hugo de Brito (Org.). *O processo tributário e o Código de Processo Civil 2015*. São Paulo, Malheiros, 2017, p. 603.

A respeito de privilégios odiosos, o Supremo Tribunal Federal já firmou seu entendimento no sentido de não existir direito adquirido a regime jurídico, conforme verificamos do precedente no RE nº 563.965/RN.[247] Se até eventuais direitos assegurados por lei podem ser alterados por lei posterior, não havendo que se falar em direito adquirido a regime jurídico, "*mutatis mutandis*", o regime jurídico tributário de exceção, assegurado via efeitos futuros de coisa julgada contrária à Constituição, não pode restar incólume a posterior precedente da Suprema Corte que define a questão constitucional de maneira oposta.

Na hipótese de coisa julgada tributária contrária à posterior declaração de constitucionalidade de um tributo pelo STF, um novo elemento surge para a cessação da eficácia da coisa julgada do caso concreto que dispensou o pagamento do tributo constitucional; trata-se do dever fundamental de pagar tributo. Sobre o tema, relevantes argumentos foram expostos pelo Min. Luís Roberto Barroso em seu voto no RE nº 601.314/SP – RG, registrando que na feição Fiscal do Estado contemporâneo "todos os membros da sociedade têm o dever de contribuir, na medida da capacidade econômica manifestada, para o sucesso desse projeto coletivo que, repita-se, tem como principal forma de financiamento a receita advinda de tributos". Citando Klaus Tipke, destaca que a Administração Tributária não possui interesse próprio, mas representa o interesse de todos que pagam tributo, concluindo que "em uma acepção mais correta, a Administração Tributária age como um agente fiduciário da comunidade solidária formada por todos os contribuintes".[248]

---

[247] *Vide* trecho de sua ementa: "*O Supremo Tribunal Federal pacificou a sua jurisprudência sobre a constitucionalidade do instituto da estabilidade financeira e sobre a ausência de direito adquirido a regime jurídico*".

[248] Trecho do voto do Min. Luís Roberto Barroso no RE nº 601.314/SP – RG: "*2.1 Dever Fundamental de Pagar Tributos. 14. A Constituição Federal colocou a solidariedade ao lado da igualdade e da justiça como objetivos fundamentais da República, insculpidos no art. 3, inciso I da CF/88. A noção de solidariedade social pode ser visualizada tanto como valor ético e jurídico, absolutamente abstrato, quanto como princípio positivado, que é o caso do Brasil. Trata-se, sobretudo, de uma obrigação moral e um dever jurídico que, em razão da correlação entre deveres e direitos, informa e vincula a liberdade, a justiça e a igualdade. Por meio dele, a alteridade se insere de forma definitiva também no discurso jurídico. 15. Nesse ponto, algumas aproximações são inevitáveis. A primeira delas é com a definição de tributo como um dever fundamental. É comum que as pessoas após alguns séculos esqueçam que as principais formulações sobre o contrato social o conceberam com um acordo entre pessoas e não entre essas e o Estado, o que é um desvio de percepção bastante comum. Se a criação do Estado é um projeto coletivo, deve-se reconhecer que a solidariedade se projeta com muita força no direito fiscal, que se traduz na disciplina da repartição igualitária dos custos dos direitos prestados e/ou garantidos pelo Estado. Nesse contexto, o pagamento de tributos constitui-se um dever fundamental estabelecido constitucionalmente. Dever esse juridicamente fundamentado quer na feição Fiscal assumida pelo Estado contemporâneo, quer*

Além do que, a coisa julgada que afasta o pagamento de tributo por contribuinte com capacidade tributária ativa e sujeito à incidência por decisão da Suprema Corte atenta também contra o princípio da capacidade tributária, o qual, segundo Marco Aurélio Greco, é o verdadeiro princípio constitucional tributário, que dá sentido à tributação, restringindo a liberdade negocial em face da solidariedade social.[249] Na mesma linha, Roque Antônio Carraza ensina que o "princípio da capacidade contributiva hospeda-se nas dobras do princípio da igualdade e ajuda a realizar, no campo tributário, os ideais republicanos".[250]

Essa obviedade oferece uma clara percepção quanto aos efeitos do não pagamento de tributos; conforme aponta Albano Santos, resta evidenciado um "dilema típico da nossa época", uma vez que de um lado "reclama-se o máximo do Estado, mas rejeitam-se as inevitáveis consequências financeiras dessa atitude". Para tal contradição, cita Bastiat: "todos querem viver à custa do Estado, mas esquecem que o Estado vive à custa de todos".[251]

É indubitável que, diante do conceito de segurança jurídica nas relações dinâmicas, reforçado pelos princípios constitucionais acima analisados, a posição de nunca mais pagar um determinado tributo, ou continuar pagando em face de coisa julgada na relação tributária de trato continuado contrária à Constituição, viola a noção básica de igualdade e justiça, não merecendo abrigo em um sistema jurídico em que os princípios devem convergir, evitando-se incoerências, prestigiando a

---

no elenco de direitos fundamentais constitucionalmente previstos e que pressupõem o necessário financiamento. 16. Com isso, se quer dizer que todos os membros da sociedade têm o dever de contribuir, na medida da capacidade econômica manifestada, para o sucesso desse projeto coletivo que, repita-se, tem como principal forma de financiamento a receita advinda de tributos. Ao descrever o papel atual que assume a Administração Tributária, em passagem feliz, KLAUS TIPKE afirma que a função das autoridades fiscais não corresponde ao mero interesse do Tesouro, mas sim ao interesse que o contribuinte tem de que os demais também paguem os tributos devidos. E conclui que, em uma acepção mais correta, a Administração Tributária age como um agente fiduciário da comunidade solidária formada por todos os contribuintes".

[249] GRECO, Marco Aurélio. *Planejamento tributário.* 4. ed. São Paulo, Quartier Latin, 2019, p. 231-234.

[250] CARRAZA, Roque Antônio. *Curso de direito constitucional tributário.* 10. ed. rev. São Paulo: Malheiros, 1997. p. 65 e ss.

[251] "(...) *importa reter que a indulgência para com a fuga ao imposto contrasta acentuadamente com a prática, muito divulgada, de responsabilizar o Estado por parcelas crescentes da existência dos cidadãos, criando, assim, uma incongruência a que já se chamou o 'dilema típico da nossa época': reclama-se o máximo do Estado mas rejeitam-se as inevitáveis consequências financeiras dessa atitude. Uma tal contradição reconduz, aliás, o fenômeno ao plano ético, uma vez que só encontra solidez lógica na afirmação de Bastiat de que 'todos querem viver à custa do Estado, mas esquecem que o Estado vive à custa de todos'* (...)". (SANTOS, J. Albano. *Teoria fiscal.* 2003. p. 352).

supremacia da Constituição e a vontade do constituinte originário de constituir uma sociedade livre, justa e solidária.[252]

3.5 Considerações sobre as repercussões gerais reconhecidas pelo STF

Antes de concluirmos o presente trabalho, iremos, de forma breve, realizar uma abordagem sobre alguns pontos que entendemos relevantes na solução dos casos envolvendo as duas repercussões gerais reconhecidas pendentes de julgamento perante o Supremo Tribunal Federal.

Conforme já registrado neste trabalho, no âmbito do STF foram reconhecidas duas repercussões gerais em que a matéria constitucional controvertida consiste na matéria objeto do presente estudo, ou seja, em delimitar o limite da coisa julgada em *âmbito* tributário, na hipótese de o contribuinte ter em seu favor decisão judicial transitada em julgado que declare a inexistência de relação jurídico-tributária, ao fundamento de inconstitucionalidade incidental de tributo, por sua vez declarado constitucional, em momento posterior, na via do controle difuso e abstrato de constitucionalidade exercido pelo STF. São os RE nº 949.297/CE, relator Min. Edson Fachin (Tema 881), que trata do controle concentrado, e o RE nº 955.227/BA, relator Min. Luís Roberto Barroso (Tema 885), que trata do controle difuso. O tributo envolvido nos casos a serem analisados pelo Supremo Tribunal Federal é a contribuição social sobre o lucro líquido (CSLL), contribuição a

[252] *"3. CONSTRUIR UMA SOCIEDADE LIVRE JUSTA E SOLIDÁRIA. A Constituição de 1988, nesse aspecto inspirou-se no preâmbulo da Constituição Portuguesa, que se propõe a 'construção de um país mais livre, mais justo e mais fraterno'. A fórmula brasileira é talvez menos superlativa, mas é mais elegante e mais sintética, e acabou por inspirar a nova redação do art. 1º da Constituição Portuguesa na sua segunda revisão, que é de 1989, quando fala em República 'Empenhada na construção de uma sociedade livre, justa e solidária', em substituição ao texto anterior, que falava em República 'empenhada na sua transformação numa sociedade sem classes'. 'Construir', aí, tem sentido contextual preciso. Reconhece que a sociedade existente no momento da elaboração constitucional não era livre, nem justa, nem solidária. Portanto, é signo lingüístico que impõe ao Estado a tarefa de construir não a sociedade – porque esta já existia – mas a liberdade, a justiça e a solidariedade a ela referidas. Ou seja: o que a Constituição quer, com esse objetivo fundamental, é que a República Federativa do Brasil construa uma ordem de homens livres, em que a justiça distributiva e retributiva sejam um fator de dignificação da pessoa e em que o sentimento de responsabilidade e apoio recíprocos solidifique a idéia de comunidade fundada no bem comum. Surge aí o Estado Democrático de Direito, voltado à realização da justiça social, tanto quanto a fórmula liberdade, igualdade e fraternidade o fora no estado Liberal proveniente da Revolução Francesa."* (SILVA, José Afonso da. *Comentário contextual à Constituição*. 7. ed. São Paulo: Malheiros, 2010. p. 48-49).

cargo da empresa e destinada ao custeio da Seguridade Social, nos termos do art. 23 da Lei nº 8.212/91. Conforme já mencionado, em 1992 o Plenário do Supremo Tribunal Federal apreciou a matéria e a considerou constitucional no controle difuso no RE nº 138.284/CE, transitada em julgado em 29.09.1992, e no controle concentrado na ADIn nº 15/DF, transitada em julgado em 17.09.2007. Inúmeros processos judiciais foram ajuizados pelos contribuintes Brasil afora. Uma grande quantidade de contribuintes ganhou a causa com trânsito em julgado perante os Tribunais Regionais Federais (TRFs); outra parte dos contribuintes a perdeu após a decisão da Suprema Corte.

O Supremo Tribunal Federal, ao julgar os RREE acima citados, analisará também seu papel como Corte Constitucional, estabelecendo eventuais diferenças, ou não, entre os diversos instrumentos disponíveis para o exercício da jurisdição constitucional, determinando a atual força de seus precedentes na ordem jurídica, em especial quanto à extensão de suas vinculações e eficácias, em particular sobre a coisa julgada. Por tudo isso, o referido julgamento tem tudo para representar mais um relevante capítulo na história da jurisdição constitucional no Brasil.

Antes de adentrarmos especificamente em cada caso, importante registrar que, em que pese o entendimento aqui defendido beneficie tanto o contribuinte como a Administração Tributária, esta última já se posicionou sobre o tema concedendo aos contribuintes que detinham coisas julgadas inconstitucionais, determinando o pagamento de tributos e que parassem de pagá-los, sem necessidade de intervenção do Poder Judiciário, em respeito aos precedentes do STF, conforme Parecer PGFN/CRJ nº 492/2011.[253] Nos casos que serão examinados pelo STF, temos o outro lado da moeda, em hipótese contemplada no

[253] Precisas as considerações de Ricardo Lodi Ribeiro sobre os efeitos do precedente do STF e do Parecer PGFN/CRJ nº 492/2011; vejamos: "(...), *se a força da decisão do STF como direito novo poderá fazer com que o contribuinte que tem uma decisão individual que o obriga a pagar tributo deixe de fazê-lo em face da decisão da Corte, ainda que no controle difuso, como reconheceu o aludido parecer da Procuradoria-Geral da Fazenda Nacional, com mais razão, e por coerência, é forçoso admitir que a posição assumida objetivamente no leading case também desobriga do pagamento aqueles contribuintes que não possuem contra si qualquer decisão determinando o pagamento*". (RIBEIRO, Ricardo Lodi. Coisa julgada tributária e o Código de Processo Civil/2015. *In:* MACHADO, Hugo de Brito (Org.). *O processo tributário e o Código de Processo Civil 2015*. São Paulo, Malheiros, 2017, p. 606). Em complemento ao raciocínio acima exposto, entendemos que a aplicação do art. 146 do CTN, contida no Parecer PGFN/CRJ nº 492/2011, condiciona, exclusivamente, o exercício, pelo Fisco, do direito de voltar a lançar o tributo declarado constitucional pelo STF, não sendo aplicável nas hipóteses que dispensam o contribuinte do pagamento do tributo declarado inconstitucional pelo STF, uma vez que nesses casos seria suficiente o trânsito em julgado do precedente do STF, inclusive nas hipóteses anteriores a edição do aludido parecer.

referido parecer:[254] os contribuintes prejudicados pela posterior decisão do STF de constitucionalidade do tributo questionam a cessação da eficácia de suas coisas julgadas contrárias à Constituição.

Abordaremos, inicialmente, dois pontos comuns aos recursos extraordinários RE nº 949.297/CE, relator Min. Edson Fachin (Tema 881), que trata do impacto do precedente do STF em controle concentrado sobre a eficácia da coisa julgada anterior em sentido contrário, e o RE nº 955.227/BA, relator Min. Luís Roberto Barroso (Tema 885), que trata do impacto do precedente do STF no controle difuso sobre a eficácia da coisa julgada anterior em sentido contrário. Ao final, analisaremos um ponto específico relevante referente exclusivamente do RE nº 955.227/BA.

O primeiro ponto comum diz respeito à necessidade de apreciação pelo Poder Judiciário para que ocorra a cessação da eficácia da coisa julgada contrária ao seu entendimento. Nesse ponto, não bastassem os argumentos expostos quando da apreciação do art. 505, I do nCPC (tópico 2.5), no qual defendemos a prescindibilidade da ação revisional na hipóteses aqui tratada, destacamos que sujeitar a efetivação da aplicação da Constituição a uma nova certificação judicial (ou administrativa) ensejaria restringir a força normativa e vinculante

[254] Trechos do Parecer PGFN/CRJ nº 492/2011: "*78. Assim, tendo em conta o princípio da segurança jurídica e os seus consectários princípios da não surpresa e da proteção à confiança, bem como por força do que prevê o art. 146 do CTN, entende-se, aqui, que naquelas específicas hipóteses em que a cessação da eficácia da decisão tributária transitada em julgado, em face do advento de precedente objetivo e definitivo do STF em sentido contrário ao nela sufragado, tenha ocorrido em momento anterior à publicação deste Parecer, e tendo havido inércia dos agentes fazendários, o termo a quo para o exercício, pelo Fisco, do direito de voltar a exigir; do contribuinte-autor, o tributo em questão é a data da publicação deste Parecer, o que significa dizer que apenas os fatos geradores praticados a partir desse instante poderão ser objeto de lançamento. 79. Em outras palavras: este parecer não retroage para alcançar aqueles fatos geradores pretéritos, que, mesmo sendo capazes, à luz do entendimento ora defendido, de fazer nascer obrigações tributárias, não foram, até o presente momento, objeto de lançamento. Por óbvio, se nas situações pretéritas o Fisco já tiver adotado o entendimento ora defendido, efetuando a cobrança relativa aos fatos geradores ocorridos desde a cessação da eficácia da decisão tributária transitada em julgado, em relação a essas situações pretéritas o critério jurídico contido no presente Parecer não poderá ser considerado 'novo', o que afasta a aplicação do princípio da não surpresa e do art. 146 do CTN; esses lançamentos, portanto, deverão ser mantidos. 80. Afora essas situações específicas, que se caracterizam, primordialmente, por serem pretéritas a este Parecer, em todas as demais deve incidir a regra referida mais acima, segundo o qual o termo a quo para o exercício do direito conferido ao Fisco de voltar a exigir, do contribuinte-autor, o tributo antes tido como inexigível pela coisa julgada que lhe favorecia é a data do trânsito em julgado do acórdão proferido pelo STF. 81. Assim, os precedentes objetivos e definitivos da Suprema Corte, advindos após a publicação deste Parecer, no sentido, por exemplo, da constitucionalidade de determinado tributo, fazem cessar, automaticamente, a eficácia das decisões tributárias transitadas em julgado que lhes forem contrárias, de modo que, assim que os respectivos acórdãos transitarem em julgado, o Fisco poderá voltar a cobrar os tributos relativos aos fatos geradores praticados pelos contribuintes-autores a partir de então*".

dos precedentes do STF, provocaria uma nova maratona judicial sujeita a todas as sortes e imprevistos processuais que apenas podem beneficiar o enfraquecimento da força normativa da Constituição e o desrespeito de seus princípios, em especial o da igualdade, além de imputar um ônus aos pequenos contribuintes que não possuem assessoria jurídica, em contraposição aos grandes contribuintes – maiores interessados no tema – e da própria Administração Tributária, os quais, em regra, possuem quadro de advogados próprios ou contratados.

O segundo ponto comum diz respeito à possibilidade de utilização do art. 27 da Lei nº 9.868/99 ou art. 927, §3º do nCPC, para fins de modulação dos efeitos da decisão sobre a matéria, na hipótese de considerar constitucional a cessação da eficácia das decisões contrárias ao seu entendimento sobre a Constituição. Uma eventual modulação dos efeitos deve levar em consideração os seguintes pontos: (i) a Administração Tributária Federal já modulou o entendimento a partir da edição do Parecer PGFN/CRJ nº 492/2011, de 26.05.2011, ressalvados os lançamentos já efetivados antes da sua edição, situação específica dos casos a serem apreciados pela Suprema Corte; (ii) a modulação nos casos apreciados pelo STF beneficiaria os contribuinte litigantes que não pagam tributos constitucionais e prejudicaria na mesma medida os contribuintes dispensados do pagamento de tributos inconstitucionais pelo Parecer PGFN/CRJ nº 492/2011; e (iii), principalmente, a modulação do impacto do superveniente precedente do STF sobre a eficácia da coisa julgada contrariaria a Constituição, violaria a força e a vinculação de seus precedentes, além de mitigar as eficácias no plano executivo e plano normativo de suas decisões que definem a própria Constituição.

O terceiro e relevante ponto diz respeito à questão fundamental envolvendo o RE nº 955.277/BA. Trata-se do fato de que o precedente do STF, no controle difuso, que declarou a constitucionalidade da CSLL remonta ao ano de 1992 (trânsito em julgado em 17.09.2007), situação temporal que poderia ensejar a alegação de que, possuindo eficácia *inter partes* à época, não teria a aptidão de impactar o ordenamento jurídico e fazer cessar os efeitos da coisa julgada em sentido contrário.

Importante registrar que as questões constitucionais debatidas no controle difuso de constitucionalidade chegam ao STF após intenso debate nas instâncias ordinárias, o qual contribui imensamente para a formação do precedente da Suprema Corte. Não atribuir impacto aos precedentes do STF anteriores à implementação da repercussão geral enfraqueceria a Constituição, a qual passaria a ter dois textos com força e vinculação diferentes. As inúmeras interpretações dadas pelo

STF ao sistema tributário nacional antes da utilização da sistemática da repercussão geral teriam eficácia *inter partes* e não possuiriam efeito vinculante, enquanto os precedentes após 03 de maio de 2007 teriam eficácia *ultra partes* e vinculante. A diferença de rito não pode ensejar restrição de eficácia. Seria atribuir menor força à iniciativa do cidadão comum e negar aplicação imediata da interpretação da Constituição em período anterior a maio de 2007, quando passou a ser aplicado o rito da repercussão geral, interpretações essas que não refletem em menor grau as posições do Supremo Tribunal Federal que os precedentes posteriores. Pelo contrário, representam valioso conjunto de soluções que delineiam a posição histórica do Supremo Tribunal Federal acerca de conflitos envolvendo a Constituição. Da proteção a direitos, representada por esses precedentes, ficariam privados os mais desfavorecidos. Tal situação apresentaria um *deficit* de igualdade inaceitável.[255]

Na hipótese de não se considerar que a declaração de constitucionalidade em controle difuso possui eficácia *per se*,[256] em face da confirmação de sua presunção de constitucionalidade das leis que possuem efeitos gerais próprios, entendemos que, por coerência e respeito aos seus próprios entendimentos, seria razoável estabelecer

---

[255] Souto Maior Borges, em artigo sobre o tema objeto da Repercussão Geral nº 885, leciona que: "(...) *fazer prevalecer decisões hierarquicamente inferiores, excludentes de gravame, contra decisões do Supremo Tribunal Federal, é subversão de hierarquia, problema inconfundível com a questão de simples alteração jurisprudencial (p. ex. da jurisprudência de um mesmo tribunal). É fazer prevalecer ad futurum a decisão judicial pela inconstitucionalidade da contribuição restrita às partes (controle difuso) é estabelecer um regime jurídico privilegiado, que não encontra, esse sim, guarida na Constituição Federal, antes é constitucionalmente repudiado. Efeito de um julgado não deve, nunca, importar em ruptura da Constituição federal, sobretudo do mais eminente dos seus princípios: a isonomia. (...) O Supremo Tribunal Federal tem a seu cargo a custódia da Constituição Federal. De sorte que a Constituição Federal é, no sentido pragmático que lhe emprestam os juristas americanos, o que o Supremo Tribunal Federal diz que é. Nesse insigne mister, o Supremo Tribunal Federal é o construtor do federalismo brasileiro. De maneira que as decisões do Supremo Tribunal Federal, mesmo cronologicamente posteriores às dos Tribunais inferiores, lhes confirmam ou infirmam a validade. Assim, como o das normas gerais, o fundamento de validade das normas individuais não é extraído de critérios cronológicos, mas hierárquicos. (...) O Supremo Tribunal Federal, ao considerar constitucional a contribuição introduziu, também ele, modificação no estado de direito: modificação no plano das normas individuais. Que é um acórdão do Supremo Tribunal Federal senão um ato instituinte de normas individuais no controle difuso de constitucionalidade? Portanto modificativo do estado-de-direito antecedente e decorrente, também ele, de normas individuais postas pelos TRFs*". (BORGES, José Souto Maior. Limites constitucionais e infraconstitucionais da coisa julgada tributária (contribuição social sobre o lucro). *Cadernos de Direito Tributário e Finanças Públicas*, v. 27, p. 170-194, Abr/1999).

[256] De acordo com entendimento do Min. Gilmar Mendes na Rcl nº 4.335/AC: "(...) *a suspensão de execução pelo Senado não tem qualquer aplicação naqueles casos nos quais o Tribunal limita-se a rejeitar a arguição de inconstitucionalidade. Nessas hipóteses, a decisão vale per se*".

que todos os precedentes em controle difuso firmados pelo Plenário do STF antes da implementação da sistemática da repercussão geral passassem a gerar efeitos *ultra partes* e vinculantes a partir de 23.10.2009, data do trânsito em julgado da ADIn-AgR nº 4.071/DF, em prestígio aos precedentes da Suprema Corte, os quais desde o começo deste século têm dado mostras de que o papel do recurso extraordinário na jurisdição constitucional está em processo de redefinição, de modo a conferir mais efetividade às decisões da Suprema Corte no controle difuso, conforme demostramos no tópico 1.4 deste trabalho. O precedente na ADIn-AgR nº 4.071/DF consagra a objetivação do controle difuso, sendo resultado dos inúmeros avanços do entendimento do STF sobre a força do precedente formado em recurso extraordinário, operando relevante alteração no *modus operandi* da Suprema Corte em evidente ruptura no rito das ADIs promovida pelo Plenário do STF em evidente equiparação da força, eficácia e vinculação entre os precedentes formados seja no controle difuso, seja no controle concentrado de constitucionalidade. Caso contrário, a ADIn deveria ter sido conhecida e julgada a fim de conferir eficácia *erga omnes* e efeito vinculante ao precedente, tal qual ocorreu no passado, na apreciação da constitucionalidade da contribuição social sobre o lucro líquido (CSLL) instituída pela Lei nº 7.689/88, após a Constituição de 1988, quando o Plenário do Supremo Tribunal Federal apreciou a matéria, considerando-a constitucional tanto no controle difuso no RE 138.284/CE, transitado em julgado em 29.09.1992, como no controle concentrado na ADIn nº 15/DF, transitada em julgado em 17.09.2007.

O não reconhecimento da força expansiva *ultra partes* dos precedentes formados no controle difuso antes da implementação da repercussão geral gerariam graves consequências à força normativa da Constituição, uma vez que as coisas julgadas contrárias à Constituição restariam eternizadas, haja vista que: (i) na ADIn-AgR 4.071/DF o Plenário do STF entendeu manifestamente improcedente a ação direta de inconstitucionalidade cuja constitucionalidade foi expressamente declarada pelo Plenário do Supremo Tribunal Federal, mesmo que em recurso extraordinário, vedando o ingresso de ações de controle de constitucionalidade no modelo concentrado após a decisão do Plenário do STF em controle difuso; (ii) os temas definidos antes da instituição da repercussão geral não poderão mais chegar ao STF, em face do atual regramento processual brasileiro de respeito aos precedentes do STF; além do fato (iii) de que a edição de súmulas vinculantes em todos os casos já julgados em recurso extraordinário pelo Plenário do

STF antes da repercussão geral contrariaria a dicção do art. 2, §2 da Lei nº 11.417/2011, segundo o qual o enunciado da súmula vinculante terá por objeto a validade, a interpretação e a eficácia de normas determinadas, acerca das quais haja, entre órgãos judiciários ou entre esses e a administração pública, controvérsia atual que acarrete grave insegurança jurídica e relevante multiplicação de processos sobre idêntica questão, hipótese na qual não se enquadram os precedentes da Suprema Corte, definidos há mais de 14 anos, em períodos anteriores à instituição da repercussão geral (2007).

4

CONCLUSÃO

O precedente do Supremo Tribunal Federal, como cúpula do Poder Judiciário e Corte Constitucional, possui relevante função de interpretação das normas constitucionais no sistema de controle de constitucionalidade de normas no Brasil. A eficácia dos precedentes da Corte Suprema no exercício dessa jurisdição constitucional tem recebido crescente prestígio pela legislação infraconstitucional e da própria Constituição, os quais vêm sendo confirmados pelo STF, conferindo expressiva força aos precedentes do STF em crescente movimento em direção à sua eficácia vinculante e expansiva *ultra partes*, seja como órgão exclusivo do sistema concentrado, seja como órgão de cúpula do sistema difuso.

No campo tributário, as ações declaratórias envolvendo as relações jurídicas tributárias de trato continuado ou sucessivo à coisa julgada formada não se limita aos fatos narrados na inicial ou ocorridos durante a demanda, mas projeta seus efeitos para o futuro, conforme construção jurisprudencial do STJ que redefiniu o entendimento contido na Súmula 239/STF. Entretanto, como todas as sentenças contêm, implicitamente, a cláusula *rebus sic stantibus*, ou seja, elas mantêm seu efeito vinculante enquanto se mantiverem inalterados o direito e o suporte fático com base nos quais estabeleceu o juízo de certeza, as sentenças sobre relações jurídicas de trato continuado deixam de ter força vinculante de lei para as partes quando ocorre superveniente alteração da situação de fato ou da situação de direito.

Na lide tributária, por possuir forte viés constitucional, uma expressiva parte dos casos concretos o mérito da causa tributária não chega ao STF em face da complexa processualística envolvida, derivada da jurisprudência defensiva reflexo do volume de recurso extraordinário e agravo de instrumentos que chegam a Corte Suprema. Tal situação, em muitos casos concretos, leva à situação abordada no presente trabalho, qual seja a decisão transitada em julgado nas instâncias ordinárias do controle difuso conflita com o entendimento posterior firmado pela Suprema Corte, quando aprecia o mérito da matéria seja em controle concentrado, seja em controle difuso.

A coisa julgada como a garantia da realização do princípio da segurança jurídica não é um instituto de caráter absoluto, estando sujeita a uma conformação infraconstitucional, que harmonize a garantia da coisa julgada com os primados da Constituição.

A supremacia e a força normativa da Constituição que a todos vincula e a todos submete, a força da autoridade que detém os precedentes do STF que, por vontade do constituinte, dá a palavra definitiva em matéria de interpretação e aplicação das normas constitucionais, como cúpula do Poder Judiciário e Corte Constitucional, promove substantivo impacto no ordenamento jurídico, com profundas e abrangentes consequências jurídicas, em face da força normativa da Constituição e dos efeitos vinculantes, expansivos *erga omnes* dos precedentes firmados pelo Plenário do STF[257] no exercício da jurisdição constitucional. Esse impacto na ordem jurídica com o estabelecimento de um novo marco jurídico formado pelo precedente do STF separa o "antes" e o "depois" da norma, como se a ela se aderisse um selo de

---

[257] Nesse sentido Mitidiero: "*A função de nomofilaquia interpretativa exercida pela Corte Suprema também justifica a vinculação do precedente. Sendo o propósito desse modelo a eliminação da equivocidade do Direito diante de determinado contexto fático-normativo mediante a fixação de sua adequada interpretação, é natural que a norma daí oriunda desempenhe um papel de guia para sua intepretação futura, atuando de forma proativa para a obtenção da unidade do Direito. A Corte Suprema é uma corte de interpretação, cuja missão é formar precedentes. Negar eficácia para além das partes do processo e eficácia vinculante à sua intepretação, portanto, é negar a sua própria razão de existência, tolhendo a Corte Suprema da sua razão de ser dentro do ordenamento jurídico. A produção de precedente vinculante com eficácia além das partes constitui o resultado indissociável dos pressupostos e da função interpretativa inerente à Corte Suprema. A vinculação ao precedente – o que exige atenção à justificação judicial e, portanto, ao contexto fático-jurídico que lhe serve de matéria-prima – é inerente ao modelo de Corte Suprema. Daí que sem força vinculante horizontal e vertical, o que implica dever de observância do precedente pelos próprios membros da Corte Suprema e por todos os órgãos jurisdicionais, a Corte Suprema não te como outorgar unicidade ao Direito mediante seus precedentes. Dessa forma, o precedente judicial nesse modelo constitui fonte primária do Direito., cuja a eficácia vinculante não decorre nem do costume judicial e da doutrina, nem da bondade e da congruência social das razoes invocadas, mas da força institucionalizante da interpretação judicial, isto é, da força institucional da jurisdição como função básica do Estado. Vale dizer: o precedente constitui uma 'authority reason', uma 'must-source', atuando, portanto, como uma verdadeira 'exclusionary reason' na formação da decisão judicial*". (MITIDIERO, Daniel. *Cortes superiores e cortes supremas*: do controle à interpretação da jurisprudência ao precedente. 3. ed. rev. atual. e ampl. São Paulo: Revista dos Tribunais, 2017, p. 85-86).

chancela positivo ou negativo, conferido pelo próprio Supremo Tribunal Federal, vedando interpretações em sentido contrário.

A supremacia da Constituição, tratamento isonômico e autoridade do STF norteiam a busca de solução para o problema aqui enfrentado, exigindo na análise dos princípios constitucionais a noção de segurança jurídica nas relações dinâmicas, como instrumento viabilizador de uma transição que respeita o passado, mas ao mesmo tempo tenha aderência com os princípios constitucionais da igualdade, livre iniciativa e livre concorrência, neutralidade tributária, isonomia tributária, entre outros analisados, alcançando a coerência no sistema e impedindo a perpetuação de regime tributário de exceção que viola a noção básica de igualdade e de justiça, não merecendo abrigo em um sistema jurídico em que os princípios devem convergir, evitando-se incoerências, prestigiando a força normativa da Constituição e os objetivos fundamentais da República de constituir uma sociedade livre, justa e solidária (art. 3º, I da CF/88).

Dessa forma, ao final, o presente trabalho conclui que, sendo o ordenamento jurídico um conjunto de normas que devem convergir, evitando a incoerência e assegurando a supremacia das normas constitucionais, a superveniência de precedente com eficácia vinculante e expansiva *ultra partes* da Suprema Corte impacta a ordem jurídica alterando o situação de direito, quebrando o silogismo original da decisão, a qual era condicionada à coisa julgada pela cláusula *rebus sic stantibus*, fazendo, assim, cessar, de forma automática, os efeitos prospectivos de coisa julgada tributária em sentido contrário após o trânsito em julgado no precedente definitivo da Suprema Corte, seja como órgão exclusivo do sistema concentrado, seja como órgão de cúpula do sistema difuso. Nas hipóteses relevantes para a solução da lide tributária no âmbito da jurisdição constitucional exercida pelo STF, concluímos que fazem cessar a eficácia da coisa julgada nas relações jurídicas de trato continuado em matéria tributária os precedentes do STF, a partir do seu respectivo trânsito em julgado, nos seguintes pronunciamentos: (a) nas declarações de inconstitucionalidade ou constitucionalidade de forma definitiva e reiterada, em controle difuso de constitucionalidade, com ou sem a edição de Resolução do Senado antes de 03 de maio de 2007, data da implementação pelo STF da sistemática da repercussão geral; (b) nas decisões definitivas do STF tomadas em recursos extraordinários julgados sob o regime de repercussão geral (RG); e (c) nas decisões definitivas proferidas pelo

STF em ações de controle concentrado de constitucionalidade (ADIn, ADC e ADPF).

O Barão de Itararé possuía a frase "Restaure-se a legalidade ou nos locupletemos todos", da qual, em uma adaptação ao contexto do problema enfrentado neste trabalho, podemos depreender o comando de imprescindibilidade da cessação da eficácia de coisas julgadas tributárias contrárias à Constituição, conforme interpretação definitiva conferida pelo Supremo Tribunal Federal, em respeito à supremacia e à força normativa da Constituição e a igualdade de todos perante a lei.

Stefan Zweig, em meados do século passado, mais precisamente agosto-setembro de 1941, lançou a profética expressão que deu título ao seu livro sobre o país da América do Sul que o acolheu durante a Segunda Guerra Mundial: "Brasil, um país do futuro".[258] Passados mais de 80 (oitenta) anos do vaticínio da Nação do amanhã, a análise e proposta de solução para o problema aqui estudado remete à reflexão sobre o Brasil que ainda buscamos e queremos: se aquele do "homem cordial"[259] que não separa o público do privado, se aquele da herança histórica do patrimonialismo,[260] se aquele do "jeitinho brasileiro"[261] e da máxima popular de gostar de "levar vantagem em tudo",[262] ou se

---

[258] ZWEIG, Stefan, 1881-1942. *Brasil, um país do futuro*. Porto Alegre, RS: Editora L&PM Pocket, 2013.

[259] HOLANDA, Sérgio Buarque de, 1902-1982. *Raízes do Brasil*. Organização: Ricardo Benzaquen de Araújo, Lilia Moritz Schwarcz. Edição revisada. "Edição Comemorativa 70 anos". São Paulo: Companhia das Letras, 2006.

[260] FAORO, Raymundo. *Os donos do poder*: formação do patronato político brasileiro. 3. ed. rev., 10. reimpressão. São Paulo: Globo, 2001.

[261] DAMATTA, Roberto. *O que faz o Brasil, Brasil*? 1. ed. Rio de Janeiro: Rocco, 1986 e BARBOSA, Lívia. *O jeitinho brasileiro*: a arte de ser mais igual do que os outros. Prefácio Roberto da DaMatta. Rio de Janeiro: Elsevier, 2006.

[262] Para quem não se recorda, era muito jovem ou não era nascido, a expressão surgiu na década de 1970, quando o jogador Gérson, "canhotinha de ouro", famoso meio-campista da seleção brasileira de futebol na Copa de 1970, foi garoto propaganda da marca de cigarros Vila Rica e, em propaganda televisiva de âmbito nacional, afirmou: *"Eu gosto de levar vantagem em tudo, certo? Leve você também!"*. Maria Rita Kehl, em introdução à entrevista ao psicanalista Jurandir Freire Costa, explicou a origem do termo *"Lei de Gérson"* para designar a ideologia contida na propaganda protagonizada pelo jogador. Vejamos: *"Uma palavra nova é capaz de criar uma nova consciência? Para o psicanalista Jurandir Freire Costa, sim. Prova disso é que há cerca de quatro anos, este pernambucano de 47 anos, residente no Rio de Janeiro, sacudiu as consciências dos brasileiros ao divulgar o termo 'Lei de Gerson' para designar a ideologia do 'levar vantagem em tudo', pela qual se pauta uma certa (anti) ética da vida pública no país. Foi numa longa entrevista à revista IstoÉ, por ocasião de seu também famoso artigo 'Narcisismo em tempos sombrios' (coletânea Tempo do Desejo, org. Heloisa R. Fernandes, Brasiliense, 87) que Jurandir analisou o comportamento que o jornalista Maurício Dias batizou como a 'Lei de Gerson'. Hoje, não há nenhum brasileiro, alfabetizado ou não, que não saiba o que ela significa"*. (KEHL, Maria Rita. Politicamente correto. *Revista Teoria e Debate*, Edição nº 18, de 02.06.1992).

o Brasil do projeto do constituinte originário de "instituir um Estado Democrático, destinado a assegurar o exercício dos direitos sociais e individuais, a liberdade, a segurança, o bem-estar, o desenvolvimento, a igualdade e a justiça como valores supremos de uma sociedade fraterna, pluralista e sem preconceitos".[263]

---

[263] Preâmbulo da Constituição da República Federativa do Brasil.

REFERÊNCIAS

ABRAHAM, Marcus. Coisa julgada em matéria tributária: relativização ou limitação? Estudo de caso da COFINS das sociedades civis. *Revista da PGFN*. Brasília, nº 1, p. 63-82, 2011.

APPIO, Eduardo. *Controle difuso de constitucionalidade*: modulação de efeitos, uniformização de jurisprudência e coisa julgada. Curitiba: Ed. Juruá, 2008.

ARRUDA ALVIM WAMBIER, Teresa; MEDINA, José Miguel Garcia. *O dogma da coisa julgada*: hipóteses de relativização. São Paulo: Revista dos Tribunais, 2003.

ÁVILA, Humberto. *Segurança jurídica*: entre permanência, mudança e realização no direito tributário. 2. ed. rev., atual. e ampl. São Paulo: Malheiros Editores, 2012.

ÁVILA, Humberto. *Teoria da segurança jurídica*. 4. ed. rev., atual. e ampl.: São Paulo: Malheiros Editores, 2016.

BARBOSA, Lívia. *O jeitinho brasileiro*: a arte de ser mais igual do que os outros; prefácio Roberto da DaMatta. Rio de Janeiro: Elsevier, 2006.

BARBOSA MOREIRA, José Carlos. Eficácia da sentença e autoridade da coisa julgada. *Revista da Associação dos Juízes do Rio Grande do Sul*. nº 28. p. 15 e ss. Porto Alegre jul. 1983.

BARBOSA, Rui. *Comentários à Constituição Federal Brasileira*. Coligidos e ordenados por Homero Pires. São Paulo: Saraiva, 1933.

BARIONI, Rodrigo. *Da ação rescisória*. *In:* WAMBIER, Tereza Arruda Alvim *et al*. (Coordenadores). *Breves comentários ao Novo Código de Processo Civil*. São Paulo: RT, 2015.

BORGES, José Souto Maior. Limites constitucionais e infraconstitucionais da coisa julgada tributária (contribuição social sobre o lucro). *Cadernos de Direito Tributário e Finanças Públicas*, v. 27, p. 170-194, Abr/1999.

BARROSO, Luís Roberto. *O controle de constitucionalidade no direito brasileiro*. São Paulo: Saraiva, 2004.

BARROSO, Luís Roberto. *Curso de direito constitucional contemporâneo*: os conceitos fundamentais e a construção do novo modelo. 5. ed. São Paulo: Saraiva, 2015.

BARROSO, Luís Roberto; MELLO, Patrícia Perrone Campos. Trabalhando com uma nova lógica: A ascensão dos precedentes no direito brasileiro. *Revista da AGU*. Brasília: AGU, ano 15, nº 3, 23 set. 2016.

BARROSO, Luís Roberto. *Um outro país*: transformações no direito, na *ética* e na agenda do Brasil. Belo Horizonte: Fórum, 2018.

BRASIL. *Decreto nº 484*, de 11 de outubro de 1890. Organiza a Justiça Federal. Disponível em: http://www.planalto.gov.br/ccivil_03/decreto/1851-1899/d848.htm. Acesso em: 03 ago. 2021.

BRASIL. *Constituição da República dos Estados Unidos Brasil de 1891*. Disponível em: http://www.planalto.gov.br/ccivil_03/constituicao/constituicao91.htm. Acesso em: 02 ago. 2021.

BRASIL. *Constituição da República dos Estados Unidos Brasil de 1934*. Disponível em: http://www.planalto.gov.br/ccivil_03/constituicao/constituicao34.htm. Acesso em: 03 ago. 2021.

BRASIL. *Emenda Constitucional nº 16*, de 26 de novembro de 1965. Altera dispositivos constitucionais referentes ao Poder Judiciário. Disponível em: http://www.planalto.gov.br/ccivil_03/Constituicao/Emendas/Emc_anterior1988/emc16-65.htm. Acesso em: 02 ago. 2021.

BRASIL. *Lei nº 5.478*, de 25 jul. 1968. Dispõe sobre ação de alimentos e dá outras providências. Disponível em: http://www.planalto.gov.br/ccivil_03/leis/l5478.htm. Acesso em: 03 ago. 2021.

BRASIL. *Lei nº 5.869*, de 11 de janeiro de 1973. Institui o Código de Processo Civil. Disponível em: http://www.planalto.gov.br/ccivil_03/leis/l5869.htm. Acesso em: 03 ago. 2021.

BRASIL. *Lei Complementar nº 35*, de 14 de março de 1979. Dispõe sobre a Lei Orgânica da Magistratura Nacional. Disponível em: http://www.planalto.gov.br/ccivil_03/leis/lcp/lcp35.htm. Acesso em: 03 ago. 2021.

BRASIL. *Lei nº 7.347*, de 24 jul. 1985. Disciplina a ação civil pública de responsabilidade por danos causados ao meio-ambiente, ao consumidor, a bens e direitos de valor artístico, estético, histórico, turístico e paisagístico (VETADO) e dá outras providências. Disponível em: http://www.planalto.gov.br/ccivil_03/leis/l7347orig.htm. Acesso em: 03 ago. 2021.

BRASIL. *Decreto-Lei nº 2.445*, de 29 de junho de 1988. Altera a legislação do Programa de Formação do Patrimônio do Servidor Público – PASEP e do Programa de Integração Social – PIS e dá outras providências. Disponível em: http://www.planalto.gov.br/ccivil_03/Decreto-Lei/Del2445.htm. Acesso em: 03 ago. 2021.

BRASIL. *Decreto-Lei nº 2.449*, de 21 jul. 1988. Altera disposições do Decreto-Lei nº 2.445, de 29 de junho de 1988, e dá outras providências. Disponível em: http://www.planalto.gov.br/ccivil_03/Decreto-Lei/Del2449.htm. Acesso em: 03 ago. 2021.

BRASIL. *Constituição da República Federativa do Brasil de 1988*. Disponível em: http://www.planalto.gov.br/ccivil_03/constituicao/constituicao.htm. Acesso em: 03 ago. 2021.

BRASIL. *Lei nº 7.689*, de 20 de dezembro de 1988. Institui contribuição social sobre o lucro das pessoas jurídicas e dá outras providências. Disponível em: http://www.planalto.gov.br/ccivil_03/leis/L7689.htm. Acesso em: 24 ago. 2021.

BRASIL. *Lei nº 7.787*, de 30 de junho de 1989. Dispõe sobre alterações na legislação de custeio da Previdência Social e dá outras providências. Disponível em: http://www.planalto.gov.br/ccivil_03/leis/L7787.htm. Acesso em: 25 ago. 2021.

BRASIL. *Lei nº 8.038*, de 25 de maio de 1990. Institui normas procedimentais para os processos que especifica, perante o Superior Tribunal de Justiça e o Supremo Tribunal Federal. Disponível em: http://www.planalto.gov.br/ccivil_03/leis/l8038.htm. Acesso em: 03 ago. 2021.

BRASIL. *Lei nº 8.072*, de 25 jul. 1990. Dispõe sobre os crimes hediondos, nos termos do art. 5º, inciso XLIII, da Constituição Federal, e determina outras providências. Disponível em: http://www.planalto.gov.br/ccivil_03/leis/l8072.htm. Acesso em: 03 ago. 2021.

BRASIL. *Lei nº 8.078*, de 11 set. 1990. Dispõe sobre a proteção do consumidor e dá outras providências. Disponível em: http://www.planalto.gov.br/ccivil_03/leis/l8078compilado.htm. Acesso em: 03 ago. 2021.

BRASIL. *Lei nº 8.212*, de 24 jul. 1991. Dispõe sobre a organização da Seguridade Social, institui Plano de Custeio, e dá outras providências. Disponível em: http://www.planalto.gov.br/ccivil_03/leis/l8212cons.htm. Acesso em: 19 ago. 2021.

BRASIL. *Lei nº 8.245*, de 18 de outubro de 1991. Dispõe sobre as locações dos imóveis urbanos e os procedimentos a elas pertinentes. Disponível em: http://www.planalto.gov.br/ccivil_03/leis/l8245.htm. Acesso em: 03 ago. 2021.

BRASIL. *Lei Complementar nº 70*, de 30 de dezembro de 1991. Institui contribuição para financiamento da Seguridade Social, eleva a alíquota da contribuição social sobre o lucro das instituições financeiras e dá outras providências. Disponível em: http://www.planalto.gov.br/ccivil_03/leis/lcp/lcp70.htm. Acesso em: 03 ago. 2021.

BRASIL. *Emenda Constitucional nº 3*, de 17 de março de 1993. Altera os arts. 40, 42, 102, 103, 155, 156, 160, 167 da Constituição Federal. Disponível em: https://www.planalto.gov.br/ccivil_03/Constituicao/Emendas/Emc/emc03.htm. Acesso em: 02 ago. 2021.

BRASIL. *Lei Complementar nº 84*, de 18 de janeiro de 1996. Institui fonte de custeio para a manutenção da Seguridade Social, na forma do §4º do art. 195 da Constituição Federal, e dá outras providências. Disponível em: https://www.planalto.gov.br/ccivil_03/Leis/LCP/Lcp84.htm. Acesso em: 25 ago. 2021.

BRASIL. *Lei nº 9.430*, de 27 de dezembro de 1996. Dispõe sobre a legislação tributária federal, as contribuições para a seguridade social, o processo administrativo de consulta e dá outras providências. Disponível em: http://www.planalto.gov.br/ccivil_03/leis/l9430.htm. Acesso em: 03 ago. 2021.

BRASIL. *Lei nº 9.718*, de 27 de novembro de 1998. Altera a Legislação Tributária Federal. Disponível em: http://www.planalto.gov.br/ccivil_03/leis/l9718compilada.htm. Acesso em: 03 ago. 2021.

BRASIL. *Emenda Constitucional nº 20*, de 15 de dezembro de 1998. Modifica o sistema de previdência social, estabelece normas de transição e dá outras providências. Disponível em: https://www.planalto.gov.br/ccivil_03/Constituicao/Emendas/Emc/emc20.htm. Acesso em: 25 ago. 2021.

BRASIL. *Lei nº 9.756*, de 17 de dezembro de 1998. Dispõe sobre o processamento de recursos no âmbito dos tribunais. Disponível em: http://www.planalto.gov.br/ccivil_03/leis/l9756.htm. Acesso em: 03 ago. 2021.

BRASIL. Lei nº 9.868, de 10 de novembro de 1999. Dispõe sobre o processo e julgamento da ação direta de inconstitucionalidade e da ação declaratória de constitucionalidade perante o Supremo Tribunal Federal. Disponível em: http://www.planalto.gov.br/ccivil_03/leis/l9868.htm. Acesso em: 02 ago. 2021.

BRASIL. *Lei nº 9.876*, de 26 de novembro de 1999. Dispõe sobre a contribuição previdenciária do contribuinte individual, o cálculo do benefício, altera dispositivos das Leis nos 8.212 e 8.213, ambas de 24 jul. 1991, e dá outras providências. Disponível em: https://www.planalto.gov.br/ccivil_03/LEIS/L9876.htm. Acesso em: 25 ago. 2021.

BRASIL. *Lei nº 9.882*, de 03 de dezembro de 1999. Dispõe sobre o processo e julgamento da arguição de descumprimento de preceito fundamental, nos termos do §1º do art. 102 da Constituição Federal. Disponível em: http://www.planalto.gov.br/ccivil_03/Leis/L9882.htm. Acesso em: 02 ago. 2021.

BRASIL. *Lei nº 10.259*, de 12 jul. 2001. Dispõe sobre a instituição dos Juizados Especiais Cíveis e Criminais no âmbito da Justiça Federal. Disponível em: http://www.planalto.gov.br/ccivil_03/leis/leis_2001/l10259.htm. Acesso em: 03 ago. 2021.

BRASIL. *Medida Provisória nº 2.180-35*, de 24 de ago. de 2001. Acresce e altera dispositivos das Leis nº 8.437, de 30 de junho de 1992, 9.028, de 12 de abril de 1995, 9.494, de 10 set. 1997, 7.347, de 24 jul. 1985, 8.429, de 2 de junho de 1992, 9.704, de 17 de novembro de 1998, do Decreto-Lei nº 5.452, de 1º de maio de 1943, das Leis nos 5.869, de 11 de janeiro de 1973, e 4.348, de 26 de junho de 1964, e dá outras providências. Disponível em: http://www.planalto.gov.br/ccivil_03/mpv/2180-35.htm. Acesso em: 03 ago. 2021.

BRASIL. *Lei nº 10.352*, de 26 de dezembro de 2001. Altera dispositivos da Lei nº 5.869, de 11 de janeiro de 1973 – Código de Processo Civil, referentes a recursos e ao reexame necessário. Disponível em: http://www.planalto.gov.br/ccivil_03/leis/leis_2001/l10352.htm. Acesso em: 03 ago. 2021.

BRASIL. *Lei nº 10.406*, de 10 de janeiro de 2002. Institui o Código Civil. Disponível em: http://www.planalto.gov.br/ccivil_03/leis/2002/L10406compilada.htm. Acesso em: 03 ago. 2021.

BRASIL. *Lei nº 10.522*, de 19 jul. 2002. Dispõe sobre o Cadastro Informativo dos créditos não quitados de órgãos e entidades federais e dá outras providências. Disponível em: http://www.planalto.gov.br/ccivil_03/leis/2002/l10522.htm. Acesso em: 03 ago. 2021.

BRASIL. *Emenda Constitucional nº 45*, de 30 de dezembro de 2004. Altera dispositivos dos arts. 5º, 36, 52, 92, 93, 95, 98, 99, 102, 103, 104, 105, 107, 109, 111, 112, 114, 115, 125, 126, 127, 128, 129, 134 e 168 da Constituição Federal, e acrescenta os arts. 103-A, 103B, 111-A e 130-A, e dá outras providências. Disponível em: http://www.planalto.gov.br/ccivil_03/constituicao/emendas/emc/emc45.htm. Acesso em: 03 ago. 2021.

BRASIL. *Lei nº 11.232*, de 22 de dezembro de 2005. Altera a Lei nº 5.869, de 11 de janeiro de 1973 – Código de Processo Civil, para estabelecer a fase de cumprimento das sentenças no processo de conhecimento e revogar dispositivos relativos à execução fundada em título judicial, e dá outras providências. Disponível em: http://www.planalto.gov.br/ccivil_03/_ato2004-2006/2005/lei/l11232.htm. Acesso em: 03 ago. 2021.

BRASIL. *Lei nº 11.276*, de 07 de fevereiro de 2006. Altera os arts. 504, 506, 515 e 518 da Lei nº 5.869, de 11 de janeiro de 1973 - Código de Processo Civil, relativamente à forma de interposição de recursos, ao saneamento de nulidades processuais, ao recebimento de recurso de apelação e a outras questões. Disponível em: http://www.planalto.gov.br/ccivil_03/_ato2004-2006/2006/lei/l11276.htm. Acesso em: 03 ago. 2021.

BRASIL. *Lei nº 11.417*, de 19 de dezembro de 2006. Regulamenta o art. 103-A da Constituição Federal e altera a Lei nº 9.784, de 29 de janeiro de 1999, disciplinando a edição, a revisão e o cancelamento de enunciado de súmula vinculante pelo Supremo Tribunal Federal, e dá outras providências. Disponível em: http://www.planalto.gov.br/ccivil_03/_ato2004-2006/2006/lei/l11417.htm. Acesso em: 03 ago. 2021.

BRASIL. *Lei nº 11.418*, de 19 de dezembro de 2006. Acrescenta à Lei nº 5.869, de 11 de janeiro de 1973 – Código de Processo Civil, dispositivos que regulamentam o §3º do art. 102 da Constituição Federal. Disponível em: http://www.planalto.gov.br/ccivil_03/_ato2004-2006/2006/lei/l11418.htm. Acesso em: 03 ago. 2021.

BRASIL. *Lei nº 11.672*, de 08 de maio de 2008. Acresce o art. 543-C à Lei nº 5.869, de 11 de janeiro de 1973 – Código de Processo Civil, estabelecendo o procedimento para o julgamento de recursos repetitivos no âmbito do Superior Tribunal de Justiça. Disponível em: http://www.planalto.gov.br/ccivil_03/_ato2007-2010/2008/lei/l11672.htm. Acesso em: 03 ago. 2021.

BRASIL. Advocacia-Geral da União (AGU). *Portaria AGU 1.547/2008*, de 29.10.2008. Dispõe sobre a requisição de elementos de fato e de direito necessários à atuação dos membros da Advocacia-Geral da União e da Procuradoria-Geral Federal na defesa dos direitos e interesses da União, suas autarquias e fundações e dá outras providências. Disponível em: https://www.legisweb.com.br/legislacao/?id=211624. Acesso em: 03 ago. 2021.

BRASIL. *Lei nº 12.016*, de 07 de ago. de 2009. Disciplina o mandado de segurança individual e coletivo e dá outras providências. Disponível em: http://www.planalto.gov.br/ccivil_03/_ato2007-2010/2009/lei/l12016.htm. Acesso em: 03 ago. 2021.

BRASIL. *Lei nº 12.153*, de 22 de dezembro de 2009. Dispõe sobre os Juizados Especiais da Fazenda Pública no âmbito dos Estados, do Distrito Federal, dos Territórios e dos Municípios. Disponível em: http://www.planalto.gov.br/ccivil_03/_ato2007-2010/2009/lei/l12153.htm. Acesso em: 03 ago. 2021.

BRASIL. *Lei nº 12.322*, de 09 set. 2010. Transforma o agravo de instrumento interposto contra decisão que não admite recurso extraordinário ou especial em agravo nos próprios autos, alterando dispositivos da Lei nº 5.869, de 11 de janeiro de 1973 – Código de Processo Civil. Disponível em: http://www.planalto.gov.br/ccivil_03/_Ato2007-2010/2010/Lei/L12322.htm. Acesso em: 03 ago. 2021.

BRASIL. *Lei nº 13.105*, de 16 de março de 2015. Código de Processo Civil. Disponível em: http://www.planalto.gov.br/ccivil_03/_Ato2015-2018/2015/Lei/L13105.htm. Acesso em: 03 ago. 2021.

BRASIL. *Lei nº 14.116*, de 31 de dezembro 2020. Dispõe sobre as diretrizes para a elaboração e a execução da Lei Orçamentária de 2021 e dá outras providências. Disponível em: https://sisweb.tesouro.gov.br/apex/f?p=2501:9::::9:P9_ID_PUBLICACAO:32319. Acesso em: 26 ago. 2021.

BRASIL. Procuradoria-Geral da Fazenda Nacional. *Parecer PGFN/CRJ nº 1.277/1994*. Disponível em: http://normas.receita.fazenda.gov.br/sijut2consulta/link.action?visao=anotado&idAto=31077. Acesso em: 03 ago. 2021.

BRASIL. Procuradoria-Geral da Fazenda Nacional. *Parecer PGFN/CRJ nº 492/2010*. Disponível em: https://www.gov.br/pgfn/pt-br/acesso-a-informacao/atos-da-pgfn-1/pareceres-da-pgfn-aprovados-pelo-ministro-da-fazenda/2010/Parecer%20PGFN%20CRJ%20N%20492_2010.pdf. Acesso em: 03 ago. 2021.

BRASIL. Procuradoria-Geral da Fazenda Nacional. *Parecer PGFN/CRJ nº 492/2011*, de 30.03.2011. Disponível em: https://www.gov.br/pgfn/pt-br/acesso-a-informacao/atos-da-pgfn-1/pareceres-da-pgfn-aprovados-pelo-ministro-da-fazenda/2011/PARECER%20CRJ%20492-2011.pdf/view. Aprovado pelo Sr. Ministro de Estado da Fazenda em 24.05.2011 publicado no DOU de 26.05.2011. Disponível em: e http://www.in.gov.br/servlet/INPDFViewer?jornal=1&pagina=22&data=26/05/2011&captchafield=firistAccess. Acessos em: 03 ago. 2021.

BRASIL. Procuradoria-Geral da Fazenda Nacional. *Parecer PGFN/CRJ nº 975/2011*, de 02.05.2011. Disponível em: https://busca.legal/ts/ts_query_iframe/367906/parecer-n-975-201.html. Acessos em: 22 ago. 2021.

BRASIL. Senado Federal. *Resolução nº 14, de 19.04.1995*. Suspende a execução da expressão "avulsos, autônomos e administradores", contida no inciso I do artigo 3 da lei 7.787, de 1989. Publicação Original: Diário Oficial da União de 28/04/1995, p. 5947, col. 2. Disponível em: https://legis.senado.leg.br/sicon/index.html#/pesquisa/lista/documentos. Acesso em: 08 set. 2021.

BRASIL. Senado Federal. *Resolução nº 49, de 09.10.1995*. Suspende a execução dos Decretos-leis números 2.445 de 29 de junho de 1988, e 2.449, de 21 jul. 1988. Publicação Original: Diário Oficial da União de 10/10/1995, p. 15861, col. 2. Disponível em: https://legis.senado.leg.br/sicon/index.html#/pesquisa/lista/documentos. Acesso em: 08 set. 2021.

BRASIL. Senado Federal. *Resolução nº 26, de 21.06.2005*. Suspende a execução da alínea "h" do inciso I do artigo 12 da Lei Federal 8.212, de 24 jul. 1991, acrescentada pelo parágrafo 1º do artigo 13 da Lei Federal 9.506, de 30 de outubro de 1997. Publicação Original: Diário Oficial da União de 22/06/2005, p. 5, col. 1. Disponível em: https://legis.senado.leg.br/sicon/index.html#/pesquisa/lista/documentos. Acesso em: 08 set. 2021.

BRASIL. Senado Federal. *Parecer nº 1.099/2014*, Plenário, de autoria do Senador Vital do Rêgo, relator no Senado do PLS nº 166/2010, que institui o Código de Processo Civil atual. Publicado no DSF de 17.12.2014. Disponível em: https://www12.senado.leg.br/. Acesso em: 06 jul. 2021.

BRASIL. Superior Tribunal de Justiça. *REsp nº 719/SP*, relator para acórdão Min. Américo Luz, 2ª Turma, julgado em 07.02.1990, DJ de 19.03.1990. Disponível em: https://processo.stj.jus.br/processo/ita/documento/mediado/?num_registro=198900099990&dt_publicacao=19-03-1990&cod_tipo_documento=&formato=PDF. Acesso em: 03 ago. 2021.

BRASIL. Superior Tribunal de Justiça. *REsp nº 7.478/SP*, relator Min. Ilmar Galvão, 2ª Turma, julgado em 10.04.1991, DJ de 29.04.1991. Disponível em: https://processo.stj.jus.br/processo/ita/documento/mediado/?num_registro=199100008737&dt_publicacao=29-04-1991&cod_tipo_documento=&formato=PDF. Acesso em: 05 ago. 2021.

BRASIL. Superior Tribunal de Justiça. *REsp nº 92.779/MG*, relator Min. Garcia Vieira, 1ª Turma, julgado em 09.09.1997, DJ de 06.10.1997. Disponível em: https://processo.stj.jus.br/processo/ita/documento/mediado/?num_registro=199600221111&dt_publicacao=06-10-1997&cod_tipo_documento=&formato=PDF. Acesso em: 05 ago. 2021.

BRASIL. Superior Tribunal de Justiça. *REsp nº 75.657/SP*, relator Min. Garcia Vieira, 1ª Turma, julgado em 07.11.1997, DJ de 16.02.1998. Disponível em: https://processo.stj.jus.br/processo/ita/documento/mediado/?num_registro=199500495171&dt_publicacao=16-02-1998&cod_tipo_documento=&formato=PDF. Acesso em: 05 ago. 2021.

BRASIL. Superior Tribunal de Justiça. *REsp nº 193.500/PE*, rel. Min. Garcia Vieira, 1ª Turma, julgado em 06.05.1999, DJ de 13.09.1999. Disponível em: https://processo.stj.jus.br/processo/ita/documento/mediado/?num_registro=199800798501&dt_publicacao=13-09-1999&cod_tipo_documento=&formato=PDF. Acesso em: 03 ago. 2021.

BRASIL. Superior Tribunal de Justiça. *REsp nº 233.662/GO*, rel. Min. José Delgado, 1ª Turma, julgado em 14.12.1999, DJ de 12.03.2000. Disponível em: https://processo.stj.jus.br/processo/ita/documento/mediado/?num_registro=199900903730&dt_publicacao=08-03-2000&cod_tipo_documento=&formato=PDF. Acesso em: 03 ago. 2021.

BRASIL. Superior Tribunal de Justiça. *REsp nº 281.209/GO*, rel. Min. José Delgado, 1ª Turma, julgado em 07.06.2001, DJ de 27.08.2001. Disponível em: https://processo.stj.jus.br/processo/revista/documento/mediado/?componente=IMG&sequencial=46900&num_registro=200001018469&data=20010827&peticao_numero=-1&formato=PDF. Acesso em: 24 ago. 2021.

BRASIL. Superior Tribunal de Justiça. *REsp nº 308.857/GO*, rel. Min. Garcia Vieira, 1ª Turma, julgado em 21.06.2001, DJ de 27.08.2001. Disponível em: https://processo.stj.jus.br/processo/revista/documento/mediado/?componente=IMG&sequencial=46730&num_registro=200100275826&data=20010827&peticao_numero=-1&formato=PDF. Acesso em: 24 ago. 2021.

BRASIL. Superior Tribunal de Justiça. *REsp nº 381.911/PR*, rel. Min. Humberto Gomes de Barros, 1ª Turma, julgado em 02.12.2003, DJ de 19.12.2003. Disponível em: https://processo.stj.jus.br/processo/revista/documento/mediado/?componente=ITA&sequencial=445857&num_registro=200101515520&data=20031219&peticao_numero=-1&formato=PDF. Acesso em: 03 ago. 2021.

BRASIL. Superior Tribunal de Justiça. *REsp nº 599.764/GO*, relator Min. Luiz Fux, 1ª Turma, julgado em 08.06.2004, DJ de 01.07.2004. Disponível em: https://processo.stj.jus.br/processo/revista/documento/mediado/?componente=ITA&sequencial=473892&num_registro=200301814590&data=20040701&peticao_numero=-1&formato=PDF. Acesso em: 05 ago. 2021.

BRASIL. Superior Tribunal de Justiça. *AgRg no REsp nº 703.526/MG*. 1ª Turma. Relator para acórdão Min. Teori Zavascki, julgado em 02.08.2005, DJ de 19.09.2005. Disponível em: https://processo.stj.jus.br/processo/revista/documento/mediado/?componente=ITA&sequencial=560038&num_registro=200401640970&data=20050919&peticao_numero=200500070581&formato=PDF. Acesso em: 03 ago. 2021.

BRASIL. Superior Tribunal de Justiça. *REsp nº 649.784/SP*, rel. Min. Francisco Falcão, 1ª Turma, julgado em 06.12.2005, DJ de 06.03.2006. Disponível em: https://processo.stj.jus.br/processo/revista/documento/mediado/?componente=ITA&sequencial=598736&num_registro=200400446960&data=20060306&peticao_numero=-1&formato=PDF. Acesso em: 03 ago. 2021.

BRASIL. Superior Tribunal de Justiça. *REsp nº 828.106/SP*, relator Min. Teori Albino Zavascki, 1ª Turma, julgado em 02.05.2006, DJ de 15.05.2006. Disponível em: https://processo.stj.jus.br/processo/revista/documento/mediado/?componente=ITA&sequencial=623920&num_registro=200600690920&data=20060515&peticao_numero=-1&formato=PDF. Acesso em: 03 ago. 2021.

BRASIL. Superior Tribunal de Justiça. *REsp nº 822.683/PR*, relator Min. Teori Albino Zavascki, 1ª Turma, julgado em 10.10.2006, DJ de 26.10.2006. Disponível em: https://processo.stj.jus.br/processo/revista/documento/mediado/?componente=ITA&sequencial=654710&num_registro=200600382361&data=20061026&peticao_numero=-1&formato=PDF. Acesso em: 03 ago. 2021.

BRASIL. Superior Tribunal de Justiça. *AgRg no REsp nº 888.834/RJ*, rel. Min. Francisco Falcão, 1ª Turma, julgado em 02.10.2007, DJ de 12.11.2007. Disponível em: https://processo.stj.jus.br/processo/revista/documento/mediado/?componente=ITA&sequencial=725759&num_registro=200602051464&data=20071112&peticao_numero=200700166217&formato=PDF. Acesso em: 03 ago. 2021.

BRASIL. Superior Tribunal de Justiça. *REsp 875.635/MG*, relator Min. Luiz Fux, 1ª Turma, julgado em 16.10.2008, DJe 03.11.2008. Disponível em: https://processo.stj.jus.br/processo/revista/documento/mediado/?componente=ITA&sequencial=828628&num_registro=200600761505&data=20081103&peticao_numero=-1&formato=PDF. Acesso em: 17 ago. 2021.

BRASIL. Superior Tribunal de Justiça. *Súmula nº 276*: As sociedades civis de prestação de serviços profissionais são isentas da COFINS, irrelevante o regime tributário adotado. 1º Seção, julgado em 14/05/2003, DJ 02/06/2003, p. 365. A referida súmula foi cancelada pela Primeira Seção, na sessão de 12/11/2008, ao julgar a AR 3.761/PR, determinou o CANCELAMENTO da Súmula 276 do STJ (DJe 20/11/2008). Disponível em: https://scon.stj.jus.br/SCON/sumstj/toc.jsp. Acesso em: 03 ago. 2021.

BRASIL. Superior Tribunal de Justiça. *REsp 1.095.373/SP*, relatora Min. Eliana Calmon, 2ª Turma, julgado em 23.06.2009, DJe 04.08.2009. Disponível em: https://processo.stj.jus.br/processo/revista/documento/mediado/?componente=ITA&sequencial=896758&num_registro=200802276293&data=20090804&peticao_numero=-1&formato=PDF. Acesso em: 17 ago. 2021.

BRASIL. Superior Tribunal de Justiça. *Mandando de Segurança (MS) nº 11.045/DF*, relator para acórdão Min. Teori Albino Zavascki, Pleno, Corte Especial, julgado em 03.02.2010, DJe de 25.02.2010. Disponível em: https://processo.stj.jus.br/processo/revista/documento/mediado/?componente=ITA&sequencial=940963&num_registro=200501646190&data=20100225&peticao_numero=-1&formato=PDF. Acesso em: 03 ago. 2021.

BRASIL. Superior Tribunal de Justiça. *REsp nº 1.103.584/DF*, rel. Min. Luiz Fux, 1ª Turma, julgado em 18.05.2010, DJe de 10.09.2010. Disponível em: https://processo.stj.jus.br/processo/revista/documento/mediado/?componente=ITA&sequencial=969035&num_registro=200802504384&data=20100910&peticao_numero=-1&formato=PDF. Acesso em: 03 ago. 2021.

BRASIL. Superior Tribunal de Justiça. *REsp nº 1.118.893/MG*, rel. Min. Arnaldo Esteves, 1ª Seção, julgado em 23.03.2011, DJe de 06.04.2011. Disponível em: https://processo.stj.jus.br/processo/revista/documento/mediado/?componente=ITA&sequencial=1048026&num_registro=200900111359&data=20110406&peticao_numero=-1&formato=PDF. Acesso em: 05 ago. 2021.

BRASIL. Superior Tribunal de Justiça. *AgRg no REsp nº 1.470.687/SC*, Rel. Ministro Napoleão Nunes Maia Filho, 1ª Turma, julgado em 16.06.2015, DJe de 26.06.2015. Disponível em: https://processo.stj.jus.br/processo/revista/documento/mediado/?componente=ITA&sequencial=1416307&num_registro=201401831006&data=20150626&peticao_numero=201500226195&formato=PDF. Acesso em: 25 ago. 2021.

BRASIL. Superior Tribunal de Justiça. *AgRg na MC nº 24.972/SC*, rel. Min. Olindo Menezes (Desembargador convocado do TRF 1ª Região), 1ª Turma, julgado em 17.12.2015, DJe de 02.02.2016. Disponível em: https://processo.stj.jus.br/processo/pesquisa/?tipoPesquisa=tipoPesquisaNumeroRegistro&termo=201502458959&totalRegistrosPorPagina=40&aplicacao=processos.ea. Acesso em: 25 ago. 2021.

BRASIL. Superior Tribunal de Justiça. *PET nos EAg nº 991.788/DF*, rel. Min. Napoleão Nunes Maia, 1ª Seção, decisão monocrática em 06.06.2016, DJe de 09.06.2016. Disponível em: https://processo.stj.jus.br/processo/revista/documento/mediado/?componente=MON&sequencial=61934384&tipo_documento=documento&num_registro=201000913510&data=20160609&formato=PDF. Acesso em: 24 ago. 2021.

BRASIL. Superior Tribunal de Justiça. *AgInt no REsp. nº1.516.130/SC*, rel. Min. Mauro Campbell Marques, 2ª Turma, julgado em 06.12.2016, DJe de 15.12.2016. Disponível em: https://processo.stj.jus.br/processo/revista/documento/mediado/?componente=ITA&sequencial=1560069&num_registro=201402906400&data=20161215&peticao_numero=201600347958&formato=PDF. Acesso em: 25 ago. 2021.

BRASIL. Superior Tribunal de Justiça. *AgInt no AREsp nº 1.145.363/DF*, rel. Min. Assusete Magalhães, 2ª Turma, julgado em 05.12.2017, DJe de 12.12.2017. Disponível em: https://processo.stj.jus.br/processo/revista/documento/mediado/?componente=ITA&sequencial=1664864&num_registro=201701886635&data=20171212&peticao_numero=201700508620&formato=PDF. Acesso em: 25 ago. 2021.

BRASIL. Superior Tribunal de Justiça. *AgInt no AREsp. nº 450.045/DF*, rel. Min. Napoleão Nunes Maia Filho, 1ª Turma, julgado em 20.02.2018, DJe de 13.03.2018. Disponível em: https://processo.stj.jus.br/processo/revista/documento/mediado/?componente=ITA&sequencial=1676199&num_registro=201304089820&data=20180313&peticao_numero=201700623146&formato=PDF. Acesso em: 25 ago. 2021.

BRASIL. Superior Tribunal de Justiça. *Súmula nº 68*: A parcela relativa ao ICM inclui-se na base de cálculo do PIS. 1ª Seção, julgado em 15/12/1992, DJ 04/02/1993, p. 775. A referida súmula foi cancelada pela Primeira Seção, na sessão de 27/03/2019, ao julgar a Questão de Ordem nos REsps 1.624.297/RS, 1.629.001/SC e 1.638.772/SC, determinou o CANCELAMENTO da Súmula 68 do STJ (DJe 03/04/2019). Disponível em: https://scon.stj.jus.br/SCON/sumstj/toc.jsp. Acesso em: 03 ago. 2021.

BRASIL. Superior Tribunal de Justiça. *Súmula nº 94*: Súmula nº 94: A parcela relativa ao ICMS inclui-se na base de cálculo do FINSOCIAL. 1ª Seção, julgado em 22/02/1994, DJ 28/02/1994, p. 2961. A referida sumula foi cancelada pela Primeira Seção, na sessão de 27/03/2019, ao julgar a Questão de Ordem nos REsps 1.624.297/RS, 1.629.001/SC e 1.638.772/SC, determinou o CANCELAMENTO da Súmula 94 do STJ (DJe 03/04/2019). Disponível em: https://scon.stj.jus.br/SCON/sumstj/toc.jsp. Acesso em: 03 ago. 2021.

BRASIL. Superior Tribunal de Justiça. *AgInt no AREsp nº 1.387.412/RS*, rel. Min. Francisco Falcão, 1ª Turma, julgado em 01.10.2019, DJe de 03.10.2019. Disponível em: https://processo.stj.jus.br/processo/revista/documento/mediado/?componente=ITA&sequencial=1871412&num_registro=201802809743&data=20191003&peticao_numero=201900396919&formato=PDF. Acesso em: 25 ago. 2021.

BRASIL. Superior Tribunal de Justiça. *AgInt no AgInt no AREsp. nº 459.787/DF*, rel. Min. Sérgio Kukina, 1ª Turma, julgado em 11.11.2019, DJe de 18.11.2019. Disponível em: https://processo.stj.jus.br/processo/julgamento/eletronico/documento/mediado/?documento_tipo=integra&documento_sequencial=103230628®istro_numero=201400030518&peticao_numero=201900250295&publicacao_data=20191118&formato=PDF. Acesso em: 25 ago. 2021.

BRASIL. Superior Tribunal de Justiça. *AgInt nos EDcl no AREsp nº 313.691/SC*, rel. Min. Napoleão Nunes Maia Filho, 1ª Turma, julgado em 17.11.2020, DJe de 24.11.2020. Disponível em: https://processo.stj.jus.br/processo/julgamento/eletronico/documento/mediado/?documento_tipo=integra&documento_sequencial=117964742®istro_numero=201300320274&peticao_numero=201900805021&publicacao_data=20201124&formato=PDF. Acesso em: 25 ago. 2021.

BRASIL. Supremo Tribunal Federal. *Regimento Interno do Supremo Tribunal Federal (RISTF)*. Disponível em: https://www.stf.jus.br/arquivo/cms/legislacaoRegimentoInterno/anexo/RISTF.pdf. Acesso em: 03 ago. 2021.

BRASIL. Supremo Tribunal Federal. *Súmula nº 239*. Decisão que declara indevida a cobrança do imposto em determinado exercício não faz coisa julgada em relação aos posteriores. Sessão Plenária de 13-12-1963. Disponível em: http://portal.stf.jus.br/textos/verTexto.asp?servico=jurisprudenciaSumula&pagina=sumula_201_300 Acesso em: 03 ago. 2021.

BRASIL. Supremo Tribunal Federal. *Súmula nº 279*: "Para simples reexame de prova não cabe recurso extraordinário". Data de Aprovação Sessão Plenária de 13/12/1963, Fonte de Publicação Súmula da Jurisprudência Predominante do Supremo Tribunal Federal – Anexo ao Regimento Interno. Edição: Imprensa Nacional, 1964, p. 127. Disponível em: http://www.stf.jus.br/arquivo/cms/jurisprudenciaSumula/anexo/Enunciados_Sumulas_STF_1_a_736_Completo.pdf. Acesso em: 11 ago. 2021.

BRASIL. Supremo Tribunal Federal. *Súmula 282*: "É inadmissível o recurso extraordinário, quando não ventilada, na decisão recorrida, a questão federal suscitada". Data de Aprovação Sessão Plenária de 13/12/1963 Fonte de Publicação Súmula da Jurisprudência Predominante do Supremo Tribunal Federal – Anexo ao Regimento Interno. Edição: Imprensa Nacional, 1964, p. 128. Disponível em: http://www.stf.jus.br/arquivo/cms/jurisprudenciaSumula/anexo/Enunciados_Sumulas_STF_1_a_736_Completo.pdf. Acesso em: 11 ago. 2021.

BRASIL. Supremo Tribunal Federal. *Súmula nº 283*: "É inadmissível o recurso extraordinário, quando a decisão recorrida assenta em mais de um fundamento suficiente e o recurso não abrange todos eles". Data de Aprovação Sessão Plenária de 13/12/1963, Fonte de Publicação Súmula da Jurisprudência Predominante do Supremo

Tribunal Federal - Anexo ao Regimento Interno. Edição: Imprensa Nacional, 1964, p. 128. Disponível em: http://www.stf.jus.br/arquivo/cms/jurisprudenciaSumula/anexo/Enunciados_Sumulas_STF_1_a_736_Completo.pdf. Acesso em: 11 ago. 2021.

BRASIL. Supremo Tribunal Federal. *Súmula 284*: "É inadmissível o recurso extraordinário, quando a deficiência na sua fundamentação não permitir a exata compreensão da controvérsia". Data de Aprovação Sessão Plenária de 13/12/1963 Fonte de Publicação Súmula da Jurisprudência Predominante do Supremo Tribunal Federal – Anexo ao Regimento Interno. Edição: Imprensa Nacional, 1964, p. 129. Disponível em: http://www.stf.jus.br/arquivo/cms/jurisprudenciaSumula/anexo/Enunciados_Sumulas_STF_1_a_736_Completo.pdf. Acesso em: 11 ago. 2021.

BRASIL. Supremo Tribunal Federal. *Súmula 288*: "Nega-se provimento a agravo para subida de recurso extraordinário, quando faltar no traslado o despacho agravado, a decisão recorrida, a petição de recurso extraordinário ou qualquer peça essencial à compreensão da controvérsia". Data de Aprovação Sessão Plenária de 13/12/1963 Fonte de Publicação Súmula da Jurisprudência Predominante do Supremo Tribunal Federal – Anexo ao Regimento Interno. Edição: Imprensa Nacional, 1964, p. 130. Disponível em: http://www.stf.jus.br/arquivo/cms/jurisprudenciaSumula/anexo/Enunciados_Sumulas_STF_1_a_736_Completo.pdf. Acesso em: 11 ago. 2021.

BRASIL. Supremo Tribunal Federal. *Súmula 291*: "No recurso extraordinário pela letra d do art. 101, nº III, da Constituição, a prova do dissídio jurisprudencial far-se-á por certidão, ou mediante indicação do Diário da Justiça ou de repertório de jurisprudência autorizado, com a transcrição do trecho que configure a divergência, mencionadas as circunstâncias que identifiquem ou assemelhem os casos confrontados". Data de Aprovação Sessão Plenária de 13/12/1963 Fonte de Publicação Súmula da Jurisprudência Predominante do Supremo Tribunal Federal – Anexo ao Regimento Interno. Edição: Imprensa Nacional, 1964, p. 131. Disponível em: http://www.stf.jus.br/arquivo/cms/jurisprudenciaSumula/anexo/Enunciados_Sumulas_STF_1_a_736_Completo.pdf. Acesso em: 11 ago. 2021.

BRASIL. Supremo Tribunal Federal. *Súmula nº 343*: "Não cabe ação rescisória por ofensa a literal disposição de lei, quando a decisão rescindenda se tiver baseado em texto legal de interpretação controvertida nos tribunais". Sessão Plenária de 13.12.1963, Fonte de publicação Súmula da Jurisprudência Predominante do Supremo Tribunal Federal – Anexo ao Regimento Interno. Edição: Imprensa Nacional, 1964, p. 150. Disponível em: https://jurisprudencia.stf.jus.br/pages/search/seq-sumula343/false. Acesso em: 03 ago. 2021.

BRASIL. Supremo Tribunal Federal. *Súmula nº 356*: "O ponto omisso da decisão, sôbre o qual não foram opostos embargos declaratórios, não pode ser objeto de recurso extraordinário, por faltar o requisito do prequestionamento". Data de Aprovação Sessão Plenária de 13/12/1963 Fonte de Publicação Súmula da Jurisprudência Predominante do Supremo Tribunal Federal – Anexo ao Regimento Interno. Edição: Imprensa Nacional, 1964, p. 154. Disponível em: http://www.stf.jus.br/arquivo/cms/jurisprudenciaSumula/anexo/Enunciados_Sumulas_STF_1_a_736_Completo.pdf. Acesso em: 11 ago. 2021.

BRASIL. Supremo Tribunal Federal. Súmula nº 400: "Decisão que deu razoável interpretação à lei, ainda que não seja a melhor, não autoriza recurso extraordinário pela letra a do art. 101, III, da C.F". Data de Aprovação Sessão Plenária de 03/04/1964 Fonte de Publicação DJ de 08/05/1964, p. 1239; DJ de 11/05/1964, p. 1255; DJ de 12/05/1964, p. 1279. Disponível em: http://www.stf.jus.br/arquivo/cms/jurisprudenciaSumula/anexo/Enunciados_Sumulas_STF_1_a_736_Completo.pdf. Acesso em: 11 ago. 2021.

BRASIL. Supremo Tribunal Federal. *RE 90.518/PR*, rel. Min. Xavier de Albuquerque, 1ª Turma, julgado em 02.03.1979, DJ de 16.03.1979. Disponível em: https://redir.stf.jus.br/paginadorpub/paginador.jsp?docTP=AC&docID=184171. Acesso em: 17 ago. 2021.

BRASIL. Supremo Tribunal Federal. *RE nº 83.225-EDiv/SP*, relator Ministro Xavier de Albuquerque, Tribunal Pleno, julgado em 03.05.1979, DJ 29.02.80. Disponível em: https://redir.stf.jus.br/paginadorpub/paginador.jsp?docTP=AC&docID=39024. Acesso em: 06 ago. 2021.

BRASIL. Supremo Tribunal Federal. *RE nº 87.366-0/RJ*, rel. Min. Soares Muñoz, 1ª Turma, julgado em 21.08.1979, DJ de 10.09.1979. Disponível em: https://redir.stf.jus.br/paginadorpub/paginador.jsp?docTP=AC&docID=181320. Acesso em: 17 ago. 2021.

BRASIL. Supremo Tribunal Federal. *AR-AgR nº 948-7*, rel. Min. Xavier de Albuquerque, Tribunal Pleno, julgado em 09.09.1981, DJ 04.12.1981. Disponível em: https://redir.stf.jus.br/paginadorpub/paginador.jsp?docTP=AC&docID=375649. Acesso em: 17 ago. 2021.

BRASIL. Supremo Tribunal Federal. *RE nº 103.880/SP*, Min. Sidney Sanches, 1ª Turma, julgado em 17.12.1984, DJ 22.02.1985. Disponível em: https://redir.stf.jus.br/paginadorpub/paginador.jsp?docTP=AC&docID=196049. Acesso em: 06 ago. 2021.

BRASIL. Supremo Tribunal Federal. *RE nº 105.205/SP*, relator Min. Sidney Sanches, 1ª Turma, julgado em 04.09.1987, DJ 09.10.1987. Disponível em: https://redir.stf.jus.br/paginadorpub/paginador.jsp?docTP=AC&docID=197118. Acesso em: 06 ago. 2021.

BRASIL. Supremo Tribunal Federal. *RE nº 146.733/SP*, relator Min. Moreira Alves, Tribunal Pleno, julgado em 29.06.1992, DJ 06.11.1992. Disponível em: https://redir.stf.jus.br/paginadorpub/paginador.jsp?docTP=AC&docID=210152. Acesso em: 05 ago. 2021.

BRASIL. Supremo Tribunal Federal. *RE nº 138.284/CE*, relator Min. Carlos Velloso, Tribunal Pleno, julgado em 01.07.1992, DJ 28.08.1992. Disponível em: https://redir.stf.jus.br/paginadorpub/paginador.jsp?docTP=AC&docID=208091. Acesso em: 05 ago. 2021.

BRASIL. Supremo Tribunal Federal. *RE nº 150.755/PE*, relator para acórdão Min. Sepúlveda Pertence, Tribunal Pleno, julgado em 18.11.1992, DJ 20.08.1993. Disponível em: https://redir.stf.jus.br/paginadorpub/paginador.jsp?docTP=AC&docID=211246. Acesso em: 06 ago. 2021.

BRASIL. Supremo Tribunal Federal. *RE nº 150.764/PE*, relator para acórdão Min. Marco Aurélio, Tribunal Pleno, julgado em 16.12.1992, DJ 02.04.1993. Disponível em: https://redir.stf.jus.br/paginadorpub/paginador.jsp?docTP=AC&docID=211250. Acesso em: 06 ago. 2021.

BRASIL. Supremo Tribunal Federal. *RE nº 148.754/RJ*, relator Min. Francisco Rezek, Tribunal Pleno, julgado em 24.06.1993, DJ 04.03.1994. Disponível em: https://redir.stf.jus.br/paginadorpub/paginador.jsp?docTP=AC&docID=210809. Acesso em: 25 ago. 2021.

BRASIL. Supremo Tribunal Federal. *AI-AgR nº 145.680/SP*, relator Min. Celso de Mello, 1ª Turma, julgado em 13.04.1993, DJ 30.04.1993. Disponível em: https://redir.stf.jus.br/paginadorpub/paginador.jsp?docTP=AC&docID=275681. Acesso em: 06 ago. 2021.

BRASIL. Supremo Tribunal Federal. *Questão de Ordem na Ação Declaratória de Constitucionalidade nº 1*. Relator: Min. Moreira Alves, Tribunal Pleno, julgado em 27.10.93 publicado DJ 16.06.1995. Disponível em: https://redir.stf.jus.br/paginadorpub/paginador.jsp?docTP=AC&docID=884. Acesso em: 02 ago. 2021.

BRASIL. Supremo Tribunal Federal. *RE nº 166.772/RS*, relator Min. Marco Aurélio, Tribunal Pleno, julgado em 12.05.1994, DJ 16.12.1994. Disponível em: https://redir.stf.jus.br/paginadorpub/paginador.jsp?docTP=AC&docID=216095. Acesso em: 25 ago. 2021.

BRASIL. Supremo Tribunal Federal. *RE nº 177.296/RS*, relator Min. Moreira Alves, Tribunal Pleno, julgado em 15.09.1994, DJ 09.12.1994. Disponível em: https://redir.stf.jus.br/paginadorpub/paginador.jsp?docTP=AC&docID=222983. Acesso em: 25 ago. 2021.

BRASIL. Supremo Tribunal Federal. *AI-AgR nº 168.149/RS*, relator Min. Marco Aurélio, 2ª Turma, julgado em 26.06.1995, DJ 04.08.1995. Disponível em: https://redir.stf.jus.br/paginadorpub/paginador.jsp?docTP=AC&docID=279253. Acesso em: 06 ago. 2021.

BRASIL. Supremo Tribunal Federal. *RE nº 190.728/SC*, relator Min. Ilmar Galvão, 1ª Turma, julgado em 27.06.1995, DJ 30.05.1997. Disponível em: https://redir.stf.jus.br/paginadorpub/paginador.jsp?docTP=AC&docID=231740. Acesso em: 06 ago. 2021.

BRASIL. Supremo Tribunal Federal. *ADIn. nº 1.102/DF*, relator Min. Maurício Corrêa, Tribunal Pleno, julgado em 05.10.1995, DJ 01.12.1995. Disponível em: https://redir.stf.jus.br/paginadorpub/paginador.jsp?docTP=AC&docID=266657. Acesso em: 25 ago. 2021.

BRASIL. Supremo Tribunal Federal. *RE nº 191.898/RS*, relator Min. Sepúlveda Pertence, 1ª Turma, julgado em 27.05.1997, DJ 22.08.1997. Disponível em: https://redir.stf.jus.br/paginadorpub/paginador.jsp?docTP=AC&docID=232401. Acesso em: 06 ago. 2021.

BRASIL. Supremo Tribunal Federal. *RE nº 212.209/RS*, relator para acórdão Min. Nelson Jobim, Tribunal Pleno, julgado em 23.06.1999, DJ 14.02.2003. Disponível em: https://redir.stf.jus.br/paginadorpub/paginador.jsp?docTP=AC&docID=243997. Acesso em: 06 ago. 2021.

BRASIL. Supremo Tribunal Federal. *RE-AgRg nº 205.355/DF*, relator Min. Carlos Velloso, Tribunal Pleno, julgado em 01.07.1999, DJ 08.11.2002. Disponível em: https://redir.stf.jus.br/paginadorpub/paginador.jsp?docTP=AC&docID=330791. Acesso em: 25 ago. 2021.

BRASIL. Supremo Tribunal Federal. *RE nº 227.832/PR*, relator Min. Carlos Velloso, Tribunal Pleno, julgado em 01.07.1999, DJ 28.06.2002. Disponível em: https://redir.stf.jus.br/paginadorpub/paginador.jsp?docTP=AC&docID=252322. Acesso em: 25 ago. 2021.

BRASIL. Supremo Tribunal Federal. *RE nº 230.337/RN*, relator Min. Carlos Velloso, Tribunal Pleno, julgado em 01.07.1999, DJ 28.06.2002. Disponível em: https://redir.stf.jus.br/paginadorpub/paginador.jsp?docTP=AC&docID=253323. Acesso em: 25 ago. 2021.

BRASIL. Supremo Tribunal Federal. *RE nº 233.807/RN*, relator Min. Carlos Velloso, Tribunal Pleno, julgado em 01.07.1999, DJ 28.06.2002. Disponível em: https://redir.stf.jus.br/paginadorpub/paginador.jsp?docTP=AC&docID=254445. Acesso em: 25 ago. 2021.

BRASIL. Supremo Tribunal Federal. *RE-AgR nº 203.498/DF*, relator Min. Gilmar Mendes, 2ª Turma, julgado em 08.04.2003, DJ 22.08.2003. Disponível em: https://redir.stf.jus.br/paginadorpub/paginador.jsp?docTP=AC&docID=330696. Acesso em: 06 ago. 2021.

BRASIL. Supremo Tribunal Federal. *Súmula nº 636*: "Não cabe recurso extraordinário por contrariedade ao princípio constitucional da legalidade, quando a sua verificação pressuponha rever a interpretação dada a normas infraconstitucionais pela decisão recorrida". Data de Aprovação Sessão Plenária de 24/09/2003; Fonte de Publicação DJ de 09/10/2003, p. 2; DJ de 10/10/2003, p. 2; DJ de 13/10/2003, p. 2. Disponível em: http://www.stf.jus.br/arquivo/cms/jurisprudenciaSumula/anexo/Enunciados_Sumulas_STF_1_a_736_Completo.pdf. Acesso em: 11 ago. 2021.

BRASIL. Supremo Tribunal Federal. *RE nº 351.717/PR*. relator Min. Carlos Velloso, Tribunal Pleno, julgado em 08.10.2003, DJ 21.11.2003. Disponível em: https://redir.stf.jus.br/paginadorpub/paginador.jsp?docTP=AC&docID=261253. Acesso em: 25 ago. 2021.

BRASIL. Supremo Tribunal Federal. *Súmula nº 639*: "Aplica-se a Súmula 288 quando não constarem do traslado do agravo de instrumento as cópias das peças necessárias à verificação da tempestividade do recurso extraordinário não admitido pela decisão agravada". Data de Aprovação Sessão Plenária de 24/09/2003; Fonte de Publicação DJ de 09/10/2003, p. 2; DJ de 10/10/2003, p. 2; DJ de 13/10/2003, p. 2. Disponível em: http://www.stf.jus.br/arquivo/cms/jurisprudenciaSumula/anexo/Enunciados_Sumulas_STF_1_a_736_Completo.pdf. Acesso em: 11 ago. 2021.

BRASIL. Supremo Tribunal Federal. *RE nº 197.917/SP*, relator Min. Maurício Corrêa, Tribunal Pleno, julgado em 24.03.2004, DJ 07.05.2004. Disponível em: https://redir.stf.jus.br/paginadorpub/paginador.jsp?docTP=AC&docID=235847. Acesso em: 03 ago. 2021.

BRASIL. Supremo Tribunal Federal. *ADIn nº 3.105/DF*, relatora Min. Ellen Gracie, Tribunal Pleno, julgado em 18.04.2004, DJ 18.02.2005. Disponível em: https://redir.stf.jus.br/paginadorpub/paginador.jsp?docTP=AC&docID=363310. Acesso em: 19 ago. 2021.

BRASIL. Supremo Tribunal Federal. *ADIn nº 3.128/DF*, relatora Min. Ellen Gracie, Tribunal Pleno, julgado em 18.04.2004, DJ 18.02.2005. Disponível em: https://redir.stf.jus.br/paginadorpub/paginador.jsp?docTP=AC&docID=363314. Acesso em: 19 ago. 2021.

BRASIL. Supremo Tribunal Federal. *RE-AgR nº 399.979/RN*, relator Min. Sepúlveda Pertence, 1ª Turma, julgado em 01.02.2005, DJ 25.02.2005. Disponível em: https://redir.stf.jus.br/paginadorpub/paginador.jsp?docTP=AC&docID=371885. Acesso em: 06 ago. 2021.

BRASIL. Supremo Tribunal Federal. *PET nº 2.859/SP*, relator Min. Gilmar Mendes, Tribunal Tribunal Pleno, julgado em 03.02.2005, DJ 20.05.2005. Disponível em: https://redir.stf.jus.br/paginadorpub/paginador.jsp?docTP=AC&docID=353872. Acesso em: 03 ago. 2021.

BRASIL. Supremo Tribunal Federal. *RE-AgR nº 391.371/BA*, relator Min. Carlos Velloso, 2ª Turma, julgado em 08.03.2005, DJ 08.04.2005. Disponível em: https://redir.stf.jus.br/paginadorpub/paginador.jsp?docTP=AC&docID=380976. Acesso em: 06 ago. 2021.

BRASIL. Supremo Tribunal Federal. *ADIn nº 3.345/DF e ADI nº 3.365/DF (Apenso)*, relator Min. Celso de Mello, Tribunal Pleno, julgado em 25.08.2005, DJe 20.08.2010. Disponível em: https://redir.stf.jus.br/paginadorpub/paginador.jsp?docTP=AC&docID=613536. Acesso em: 03 ago. 2021.

BRASIL. Supremo Tribunal Federal. *RE nº 357.950-9/RS*, relator Min. Marco Aurélio, Tribunal Pleno, julgado em 09.11.2005, DJ 15.08.2006. Disponível em: https://redir.stf.jus.br/paginadorpub/paginador.jsp?docTP=AC&docID=261412. Acesso em: 06 ago. 2021.

BRASIL. Supremo Tribunal Federal. *RE nº 390.840-5/MG*, relator Min. Marco Aurélio, Tribunal Pleno, julgado em 09.11.2005, DJ 15.08.2006. Disponível em: https://redir.stf.jus.br/paginadorpub/paginador.jsp?docTP=AC&docID=261694. Acesso em: 06 ago. 2021.

BRASIL. Supremo Tribunal Federal. *RE nº 358.273-9/RS*, relator Min. Marco Aurélio, Tribunal Pleno, julgado em 09.11.2005, DJ 15.08.2006. Disponível em: http://portal.stf.jus.br/processos/detalhe.asp?incidente=2059479. Acesso em: 06 ago. 2021.

BRASIL. Supremo Tribunal Federal. *RE nº 346.084-6/PR*, relator do acórdão Min. Marco Aurélio, Tribunal Pleno, julgado em 09.11.2005, DJ 15.08.2006. Disponível em: https://redir.stf.jus.br/paginadorpub/paginador.jsp?docTP=AC&docID=261096. Acesso em: 06 ago. 2021.

BRASIL. Supremo Tribunal Federal. *HC nº 82.959/SP*, relator Min. Marco Aurélio, Tribunal Pleno, julgado em 23.02.2006, DJ 01.09.2006. Disponível em: https://redir.stf.jus.br/paginadorpub/paginador.jsp?docTP=AC&docID=79206. Acesso em: 03 ago. 2021.

BRASIL. Supremo Tribunal Federal. *ADIn nº 15/DF*, relator Min. Sepúlveda Pertence, Tribunal Pleno, julgado em 14.06.2007, DJ 31.08.2007. Disponível em: https://redir.stf.jus.br/paginadorpub/paginador.jsp?docTP=AC&docID=484298. Acesso em: 03 ago. 2021.

BRASIL. Supremo Tribunal Federal. *Ação Cautelar (AC) nº 1.657/RJ*, relator para acórdão Min. Cesar Peluso, Tribunal Pleno, julgado em 27.06.2007, DJe 31.08.2007. Disponível em: https://redir.stf.jus.br/paginadorpub/paginador.jsp?docTP=AC&docID=484304. Acesso em: 03 ago. 2021.

BRASIL. Supremo Tribunal Federal. *Questão de Ordem no julgamento do Agravo de Instrumento (AI) nº 664.567/RS*. Relator: Min. Sepúlveda Pertence, Tribunal Pleno, julgado em 18.06.2007, DJ 06.09.2007. Disponível em: https://redir.stf.jus.br/paginadorpub/paginador.jsp?docTP=AC&docID=485554 Acesso em: 03 ago. 2021.

BRASIL. Supremo Tribunal Federal. *ADIn. nº 3.089/DF*, relator Min. Joaquim Barbosa, Tribunal Pleno, julgado em 13.02.2008, DJe 01.08.2008. Disponível em: https://redir.stf.jus.br/paginadorpub/paginador.jsp?docTP=AC&docID=539087. Acesso em: 25 ago. 2021.

BRASIL. Supremo Tribunal Federal. *RE-EDcl nº 328.812/AM*, relator Min. Gilmar Mendes, Tribunal Pleno, julgado em 06.03.2008, DJe 02.05.2008. Disponível em: https://redir.stf.jus.br/paginadorpub/paginador.jsp?docTP=AC&docID=524429. Acesso em: 06 ago. 2021.

BRASIL. Supremo Tribunal Federal. *RE nº RE 560.626/RS*, relator Min. Gilmar Mendes, Tribunal Pleno, julgado em 12.06.2008, DJe 05.12.2008. Disponível em: https://redir.stf.jus.br/paginadorpub/paginador.jsp?docTP=AC&docID=567931. Acesso em: 03 ago. 2021.

BRASIL. Supremo Tribunal Federal. *Súmula Vinculante nº 8*: "São inconstitucionais o parágrafo único do artigo 5º do Decreto-Lei 1.569/1977 e os artigos 45 e 46 da Lei 8.212/1991, que tratam da prescrição e decadência do crédito tributário". Sessão Plenária de 12/06/2008, DJe nº 112 de 20/6/2008, p. 1. DOU de 20/6/2008, p. 1. Disponível em: https://jurisprudencia.stf.jus.br/pages/search/seq-sumula744/false. Acesso em: 05 ago. 2021.

BRASIL. Supremo Tribunal Federal. *Súmula Vinculante nº 10*: "Viola a cláusula de reserva de plenário (CF, artigo 97) a decisão de órgão fracionário de Tribunal que embora não declare expressamente a inconstitucionalidade de lei ou ato normativo do poder público, afasta sua incidência, no todo ou em parte". Sessão Plenária de 18.06.2008, DJe 27.06.2008. Disponível em: https://jurisprudencia.stf.jus.br/pages/search/seq-sumula746/false. Acesso em: 03 ago. 2021.

BRASIL. Supremo Tribunal Federal. *RE nº 377.457/PR*, relator Min. Gilmar Mendes, Tribunal Pleno, julgado em 17.09.2008, DJ 19.12.2008. Disponível em: https://redir.stf.jus.br/paginadorpub/paginador.jsp?docTP=AC&docID=570335. Acesso em: 06 ago. 2021.

BRASIL. Supremo Tribunal Federal. *RE nº 381.964/MG*, relator Min. Gilmar Mendes, Tribunal Pleno, julgado em 17.09.2008, DJ 12.03.2009. Disponível em: http://portal.stf.jus.br/processos/detalhe.asp?incidente=2107686. Acesso em: 06 ago. 2021.

BRASIL. Supremo Tribunal Federal. *Questão de ordem na Ação Cautelar nº 2.177/PE*. relatora Min. Ellen Gracie, Tribunal Pleno, julgado em 12.11.2008, DJe 19.11.2008. Disponível em: https://redir.stf.jus.br/paginadorpub/paginador.jsp?docTP=AC&docID=576839. Acesso em: 03 ago. 2021.

BRASIL. Supremo Tribunal Federal. *RE nº 563.965/RN*, relatora Min. Cármen Lúcia, Tribunal Pleno, julgado em 11.02.2009, DJe 19.03.2009. Disponível em: https://redir.stf.jus.br/paginadorpub/paginador.jsp?docTP=AC&docID=582896. Acesso em: 21 ago. 2021.

BRASIL. Supremo Tribunal Federal. *ADIn-AgR nº 4.071/DF*, relator Min. Menezes de Direito, Tribunal Pleno, julgado em 22.04.2009, DJe 16.10.2009. Disponível em: https://redir.stf.jus.br/paginadorpub/paginador.jsp?docTP=AC&docID=604046. Acesso em: 03 ago. 2021.

BRASIL. Supremo Tribunal Federal. *Questão de ordem no Agravo de Instrumento nº 760.358/SE*. Relator: Min. Gilmar Mendes, Tribunal Pleno, julgado em 19.11.2009, DJE 19.02.2010. Disponível em: https://redir.stf.jus.br/paginadorpub/paginador.jsp?docTP=AC&docID=608471. Acesso em: 03 ago. 2021.

BRASIL. Supremo Tribunal Federal. *Súmula Vinculante nº 26*: "Para efeito de progressão de regime no cumprimento de pena por crime hediondo, ou equiparado, o juízo da execução observará a inconstitucionalidade do art. 2º da Lei 8.072, de 25 jul. 1990, sem prejuízo de avaliar se o condenado preenche, ou não, os requisitos objetivos e subjetivos do benefício, podendo determinar, para tal fim, de modo fundamentado, a realização de exame criminológico". Sessão Plenária de 16.12.2009, DJe 23.12.2009. Disponível em: https://jurisprudencia.stf.jus.br/pages/search/seq-sumula775/false. Acesso em: 03 ago. 2021.

BRASIL. Supremo Tribunal Federal. *RE nº 582.461/SP*, relator Min. Gilmar Mendes, Tribunal Pleno, julgado em 18.05.2011, DJe 18.08.2011. Disponível em: https://redir.stf.jus.br/paginadorpub/paginador.jsp?docTP=AC&docID=626092. Acesso em: 06 ago. 2021.

BRASIL. Supremo Tribunal Federal. *RE nº 363.889/DF*, relator Min. Dias Toffoli, Tribunal Pleno, julgado em 02.06.2011, DJe 16.12.2011. Disponível em: https://redir.stf.jus.br/paginadorpub/paginador.jsp?docTP=TP&docID=1638003. Acesso em: 06 ago. 2021.

BRASIL. Supremo Tribunal Federal. *RE-AgR nº 681.953/DF*, relator Min. Celso de Mello, 2ª Turma, julgado em 25.09.2012, DJe 09.11.2012. Disponível em: https://redir.stf.jus.br/paginadorpub/paginador.jsp?docTP=TP&docID=3071676. Acesso em: 06 ago. 2021.

BRASIL. Supremo Tribunal Federal. *RE nº 550.769/RJ*, relator Min. Joaquim Barbosa, Tribunal Pleno, julgado em 22.05.2013, DJe 03.04.2014. Disponível em: https://redir.stf.jus.br/paginadorpub/paginador.jsp?docTP=TP&docID=5569814. Acesso em: 03 ago. 2021.

BRASIL. Supremo Tribunal Federal. *ADPF nº 174/RN*, relator Min. Luiz Fux, Tribunal Pleno, julgado em 23.09.2013, DJe 02.06.2014. Disponível em: https://redir.stf.jus.br/paginadorpub/paginador.jsp?docTP=TP&docID=6002306. Acesso em: 03 ago. 2021.

BRASIL. Supremo Tribunal Federal. *RE nº 561.836/RN*, relator Min. Luiz Fux, Tribunal Pleno, julgado em 26.09.2013, DJe 10.02.2014. Disponível em: https://redir.stf.jus.br/paginadorpub/paginador.jsp?docTP=TP&docID=5245813. Acesso em: 06 ago. 2021.

BRASIL. Supremo Tribunal Federal. *Reclamação nº 4.335/AC*. Relator Min. Gilmar Mendes, Tribunal Pleno, julgado em 21.03.2014, DJe 22.10.2014. Disponível em: https://redir.stf.jus.br/paginadorpub/paginador.jsp?docTP=AC&docID=630101. Acesso em: 03 ago. 2021.

BRASIL. Supremo Tribunal Federal. *RE nº 596.663/RJ*, relator para acórdão Min. Teori Zavascki, Tribunal Pleno, julgado em 24.09.2014, DJe 26.11.2014. Disponível em: https://redir.stf.jus.br/paginadorpub/paginador.jsp?docTP=TP&docID=7329845. Acesso em: 06 ago. 2021.

BRASIL. Supremo Tribunal Federal. *RE nº 590.809/RS*, relator Min. Marco Aurélio, Tribunal Pleno, julgado em 22.10.2014, DJe 24.11.2014. Disponível em: https://redir.stf.jus.br/paginadorpub/paginador.jsp?docTP=TP&docID=7303880. Acesso em: 06 ago. 2021.

BRASIL. Supremo Tribunal Federal. *RE nº 730.462/SP*, relator Min. Teori Zavascki, Tribunal Pleno, julgado em 28.05.2015, DJe 09.09.2015. Disponível em: https://redir.stf.jus.br/paginadorpub/paginador.jsp?docTP=TP&docID=9343495. Acesso em: 06 ago. 2021.

BRASIL. Supremo Tribunal Federal. *MS-AgR nº 26.323/DF*, relator Min. Teori Zavascki, Tribunal Pleno, julgado em 01.09.2015, DJe 14.09.2015. Disponível em: https://redir.stf.jus.br/paginadorpub/paginador.jsp?docTP=TP&docID=9372593. Acesso em: 06 ago. 2021.

BRASIL. Supremo Tribunal Federal. *MS-AgR nº 27.628/DF*, relatora Min. Rosa Weber, 1ª Turma, julgado em 20.10.2015, DJe 06.11.2015. Disponível em: https://redir.stf.jus.br/paginadorpub/paginador.jsp?docTP=TP&docID=9718741. Acesso em: 06 ago. 2021.

BRASIL. Supremo Tribunal Federal. *AR-AgR nº 2.370/CE*, rel. Min. Teori Zavascki, Tribunal Pleno, julgado em 22.10.2015, DJe 12.11.2015. Disponível em: https://redir.stf.jus.br/paginadorpub/paginador.jsp?docTP=TP&docID=9772282. Acesso em: 06 ago. 2021.

BRASIL. Supremo Tribunal Federal. *RE-AgR nº 196.752/CE*, relator do acórdão Min. Gilmar Mendes, Tribunal Pleno, julgado em 05.11.2015, DJe 04.05.2016. Disponível em: https://redir.stf.jus.br/paginadorpub/paginador.jsp?docTP=TP&docID=10879727. Acesso em: 06 ago. 2021.

BRASIL. Supremo Tribunal Federal. *MS nº 25.430/DF*, relator do acórdão Min. Edson Fachin, Tribunal Pleno, julgado em 26.11.2015, DJe 12.05.2016. Disponível em: https://redir.stf.jus.br/paginadorpub/paginador.jsp?docTP=TP&docID=10940315. Acesso em: 06 ago. 2021.

BRASIL. Supremo Tribunal Federal. *RE nº 601.314/SP*, relator Min. Edson Fachin, Tribunal Pleno, julgado em 24.02.2016, DJe 16.09.2016. Disponível em: https://redir.stf.jus.br/paginadorpub/paginador.jsp?docTP=TP&docID=11668355. Acesso em: 03 ago. 2021.

BRASIL. Supremo Tribunal Federal. *RE-AgR nº 897.624/RS*, relator Min. Dias Toffoli, 2ª Turma, julgado em 15.03.2016, DJe 18.05.2016. Disponível em: https://redir.stf.jus.br/paginadorpub/paginador.jsp?docTP=TP&docID=10974616. Acesso em: 06 ago. 2021.

BRASIL. Supremo Tribunal Federal. *ADIn nº 2.418/DF*, relator Min. Teori Albino Zavascki, Tribunal Pleno, julgado em 04.05.2016, DJe 17.11.2016. Disponível em: https://redir.stf.jus.br/paginadorpub/paginador.jsp?docTP=TP&docID=12036655. Acesso em: 03 ago. 2021.

BRASIL. Supremo Tribunal Federal. *RE nº 574.706/PR*, relatora Min. Cármen Lúcia, Tribunal Pleno, julgado em 15.03.2017, Dje de 02/10/2017. Disponível em: https://redir.stf.jus.br/paginadorpub/paginador.jsp?docTP=TP&docID=13709550. Acesso em: 13 ago. 2021.

BRASIL. Supremo Tribunal Federal. *ADIn nº 3.406/RJ*, relatora Min. Rosa Weber, Tribunal Pleno, julgado em 29.11.2017, DJe 01.02.2019. Disponível em: https://redir.stf.jus.br/paginadorpub/paginador.jsp?docTP=TP&docID=749020501. Acesso em: 03 ago. 2021.

BRASIL. Supremo Tribunal Federal. *ADIn nº 3.470/RJ*, relatora Min. Rosa Weber, Tribunal Pleno, julgado em 29.11.2017, DJe 01.02.2019. Disponível em: https://redir.stf.jus.br/paginadorpub/paginador.jsp?docTP=TP&docID=749020501. Acesso em: 03 ago. 2021.

BRASIL. Supremo Tribunal Federal. *Informativo 886*, Brasília, 27 de novembro a 1º de dezembro de 2017. Disponível em: http://www.stf.jus.br/arquivo/informativo/documento/informativo886.htm. Acesso em: 11 ago. 2021.

BRASIL. Supremo Tribunal Federal. *ADC nº 18*, relator Min. Celso de Mello, decisão monocrática de 28.08.2018, DJe 06.09.2018. Disponível em: http://portal.stf.jus.br/processos/downloadPeca.asp?id=315161754&ext=.pdf. Acesso em: 03 ago. 2021.

BRASIL. Supremo Tribunal Federal. *RE nº 611.503/SP*, relator do acórdão Min. Edson Fachin, Tribunal Pleno, julgado em 20.08.2018, DJe 19.03.2019. Disponível em: https://redir.stf.jus.br/paginadorpub/paginador.jsp?docTP=TP&docID=749386268. Acesso em: 06 ago. 2021.

BRASIL. Supremo Tribunal Federal. *RE-EDcl nº 574.706/PR*, relatora Min. Cármen Lúcia, Tribunal Pleno, julgado em 13.05.2021, Dje 10.08.2021. Disponível em: https://portal.stf.jus.br/processos/downloadPeca.asp?id=15347284289&ext=.pdf. Acesso em: 18 ago. 2021.

BRASIL. Supremo Tribunal Federal. *RE nº 949.297/CE*. Relator Min. Edson Fachin (Tema 881). Disponível em: http://portal.stf.jus.br/processos/detalhe.asp?incidente=4930112. Acesso em: 02 ago. de 2021.

BRASIL. Supremo Tribunal Federal. *RE nº 955.227/BA*. Relator Min. Luís Roberto Barroso (Tema 885). Disponível em: https://redir.stf.jus.br/paginadorpub/paginador.jsp?docTP=TP&docID=10947666. Acesso em: 02 ago. 2021.

BRASIL. Tribunal Federal de Recursos. *Súmula nº 258*: "Inclui-se na base de cálculo do PIS a parcela relativa ao ICM". Incidente de Uniformização de Jurisprudência na AC 123.073-MG, Segunda Seção, em 14.06.88. Lei Complementar 7, de 07.09.70, art. 3º, "b". Decreto-Lei 406, de 31.12.68, art. 2º, §7º. (Segunda Seção em 21.06.88. DJU de 27.06.88.). Disponível em: https://domtotal.com/direito/pagina/detalhe/22682/sumulas-do-tfr. Acesso em: 03 ago. 2021.

BROSSARD, Paulo. O Senado e as leis inconstitucionais. *Revista de Informação Legislativa*. vol. 13. nº 50. p. 61. Brasília: Senado Federal, abr. 1976.

BUZAID, Alfredo. *A ação declaratória no direito brasileiro*. 2. ed. rev. e aum. São Paulo: Saraiva, 1986.

CABRAL, Antônio do Passo. *Coisa julgada e preclusões dinâmicas*: entre continuidade, mudança e transição de posições processuais estáveis. Salvador: Editora JusPodivm, 2013.

COLE, Charles D. *"Stare decisis" na cultura jurídica dos Estados Unidos*. O sistema do precedente vinculante no *common law*. RT 752/12. São Paulo: Editora Revista dos Tribunais.

CALIENDO, Paulo. *Direito tributário e análise econômica do direito:* uma visão crítica. Rio de Janeiro: Elsevier, 2009.

CARRAZA, Roque Antônio. *Curso de direito constitucional tributário*. 10. ed. rev. São Paulo: Malheiros, 1997.

CRUZ E TUCCI, José Rogério. *Precedente judicial como fonte do direito*. São Paulo: Ed. RT, 2004.

CUNHA JÚNIOR, Dirley. *O princípio do "stare decisis" e a decisão do Supremo Tribunal Federal no controle difuso de constitucionalidade*. Leituras complementares de direito constitucional: controle de constitucionalidade e hermenêutica constitucional. Salvador: Juspodivm, 2008.

DALLAZEN, Dalton Luiz. A coisa julgada e a posterior apreciação da constitucionalidade pelo Supremo Tribunal Federal. *In:* MARTINS, Ives Gandra da Silva et al. (Coord). *Coisa Julgada Tributária*. São Paulo: MP, 2005.

DAMATTA, Roberto. *O que faz o Brasil, Brasil?* 1. ed. Rio de Janeiro: Rocco, 1986.

DE BARROS CARVALHO, Paulo. O princípio da segurança jurídica em matéria tributária. *Revista da Faculdade de Direito,* Universidade de São Paulo, v. 98, p. 159-180, 2003.

DE GODOI, Marciano Seabra. *Justiça, igualdade e direito tributário.* São Paulo: Dialética, 1999.

DE GODOI, Marciano Seabra. *A eficácia da coisa julgada tributária, em casos de mudança jurisprudencial acerca da constitucionalidade de tributos*. Os repetitivos e súmulas do STF e STJ em matéria tributária (*distinguishing* e *overruling*). BREYNER, Frederico Menezes; LOBATO, Valter e Souza; TEIXEIRA, Alexandre Alkmim (Orgs.). Belo Horizonte: Editora D`Plácido, 2017.

DIDIER JR., Fredie (Organizador). *Relativização da coisa julgada.* 2. ed. 2. tiragem. Salvador: Editora Juspodivm, 2008.

DIDIER JR., Fredie; CUNHA, Leonardo Carneiro da; MACÊDO, Lucas Buril de; ATAÍDE, Jaldemiro Rodrigues Jr. (Coordenadores). *Grandes temas do novo CPC.* V. 3. Precedentes. 2. ed. Salvador: Editora Juspodivm, 2016.

DIDIER JR., F.; CABRAL, A. P. (Coordenadores). *Coisa julgada e outras estabilidades processuais*. Salvador: Editora Juspodivm, 2018.

DIDIER JR., Fredie; CUNHA, Leonardo Carneiro da. *Curso de direito processual civil*. Meios de impugnação às decisões judiciais e processo nos tribunais. Salvador: Ed. Juspodivm, 2020.

DINAMARCO, Cândido Rangel. Relativizar a coisa julgada material. *Revista de Processo*. 2001.

FAORO, Raymundo. *Os donos do poder:* formação do patronato político brasileiro. 3. ed., rev. 10. reimpressão. São Paulo: Globo, 2001.

FERRAZ, Taís Schilling. Efeitos das decisões do STF em controle difuso de constitucionalidade: Comentários ao julgamento da Reclamação nº 4.335/AC. *Revista da AJURIS*, v. 41, nº 135, 2014.

FERRAZ, Taís Schilling. *O precedente na jurisdição constitucional*: construção e eficácia do julgamento da questão com repercussão geral. São Paulo: Saraiva, 2017. (Série IDP: Linha Pesquisa Acadêmica.)

FUX, Luiz. *Curso de direito processual civil*. 3. ed. Rio de Janeiro: Forense, 2005.

FUX, Luiz. *Jurisdição constitucional*: democracia e direitos fundamentais. Belo Horizonte: Fórum, 2012.

GALVÃO, Jorge Octávio Lacovat. *Regulamentação da ação rescisória no CPC/15 fere a Constituição*. Consultor Jurídico, publicado em 27.08.2016, às 10h36. Disponível: https://www.conjur.com.br/2016-ago-27/regulamentacao-acao-rescisoria-cpc15-fere-constituicao#:~:text=Regulamenta%C3%A7%C3%A3o%20da%20a%C3%A7%C3%A3o%20rescis%C3%B3ria%20no%20CPC%2F15%20fere%20a%20Constitui%C3%A7%C3%A3o,-27%20de%20ago.&text=1.&text=N%C3%A3o%20h%C3%A1%20d%C3%BAvida%20de%20que,o%20da%20supremacia%20da%20Constitui%C3%A7%C3%A3o. Acesso em: 23 ago. 2021.

GODOI, Marciano Seabra de (Coord). *Sistema Tributário Nacional na jurisprudência do STF*. São Paulo: Dialética, 2002.

GODOI, Marciano Seabra de. *Questões atuais do direito tributário na jurisprudência do STF*. São Paulo: Dialética, 2006.

GODOI, Marciano Seabra de. *Crítica à jurisprudência atual do STF em matéria tributária*. São Paulo: Dialética, 2011.

GOMES, Anderson Ribeiro. *Coisa julgada tributária, cessação da eficácia e as repercussões das decisões do STF à luz do princípio da livre concorrência*. Curitiba: Editora Juruá, 2014.

GRAU, Eros Roberto. *A ordem econômica na Constituição de 1988*. 16. ed., rev. e atual. São Paulo: Malheiros, 2014.

GRECO, Leonardo. Eficácia da declaração *erga omnes* de constitucionalidade ou inconstitucionalidade em relação à coisa julgada anterior. *In:* DIDIER JR., Fredie (Coord). *Relativização da coisa julgada*. 2. ed. 2. tiragem. Salvador: JusPodivm, 2008.

GRECO, Marco Aurélio. *Planejamento tributário*. 4. ed. São Paulo: Quartier Latin, 2019.

HESSE, Konrad. *A força normativa da constituição*. Trad. Gilmar Ferreira Mendes. Porto Alegre: Sergio Antônio Fabris Editor, 1991.

HOLANDA, Sérgio Buarque de, 1902-1982. *Raízes do Brasil*. Organização: Ricardo Benzaquen de Araújo, Lilia Moritz Schwarcz. Edição revisada. "Edição Comemorativa 70 anos". São Paulo: Companhia das Letras, 2006.

KEHL, Maria Rita. Politicamente correto. *Revista Teoria e Debate*, Edição nº 18, de 02.06.1992. Disponível em: https://teoriaedebate.org.br/1992/06/02/politicamente-correto/. Acesso em: 23 ago. 2021.

KELSEN, Hans. *O controle judicial da constitucionalidade:* um estudo comparado das Constituições austríaca e americana. Jurisdição constitucional. São Paulo: Martins Fontes, 2003.

KELSEN, Hans. *Teoria pura do direito*. Trad. João Baptista Machado. 8. ed. São Paulo: WMF Martins Fontes, 2009.

KELSEN, Hans. *Jurisdição constitucional*. 2. ed. São Paulo: Martins Fontes, 2007.

LIEBMAN, Enrico Tullio. *Eficácia e autoridade da sentença e outros escritos sobre coisa julgada*. Rio de Janeiro: Forense, 2007.

LIMA, Ricardo Seibel de Freitas. *Livre concorrência e o dever de neutralidade tributar*. Dissertação (Mestrado). Porto Alegre: UFRGS. 2005.

LIMA, Paulo Roberto de Oliveira. *Contribuição à teoria da coisa julgada*. São Paulo: Ed. RT, 2007.

LUCON, Paulo Henrique dos Santos. Coisa julgada, conteúdo e efeitos da sentença, sentença inconstitucional e embargos à execução contra a Fazenda Pública. *Revista de Processo*, nº 141. P. 20-52. São Paulo, nov. 2006.

MACHADO, Hugo de Brito. Coisa julgada e controle de constitucionalidade e de legalidade em matéria tributária. *In:* MACHADO, Hugo de Brito (Coord). *Coisa julgada, constitucionalidade e legalidade em matéria tributária*. Coedição: Dialética e ICET, São Paulo e Fortaleza, 2006.

MACHADO, Hugo de Brito (Coordenador). *Coisa Julgada, constitucionalidade e legalidade em matéria tributária.* Coedição: Dialética (São Paulo) e ICET – Instituto Cearense de Estudos Tributários (Fortaleza), 2006.

MARINONI, Luiz Guilherme. *Código de Processo Civil Comentado artigo por artigo.* São Paulo: Revista dos Tribunais, 2008.

MARINONI, Luiz Guilherme. *Coisa julgada inconstitucional*: a retroatividade da decisão de (in)constitucionalidade do STF sobre a coisa julgada; a questão da relativização da coisa julgada. 2. ed. São Paulo: Revista dos Tribunais, 2010.

MARINONI, Luiz Guilherme. *Precedentes obrigatórios.* 3. ed., rev., atual. e ampl. São Paulo: Revista dos Tribunais, 2013.

MARTINS, I. G. S.; PEIXOTO, M. M.; ELALI, A. (Coord). *Coisa julgada tributária.* São Paulo, MP Editora, 2005.

MARTINS, Ives Gandra da Silva. Efeitos prospectivos de decisões definitivas da Suprema Corte em matéria constitucional. *In:* MACHADO, Hugo de Brito (Coord). *Coisa julgada, constitucionalidade e legalidade em matéria tributária.* Coedição Dialética e ICET, São Paulo e Fortaleza, 2006.

MAZZEI Rodrigo; GONÇALVES, Tiago Figueiredo. Primeiras linhas sobre a disciplina da Ação Rescisória no CPC/2015. *Revista Forense,* Rio de Janeiro, volume 421, junho de 2015.

MELLO, Patrícia Perrone Campos. *Precedentes*: o desenvolvimento judicial do direito no constitucionalismo contemporâneo. Rio de Janeiro: Editora Renovar, 2008.

MENDES, Gilmar Ferreira. O papel do Senado no controle federal de constitucionalidade – Um caso clássico de mutação constitucional. *Revista de Informação Legislativa.* Vol. 162/149-168, 2004, Senado Federal.

MENDES, Gilmar Ferreira. *Jurisdição constitucional.* 6. ed. 2. tiragem. São Paulo: Editora Saraiva, 2014.

MENDES, Gilmar Ferreira. *A Jurisdição constitucional no Brasil e seu significado para a liberdade e a igualdade.* 2017. p. 2. Disponível em: stf.jus.br/arquivo/cms/noticiaArtigoDiscurso/anexo/munter-port. pdf. Acesso em: 02 ago. 2021.

MIRA ESTRELA. Câmara Municipal de Mira Estrela. Lei 226, de 31 de março de 1990. Institui a lei orgânica do município de Mira Estrela. Disponível em: http://www.leinasnuvens.com.br/legislacao/SP/mira_estrela/1990/mar%C3%A7o/226.php. Acesso em: 03 ago. 2021.

MIRANDA, Pontes de. *Tratado da ação rescisória*: das sentenças e de outras decisões. Atualizado por Nelson Nery Júnior, Georges Abboud. São Paulo: Editora Revista dos Tribunais, 2016.

MITIDIERO, Daniel. *Cortes superiores e cortes supremas*: do controle à interpretação da jurisprudência ao precedente. 3. ed. rev. atual. e ampl. São Paulo: Revista dos Tribunais, 2017.

MITIDIERO, Daniel. *Precedentes da persuasão à vinculação*. 2. ed. São Paulo: Revista dos Tribunais, 2017.

MORAES, Alexandre de. *Direito constitucional*. 33. ed. São Paulo: Editora Atlas, 2017.

MOREIRA, Carlos de Araujo. Coisa julgada e igualdade: Novo Código, velhos problemas. *Revista da PGFN*, Brasília: Ano V, Número 1, 2016.

MOREIRA, José Carlos Barbosa. Ainda e sempre a coisa julgada. *Revista dos Tribunais*, v. 59, nº 146, p. 9-15, 1970.

MOREIRA, José Carlos Barbosa. Considerações sobre a chamada "relativização" da coisa julgada material. *Revista Dialética de Direito Processual*, v. 22, p. 103, 2005.

NASCIMENTO, Carlos Valder do; DELGADO, José Augusto (Organizadores). *Coisa julgada inconstitucional*. 2. ed. Belo Horizonte: Editora Fórum, 2008.

NASCIMENTO NETTO, Agostinho. *In*: SEEFELDER FILHO, C. X.; CAMPOS, R. (Coord). *Constituição e Código Tributário Comentados sob a ótica da Fazenda Nacional*. 1. ed. São Paulo: Thomson Reuters Brasil, 2020.

NIEVA-FENOLL, Jordi. *Coisa Julgada*. Trad. Antônio do Passo Cabral. São Paulo: Editora Revista dos Tribunais, 2016. (Coleção Liebman. Coord.: Teresa Arruda Alvim Wambier, Eduardo Talamini.)

NIEVA-FENOLL, Jordi. A coisa Julgada: o fim de um mito. *In:* DIDIER JR., F.; CABRAL, A. P. (Coordenadores). *Coisa julgada e outras estabilidades processuais*. Salvador: Editora Juspodivm, 2018.

OLIVEIRA, Paulo Mendes de. *Coisa julgada e precedente, limites temporais e as relações jurídicas de trato continuado*. São Paulo: Editora Revista dos Tribunais, 2015. (Coleção O Novo Processo Civil. Coord.: Sergio Cruz Arenhart, Daniel Mitidiero; diretor Guilherme Marinoni.)

PANDOLFO, Rafael. Jurisdição *Constitucional tributária*. Reflexos nos processos administrativos e judicial. São Paulo: Noeses, 2012.

PLAWIAK, Rainer Belotto. O controle das estruturas do direito concorrencial brasileiro: aspectos teóricos e práticos. *In:* MOREIRA, Egon Bockmann; MATTOS, Paulo Todescan Lessa (Coords). *Direito concorrencial e regulação econômica*. Belo Horizonte: Fórum, 2010.

PONTES, Helenilson Cunha. *Coisa julgada tributária e inconstitucionalidade*. São Paulo: Dialética, 2005.

PONTES DE MIRANDA, Francisco Cavalcanti. *Tratado das ações*. 5. ed. Rio de Janeiro, Forense, 1976.

PONTES DE MIRANDA, Francisco Cavalcanti. *Comentários ao Código de Processo Civil*. Rio de Janeiro: Forense, 1999. t. I: art. 1º a 45.

PONTES DE MIRANDA, Francisco Cavalcanti. *Comentários ao Código de Processo Civil*. Rio de Janeiro: Forense, 2002. t. V: art. 444 a 475.

QUEIROZ, Rafael Mafei Rabelo; Marina Feferbaum (Coordenadores). *Metodologia de pesquisa em direito*. 2. ed. São Paulo: Editora Saraiva, 2019.

RIBEIRO, Ricardo Lodi. Coisa julgada tributária e o Código de Processo Civil/2015. *In*: MACHADO, Hugo de Brito (Org.). *O processo tributário e o Código de Processo Civil 2015*. São Paulo, Malheiros, 2017.

ROCHA, Cármen Lúcia Antunes. O princípio da coisa julgada e o vício da inconstitucionalidade. *In*: ROCHA, Cármen Lúcia Antunes. *Constituição e segurança jurídica*: direito adquirido, ato jurídico perfeito e coisa julgada. Estudos em homenagem a José Paulo Sepúlveda Pertence, v. 2, 2004.

SANTOS, J. Albano. *Teoria fiscal*. Lisboa: Universidade Técnica de Lisboa – Instituto Superior de Ciências Sociais e Políticas, 2003.

SANTOS, Welder Queiroz dos. Ação rescisória no projeto de novo CPC: do anteprojeto ao relatório-geral da Câmara dos Deputados. *In*: FREIRE, Alexandre *et al*. (org.) *Novas tendências do processo civil*. Estudos sobre o projeto do novo Código de Processo Civil. Salvador: JusPodivm, 2013.

SCAFF, Fernando Facury. Efeitos da Coisa Julgada em matéria tributária e livre-concorrência. *In*: *Coisa julgada, constitucionalidade e legalidade em matéria tributária*. Coedição Dialética e ICET, São Paulo e Fortaleza, 2006.

SEEFELDER FILHO, Claudio Xavier. *PGFN*: uma nova concepção da Fazenda Pública em juízo. Seminário Demandas repetitivas na Justiça Federal: possíveis soluções e processuais e gerenciais, 28 de fevereiro e 1º de março de 2013. Brasília: Conselho da Justiça Federal, Centro de Estudos Judiciários, 2013. 121 p. (Série cadernos do CEJ; 29). Evento realizado pelo Centro de Estudos Judiciários (CEJ). 1. Direito processual. 2. Demanda judicial. I. Título: possíveis soluções processuais e gerenciais. II. Conselho da Justiça Federal (Brasil). Centro de Estudos Judiciários.

SEEFELDER FILHO, Claudio Xavier. *In*: SEEFELDER FILHO, C. X.; CAMPOS, R.; ADÃO, S. B.; GOMES, L. R. O.; DAMBROS, C. D. (Coord). *Novo Código de Processo Civil comentado na prática da Fazenda Nacional*. 1. ed. São Paulo: Editora Revista dos Tribunais, 2017.

SEEFELDER FILHO, Claudio Xavier; Campos, Rogério. Súmula nº 70 do STF, sanção política e ética concorrencial: contribuição do Min. Carlos Ayres Britto à sedimentação de um dos pilares da ordem econômica e financeira. *In:* LEAL, Saul Tourinho; GREGÓRIO JÚNIOR, Eduardo Lourenço (Coord). *A Constituição cidadã e o direito tributário*: estudos em homenagem ao Ministro Carlos Ayres Britto. Belo Horizonte: Fórum, 2019. p. 133-130.

SEEFELDER FILHO, C. X.; CALCINI, F. P.; HENARES NETO, H.; CAMPOS, R. (Coord). *Comentários sobre transação tributária*: à luz da Lei 13.988/20 e outras alternativas de extinção do passivo tributário. 1. ed. São Paulo: Thomson Reuters Brasil, 2021.

SILVA, José Afonso da. *Comentário contextual à Constituição*. 7. ed. São Paulo: Malheiros, 2010.

SOUTO, Daniela Silva Guimaraes. Coisa julgada, constitucionalidade, legalidade em matéria tributária. *In:* MACHADO, Hugo de Brito (Coord). *Coisa julgada, constitucionalidade e legalidade em matéria tributária*. Coedição Dialética e ICET, São Paulo e Fortaleza, 2006.

SOUZA, Fernanda Donnabella Camano de Souza. *Os limites objetivos e "temporais" da coisa julgada em ação declaratória no direito tributário*. São Paulo: Quartier Latin, 2006.

SOUZA, Fernanda Donnabella Camano de Souza. *Os aspectos polêmicos da coisa julgada em matéria tributária* (à luz dos recursos extraordinários 949.297/CE e 955.227/BA). Rio de Janeiro: Lumen Juris, 2018.

TALAMINI, Eduardo. *Coisa julgada e sua revisão*. São Paulo: Ed. RT, 2005.

TALAMINI, Eduardo. A coisa julgada no tempo. *Revista do advogado*. vol. 88. p. 57, 2006.

TAVARES, André Ramos. *Direito constitucional econômico*. 20. ed. São Paulo: Método, 2011.

THEODORO JÚNIOR, Humberto; FARIA, Juliana Cordeiro de. A coisa julgada inconstitucional e os instrumentos processuais para seu controle. *Revista dos Tribunais:* RT, v. 91, nº 795, jan. 2002.

THEODORO JÚNIOR, Humberto. Coisa julgada e segurança jurídica: alguns temas atuais de relevante importância no âmbito das obrigações tributárias. *Revista Jurídica*, Porto Alegre, nº 389, mar. 2010, p. 11-51.

TORRES, Heleno Taveira. *Direito constitucional tributário e segurança jurídica*. 2. ed. São Paulo: Revista dos Tribunais, 2012.

VALVERDE, Gustavo Sampaio. *Coisa julgada em matéria tributária*. São Paulo: Quartier Latin, 2004.

WAMBIER, Teresa Arruda Alvim; MEDINA, José Miguel Garcia. *O dogma da coisa julgada*: hipóteses de relativização. São Paulo: Revista dos Tribunais, 2003.

WATANABE, Kazuo. *Da cognição no processo civil*. São Paulo: Perfil, 2005.

ZAVASCKI, Teori Albino. Ação rescisória em matéria constitucional. *In*: NERY JÚNIOR, Nelson; WAMBIER, Teresa Arruda Alvim (coord). *Aspectos Polêmicos e atuais dos recursos cíveis e de outras formas de impugnação às decisões judiciais*, v. 4, p. 1041-1066, 2001.

ZAVASCKI. Teori Albino. *Eficácia das sentenças na jurisdição constitucional*. 1. ed. São Paulo: Revista dos Tribunais, 2001.

ZAVASCKI, Teori Albino. *Coisa julgada em matéria constitucional*: eficácia das sentenças nas relações jurídicas de trato continuado. 2005. Academia Brasileira de Direito Processual Civil. Disponível em: http://www. abdpc. org. br/abdpc/artigos/Teori% 20Zavascki. Acesso em: 02 ago. 2021.

ZAVASCKI, Teori Albino. *Eficácia das sentenças na jurisdição constitucional*. 4. ed. São Paulo: Revista dos Tribunais, 2017.

ZWEIG, Stefan, 1881-1942. *Brasil, um país do futuro*. Porto Alegre, RS: Editora L&PM Pocket, 2013.

Esta obra foi composta em fonte Palatino Linotype, corpo 10
e impressa em papel Offset 75g (miolo) e Supremo 250g (capa)
pela Gráfica Paulinelli, em Belo Horizonte/MG.